DERECHOS INDÍGENAS, GOBERNANZA AMBIENTAL Y RECURSOS EN LA AMAZONÍA PERUANA

HACIA UNA ANTROPOLOGÍA DE LA POSFRONTERA

Peter Bille Larsen

Derechos indígenas, gobernanza ambiental

y recursos en la Amazonía peruana

Hacia una antropología de la posfrontera

IEP
INSTITUTO DE ESTUDIOS PERUANOS

Serie: Perú Problema, 49

Este libro ha sido publicado en inglés con el título *Post-frontier Resource Governance*, por Palgrave Macmillan el año 2015.

Horacio Urteaga 694, Lima 11
Telf.: (51-1) 332-6194/Fax: (51-1) 332-6173
www.iep.org.pe

ISBN: 978-9972-51-611-5
ISSN: 0079-1075

Impreso en Perú

Primera edición en español: Lima, noviembre de 2016
1000 ejemplares

Hecho el depósito legal en la Biblioteca Nacional del Perú: 2016-16050

Registro del proyecto editorial en la Biblioteca Nacional: 31501131601322

Traducción:	Rosa Álvarez Orgaz
Corrección de textos:	Sara Mateos
Diagramación:	Carolina Carrillo
Cierre de edición:	Silvana Lizarbe
Diseño de portada:	Gino Becerra
Cuidado de edición:	Odín del Pozo

Larsen, Peter Billie

Derechos indígenas, gobernanza ambiental y recursos en la Amazonía peruana: hacia una antropología de la posfrontera. Lima, IEP, 2016. (Perú Problema, 49)

1. PUEBLOS INDÍGENAS 2. GOBERNANZA AMBIENTAL; 3. DERECHOS HUMANOS; 4. TENENCIA DE TIERRA; 5. BIODIVERSIDAD; 6. PROTECCIÓN FORESTAL; 7. BOSQUES; 8. MANEJO FORESTAL; 9. INDUSTRIAS EXTRACTIVAS; 10. ÁREAS PROTEGIDAS; 11. SELVA CENTRAL; 12. AMAZONÍA

W/02.04.01/P/49

Índice

En memoria de los líderes yánesha
Espíritu Bautista Pascual y Adilio Fernández Coz

Prólogo

Este libro nació de un proyecto de investigación que el autor emprendió en la Escuela de Altos Estudios en Ciencias Sociales (EHESS) de París y en el Instituto de Altos Estudios Internacionales y del Desarrollo (IHEID) de Ginebra. Los temas que tratábamos en nuestras discusiones abarcaban las paradojas del desarrollo y de la ecología política, así como la contradicción existente entre el desarrollo y el mantenimiento ecosistémico, asuntos que han predominado en una gran cantidad de debates en este campo. El autor se sumergió con prontitud en estas cuestiones tras haber trabajado varios años en temas relacionados con el desarrollo fuera de la Academia. Su regreso estuvo marcado por preguntas sobre cómo encuadrar sus actividades anteriores, reflexionando sobre su amplia experiencia tanto en Asia como en América Latina. A lo largo de la historia, los imperios han invadido continuamente los dominios de los pueblos indígenas. Hay, por supuesto, una lógica para este enfrentamiento, del que se puede decir que promueve la confrontación entre ontologías, pero, sobre todo, entre estrategias de vida. El objetivo de este estudio es la compleja relación que existe entre las poblaciones indígenas, las industrias extractivas multinacionales, el Estado y las ONG. Gran parte de la literatura en este campo se ha construido sobre la base de la oposición entre las estrategias lineales de la explotación y acumulación, por un lado, y el holismo de la sociedad indígena, por el otro. Este libro retoma el problema en función de lo que se conoce como la posfrontera. Los recursos ya no solo están allí para ser extraídos y la acumulación ya no puede seguir tan fácilmente su curso salvaje. El extractivismo está enclavado en una articulación conflictiva con los actores indígenas, que claramente no son meros representantes de un holismo batesoniano, ni siquiera de un primitivismo. Los actores indígenas son pragmáticos y participan en actividades que están muy lejos de cualquier entendimiento simple del holismo. Partiendo de este enfoque, se generan algunos desafíos importantes. En primer lugar, hay que corregir la noción de la población indígena como una víctima pasiva del capitalismo invasor. Las poblaciones indígenas no son ni pasivas ni simples víctimas, aunque, en tiempos pasados, esto pudiera aproximarse a la verdad. En una era saturada de una ideología antivictimización en la que los derechos humanos y, en especial, los derechos indígenas han sido adoptados por las Naciones Unidas —sirva esto para lo que sirva—, hay instrumentos que se pueden invocar contra el extractivismo puro. Y esto se complica más por el hecho de que los actores indígenas no son necesariamente ecologistas en sus ideologías, ni siquiera en sus "ontologías". Si bien el indigenismo de casino no es forzosamente antiecológico, lo que está claro es que no es anticapitalista. Los estudios llevados a cabo en las zonas mineras melanesias indican que las poblaciones suelen estar divididas entre los que cerrarían las minas y los que las apoyan en tanto traigan ingresos. En Nueva Zelanda, los maoríes, que han liderado uno de los movimientos indígenas más fuertes, han logrado un alto grado de autonomía, así como una base sustancial de ingresos, con la producción de kiwis y la industria pesquera. Esto ha sido capitalizado, lo que llevó a Elizabeth Rata a calificar el fenómeno como "capitalismo tribal". Recuerdo que comentándole esto a un líder del movimiento hawaiano, me dijo: "Bueno, ¿y qué hay de malo en un poco de capitalismo?".

El mundo de la posfrontera es el que sigue al auge de los movimientos indígenas, a su consolidación en organizaciones internacionales de varios tipos y a su representación en las Naciones Unidas, primero en la forma de Consejo Mundial de Pueblos Indígenas y ahora como el Foro Permanente sobre Cuestiones Indígenas. Esto supone un cambio sustancial en la constelación de relaciones de poder y no puede ser ignorado considerando lo que ha sucedido entre las empresas multinacionales extractivas y los pueblos indígenas cuyos territorios albergan los codiciados recursos. Larsen pone de relieve la importancia de la etnografía para trascender las simples versiones ideológicas sobre los actores indígenas que siguen prevaleciendo en los debates relativos a los derechos de estos pueblos, e, incluso, a la existencia misma de la categoría (como se evidencia en la reciente discusión suscitada por el artículo de Adam Kuper "The return of the native", 2003). Ahora bien, como este libro se centra en la interfaz entre la ecología, la indigeneidad, el capital y el Estado, el tema de la intencionalidad pasa a ser lo más importante y también lo más interesante. Si los problemas que aquí se plantean se refieren a la posfrontera, podríamos sugerir que hoy estamos, además, en un periodo de "posindigeneidad" en el sentido de que el interés por la indigeneidad como tal se ha transformado en un interés por las estrategias de los actores indígenas en tiempo real y no por la categoría de la indigeneidad misma. Se podría llamar a esto el estudio de "la indigeneidad real existente". Sin embargo, esta última fue alguna vez concebida como un tipo de actor, aunque pasivo, algo erróneo en el pasado y claramente inadecuado en el presente. Al detallar la formulación de estrategias en un periodo en el que la expansión extractiva y la destrucción de la naturaleza en busca de acumulación no son ya tan sencillas como lo fueron en el pasado, la invocación a la sostenibilidad ecológica, los conocimientos locales e indígenas y la gestión de recursos específicos ha pasado a ser algo diferente, incluso cuando no haya razón para esperar que ello forme parte de una transición hacia un mundo nuevo y mejor. Al fin y al cabo, en todo esto hay un equilibrio de poderes que permite que las coyunturas críticas puedan revelar la fragilidad del poder de las industrias extractivas para mantener sus prácticas acumulativas, o quizás su capacidad para desarrollar sus propias estrategias de manipulación. Este es un campo de investigación de vital importancia y, aunque ya hay algunas contribuciones (Tsing 2005), la de Larsen es mostrar exactamente cómo se produce la interacción. A pesar de su complejidad, no hay confusión y los actores saben perfectamente lo que cada cual está haciendo. En este trabajo, la noción de ensamblaje se redefine como una forma sistémica de abordar las múltiples redes humanas y no humanas, en lugar de como un término general para lo que parece demasiado complejo y no puede tratarse adecuadamente en un análisis teórico.

Este es un libro que debe ayudarnos a entender la realidad de las lógicas que subyacen en la confrontación entre el extractivismo y los pueblos indígenas, unas lógicas en las que el Estado desempeña una función crucial, pero que varía significativamente entre los diferentes países. Esta es una importante contribución que supera los viejos debates sobre la identidad para pasar a un nuevo campo de poder que depende de la naturaleza de los actores involucrados. Es fundamental mencionar que la indigeneidad en América Latina no es una categoría externa al Estado —como en América del Norte, Australia y el Pacífico—, sino crucial para la definición del Estado por razones históricas que son específicas de la región. Sería interesante a este respecto comparar la situación política del Perú con la de otras partes del mundo. El enfoque ofrecido aquí combina el análisis sistémico con el detalle etnográfico, lo que deja abiertas muchas posibilidades para futuras investigaciones. Así, se puede decir que Larsen ha logrado con brillantez su proyecto original de entender la realidad que subyace en su compromiso como consultor en cuestiones ambientales e indígenas.

Jonathan Friedman
Universidad de California, San Diego

Agradecimientos

Mi más profunda gratitud es para Eve-Marie, Emil y Louis por haberme acompañado y haber vivido en medio de las preparaciones, el trabajo de campo y el largo proceso de escribir este libro. Este trabajo no se hubiera materializado sin las largas conversaciones, los viajes compartidos y las entrevistas con muchas personas en la provincia de Oxapampa y en Lima. Desafortunadamente, son muy numerosas para nombrarlas y darles las gracias de manera personalizada. Quiero expresar mi gratitud a todos los amigos y colegas por su paciencia, pese a mis largas disquisiciones para entender el sentido de los mundos que hemos compartido. También quisiera hacer extensivo mi profundo agradecimiento a Marc Hufty y a Jonathan Friedman por su entusiasmo como mentes creativas y su apoyo para el proyecto inicial que reunía disciplinas, universidades y continentes. Estoy profundamente en deuda con Richard Chase Smith y Percy Summers, del Instituto del Bien Común (IBC), por su presencia institucional y personal, presentándome a personas y ubicándome en sitios y procesos tanto en Oxapampa como en Lima. Un agradecimiento especial para Richard por compartir su correspondencia personal, que fue vital para el libro. El profesor Carlos Llerena y la Facultad de Ciencias Forestales de la Universidad Nacional Agraria-La Molina acogieron con la mayor amabilidad el primer trabajo de campo y ofrecieron una ayuda inestimable para obtener los permisos para la investigación. Quisiera destacar a la junta directiva de AMARCY por permitirme seguir de cerca su trabajo, defendiendo constantemente la importancia de la investigación y permitiéndome participar en sus reuniones. Los líderes de FECONAYA y sus juntas directivas fueron amables anfitriones aceptando mis planes de investigación y mi presencia. También estoy agradecido a los líderes de ANAP, UNAY y CONAP por dejarme trabajar en sus zonas. Aunque, lamentablemente, los líderes y los comuneros yánesha no se mencionan aquí por su nombre para mantener su anonimato, su ayuda fue vital. En la oficina del IBC de Oxapampa, Joaquín Arteaga, Stephanie Borios, Danny Pinedo, Edgardo Castro, Cynthia Yabar, Carlos Soria, Ermeto Tuesta, Vanessa Rodríguez Flores y, más tarde, Federico Rizo Patrón, Arlen Gaspar y César Laura fueron buenos amigos y, con frecuencia, compañeros de viaje. Estoy profundamente en deuda con nuestras numerosas amistades oxapampinas que se desviaron de su camino para hacer que nuestra familia se sintiera como en casa. En nombre de la familia, quisiera hacer extensivo mi cálido agradecimiento a Carmen, Wilma, Leonor, Flor, Eliseo, Jenny y sus parientes por acogernos y hacernos sentir tan bien. También quisiera agradecer a Lourdes Quiroz por su ayuda en la transcripción de algunas entrevistas grabadas. Jean-Michel Servet, Alexandre Surrallés y José Marín me hicieron excelentes comentarios. Laura Rival, Dawn Chatty y Barbara Harriss-White lograron que mi estancia en el Departamento de Desarrollo International de Oxford fuera muy agradable. Los colegas de la Universidad de Lucerna, en especial Bettina Beer y Don Gardner, me ayudaron mucho con su crítica de los primeros capítulos. También estoy muy agradecido a Gisli Palsson por sus comentarios sobre la introducción. Morgan Scoville-Simonds, Paroma Ghose, David Matley y Harsh Bedi me ayudaron amablemente en la corrección. Muchas gracias también a Marc Galvin, Barbara Coghlan y Catherine Fragnière (IHEID), así como a Ambra Finotello, Christina Brian y al anónimo revisor de Palgrave por su paciencia y sus aportes. También estoy agradecido a Anselmo Mariño Cruz por el diseño de la cubierta. Vaya también mi gratitud a la Fundación Marguerite Lobsiger-Dellenbach y a la Universidad de Lucerna por su generoso aporte, que ha permitido la traducción y publicación de esta obra. Igualmente agradezco al Instituto de Estudios Peruanos y a Ludwig Huber por haberse hecho cargo de esta contribución a la etnografía de la Amazonía peruana, que espero sea útil.

Gracias también a María Rosa Álvarez Orgaz por la traducción, y a mi colega Danny Pinedo por su ayuda en los ajustes lingüísticos y terminológicos. Para terminar, este trabajo nunca se hubiera realizado sin la generosa beca de investigación y la constante ayuda de los colegas del Centro Nacional de Competencia para las Investigaciones Norte-Sur, una beca de la Conferencia de los Rectores de las Universidades Suizas (CRUS) para trabajar en la EHESS, y una subvención de la Fundación Nacional Suiza para la Ciencia, que me permitió ser investigador visitante en la Universidad de Oxford.

Siglas

ACC	Área de conservación comunitaria
ACCI	Área de conservación comunitaria e indígena
AIDESEP	Asociación Interétnica de Desarrollo de la Selva Peruana
AMARCY	Asociación para la Conservación y Manejo de la Reserva Comunal Yánesha
ANAP	Apatyawaka Nampitzi Asháninka Pichis (Organización Asháninka del Valle del Pichis)
CAF	Consejo de Administración Forestal
CCT	Centro Científico Tropical
CDB	Convenio sobre la Diversidad Biológica
CEDIA	Centro para el Desarrollo del Indígena Amazónico
CGTP	Confederación General de Trabajadores del Perú
CMCA	Centro de Monitoreo de la Conservación del Ambiente
CIPA	Centro de Investigación y Promoción Amazónica
CISA	Consejo Indio de Sudamérica
COFYAL	Cooperativa Forestal Yánesha Limitada
COICA	Coordinadora de las Organizaciones Indígenas de la Cuenca Amazónica
CONAP	Confederación de Nacionalidades Indígenas de la Amazonía Peruana

DGAAE	Dirección General de Asuntos Ambientales Energéticos
ECA	Ejecutor de Contrato de Administración
EIA	Evaluación de impacto ambiental
EMC	Estrategia Mundial para la Conservación
FECONAYA	Federación de Comunidades Nativas Yánesha
FMAM	Fondo para el Medio Ambiente Mundial
FPCN	Fundación Peruana para la Conservación de la Naturaleza (luego llamada Pronaturaleza)
GEF	Fondo Mundial para el Medio Ambiente (Global Environmental Facility)
IBC	Instituto del Bien Común
IED	Inversión extranjera directa
ILV	Instituto Lingüístico de Verano
INRENA	Instituto Nacional de Recursos Naturales
IWGIA	Grupo Internacional de Trabajo sobre Asuntos Indígenas (International Work Group for Indigenous Affairs)
MINAM	Ministerio del Ambiente del Perú
MRTA	Movimiento Revolucionario Túpac Amaru
UN	Naciones Unidas
OCEOCOLMIL	Programa de colonización del gobierno militar de Velasco
OEA	Organización de los Estados Americanos
OIT	Organización Internacional del Trabajo
ONERN	Oficina Nacional para la Evaluación de Recursos Naturales
ONG	Organización no gubernamental
PEPP	Proyecto Especial Pichis Palcazú
PROMOSAC	Programa de Monitoreo Socio Ambiental Comunal
RCY	Reserva Comunal Yánesha
SCDB	Secretaría del Convenio sobre la Diversidad Biológica
SERNANP	Servicio Nacional de Áreas Naturales Protegidas
SIG	Sistema de Información Geográfica

SINAMOS	Sistema Nacional de Apoyo a la Movilización Social
SINANPE	Sistema Nacional de Áreas Naturales Protegidas
TNC	The Nature Conservancy
UNAY	Unión Nativa Ashéninka-Yánesha
UNESCO	Organización de las Naciones Unidas para la Educación, la Ciencia y la Cultura
UICN	Unión Internacional para la Conservación de la Naturaleza
USAID	Agencia de los Estados Unidos para el Desarrollo Internacional (United States Agency for International Development)
WWF	Fondo Mundial para la Naturaleza (World Wildlife Fund)
ZEE	Zonificación ecológica económica

— 1 —

La paradoja de la posfrontera

Introducción

Piense en las imágenes sobradamente conocidas de deforestación, conflictos sociales y ambientales y violaciones de derechos en la Amazonía. El siglo XX supuso una carrera sin precedentes en busca de recursos, alimentada por flujos de capital dirigidos a los confines más remotos del planeta, desde las selvas húmedas sudamericanas, pasando por la tundra rusa, hasta las tierras altas del sureste asiático. Esta carrera, y las secuelas que fue dejando, se intensificaron tras el cambio de siglo. Ya fuera en busca de recursos del subsuelo, de tierras o de bosques, el afán de expansión, tanto por parte de empresas como de estados, ha ocasionado un crecimiento exponencial de creación de fronteras de recursos que está transformando la ecología, la geopolítica y las dinámicas sociales.

Ahora, imagine el mosaico de títulos de propiedad de las comunidades, reservas territoriales y áreas protegidas que han proliferado en lugares como la Amazonía en las últimas cuatro décadas. La segunda mitad del siglo XX ha sido testigo de una revolución silenciosa de regímenes de protección ambiental y de tenencia comunitaria de la tierra que se han ido instaurando de forma progresiva, aunque desigual, en todo el sur del planeta. Así como hace solo unas décadas, estas regiones figuraban solo como lugares aislados y reservas de recursos naturales, hoy en día aparecen también como focos de biodiversidad, territorios titulados y áreas protegidas. Las topografías y políticas institucionales nunca se han mostrado tan verdes y socialmente inclusivas como ahora, pero coexisten con una crisis ambiental y social cada vez más profunda. En ninguna parte es más patente esta paradoja que en las llamadas regiones de frontera ricas en recursos, donde las presiones persisten, e incluso aumentan, con las nuevas medidas de protección ambiental y social. ¿Cómo entender esta paradoja?

La posfrontera

Aunque existe una abundante literatura antropológica que critica la expansión estatal, el neoliberalismo y la depredación por parte de las empresas, la demanda de "más" derechos y medidas de conservación ya no es adecuada. En las fronteras de recursos del siglo XXI, las medidas de sostenibilidad han dejado de estar simplemente ausentes para pasar a formar parte del problema. A esta nueva situación la llamo "posfrontera", y este libro pretende ofrecer una descripción etnográfica de este concepto que yo defino como la zona receptora de nuevas tecnologías, prácticas e instituciones reguladoras que, en teoría, cierran las actuales fronteras de recursos, pero en realidad las caracterizan y reestructuran. Esto conlleva un cambio narrativo que pasa de las modalidades de gobernanza propias del descubrimiento, la conquista y la extracción, a modalidades de reconocimiento, protección ambiental y salvaguardas sociales. Estudio estas disposiciones posfrontera en su aspecto etnográfico, en la Amazonía peruana, centrándome en el pueblo yánesha y su influencia en la organización de los derechos indígenas, en la conservación y planificación de áreas protegidas, y en el desarrollo maderero y petrolero.

Si bien no han resuelto en absoluto los profundos retos que plantea la sostenibilidad en nuestro tiempo, podría decirse que los regímenes posfrontera, aún diversos y desigualmente implantados, han cambiado las reglas del juego. A principios del siglo XXI, las fronteras de recursos ya no se formulan con el lenguaje de frontera del siglo pasado, aludiendo solamente a su potencial de extracción, sino más bien en función de la sostenibilidad posfrontera y los resultados positivos. Considérese el documento final de Río+20, "El futuro que queremos", reconociendo que "las actividades mineras deben aumentar al máximo los beneficios sociales y económicos así como abordar de manera efectiva los efectos negativos ambientales y sociales" (Naciones Unidas 2012). Mientras que la frontera moderna implica una transformación radical de las localidades por descubrir, extraer y transformar mediante las nuevas tecnologías y solo a través de actores externos, el discurso posfrontera se construye y funciona desde el reconocimiento y la incorporación de las localidades, los derechos y el ambiente. Los remansos naturales ya no son agujeros negros que esperan ser descubiertos "allá en los confines del planeta", sino que forman parte de los cálculos internos de sostenibilidad de los estados-nación. Con mapas, inventarios y reglamentos cada vez más detallados, las esperanzas y la utopía contemporáneas no están ya encapsuladas solamente en los sueños de frontera de El Dorado, sino también en la posfrontera del desarrollo sostenible.

La planificación de la biodiversidad, la titulación de las tierras indígenas y las medidas de salvaguarda, sostiene este libro, implican nuevas modalidades de gobernanza. Ahora bien, cuanto más se han implantado estas modalidades, más preguntas nuevas y diferentes han surgido sobre sus efectos y sobre las nuevas formas de violencia y de despojo. La posfrontera coexiste con procesos agudizados de ocupación de tierras, degradación ambiental y exclusión social. Numerosas fronteras parecen prosperar en esta era de posfrontera, quizás mejor percibida como una caja de Pandora de medidas reguladoras y burocráticas fragmentadas, incapaces de resolver una crisis ambiental y social cada vez más profunda. Por lo tanto, afrontamos el desafío, no solamente de considerar los cierres de la posfrontera como soluciones de sostenibilidad escasamente implantadas, sino más bien de investigar las conexiones existentes entre la sostenibilidad de la posfrontera y la expansión de la frontera. Este libro se acerca a esta paradoja ofreciendo un estudio etnográfico e histórico de los derechos indígenas, la conservación y el manejo forestal sostenible en la Amazonía peruana. Va más allá de la mera denuncia del fracaso de la posfrontera y estudia este fenómeno en términos etnográficos y teóricos.

Como cualquier otro proceso de transformación (Scott 1998), los proyectos de posfrontera pocas veces transcurren como estaba previsto, pero aun así, algo "hacen". Es significativo dónde y cómo se encuentra la posfrontera en la práctica. Estos modelos y aplicaciones no son caóticos, sino que están estructurados y a su vez son estructurantes de nuevos encuentros en la frontera.

Centrar mi interés en la Amazonía era una elección obvia, dada mi larga implicación profesional en materia de derechos indígenas y conservación antes de mi regreso a la Academia (Larsen y Oviedo 2005, Larsen y Springer 2008, Maffi et ál. 2000). No solo la región muestra algunos de los dramas más llamativos en torno a los recursos ubicados en sus zonas de frontera, sino que también alberga esfuerzos emblemáticos por reconocer y titular territorios indígenas, fomentar el manejo forestal comunitario y promover la conservación de áreas protegidas para detener la deforestación. Frente a las acciones de las industrias extractivas, los gobiernos y los empresarios ansiosos de inversiones, los actores de la conservación y las organizaciones indígenas han forjado durante las últimas cuatro décadas nuevos espacios legales para los derechos indígenas y la conservación ambiental. El agudo contraste entre las presiones que buscan un desarrollo masivo —visible en la construcción de carreteras—, la deforestación y las industrias extractivas, por un lado, y las medidas de planificación ecológica, por otro, ofrece un terreno extraordinariamente interesante que estudio en este libro.

Reflexionando sobre la frontera

Desde una perspectiva económica minimalista, una frontera es "un área o fuente de recursos naturales inusualmente abundantes y de tierra con respecto a trabajo y capital" (Barbier 2011: 7). Sin embargo, desde otra perspectiva, esta abundancia "inusual" de recursos no viene dada objetivamente, sino que se basa en distintas construcciones de lugares, ideologías de desarrollo y una economía política diferente (Tsing 2005). De modo parecido, Kopytoff ha hecho hincapié en considerar las fronteras como un "hecho político", en el que esas zonas se describen como "carentes de toda institución política legítima y abiertas a la intrusión y ocupación legítimas" (Kopytoff 1989: 11). Schmink y Wood, desde un punto de vista parecido, describen las fronteras como un campo de poder caracterizado por la lucha por los recursos y la resistencia (Schmink y Wood 1992: 14). Geiger las define como "áreas alejadas de los centros políticos que tienen importancia estratégica o potencial económico para la explotación humana y son cuestionadas por formaciones sociales de poder desigual", y las describe como "espacios escasamente administrados y ricos en recursos codiciados por los no residentes" (Geiger 2008: 78). Este autor propone ocho características de las fronteras contemporáneas en el hemisferio sur, entre las cuales están: formas especiales de operaciones estatales, dinámicas económicas y aspectos ambientales, así como exclusión y rechazo de las demandas indígenas.

Las descripciones antropológicas han venido cuestionando desde hace mucho tiempo las disposiciones estatales que aportan nuevos órdenes, tecnologías y personas a la frontera. La etnografía suele empezar, y en parte terminar, con una crítica de su índole violenta, turbulenta y caótica, ya sea bajo regímenes coloniales o poscoloniales. Los Comaroff hablaban de los "acuerdos no escritos, poblaciones rebeldes y disposiciones sociales cambiantes" que caracterizan a la frontera imperial, los cuales tienen "pocas de las limitaciones éticas que los mantenían a raya 'en casa'" (Comaroff y Comaroff 2012). Donde los planificadores aspiran a nuevos órdenes sociales y desarrollo, en lo que Anna Tsing llamó reveladoramente "fronteras abiertas a todos sin restricciones" (2005), los antropólogos suelen denunciar los estragos ambientales y el desorden social resultantes. Donde los estados-nación ven el espíritu emprendedor de la frontera, los antropólogos desenmascaran la acción del "lejano oeste", la política del *laissez faire* y los impactos de las voraces empresas transnacionales, de los colonos desarraigados y de la expansión del Estado (Burger 1987, Davis 1977, Geiger 2008). Las fronteras se consideran como tierras salvajes y desreguladas que aparecen en terrenos de límites confusos de "ley y robo, gobernanza y violencia, uso y destrucción" (Tsing 2005: 27). Son una categoría impuesta y "no natural ni indígena [...] una forma extranjera que requiere traducción" (Tsing 2005: 31). El optimismo técnico subyacente a la participación de antropólogos en proyectos de asentamiento en fronteras durante la década de 1950 y principios de 1960 está ya muy olvidado y ha sido reemplazado por estudios del conflicto, la marginalización y la protesta. Para muchos, las fronteras son simplemente una consecuencia natural de haber dado rienda suelta a las formas capitalistas de extracción. Como Schmink y Wood defendían en su incipiente ecología política de la Amazonía: "En tanto los gobiernos no impongan sus propios mecanismos reguladores, el ambiente natural puede (y debe) ser explotado para obtener ganancias a corto plazo" (Schmink y Wood 1987: 42). Las descripciones de perturbación social, degradación ambiental y colonización interna socavaron la creencia de que una mayor expansión y un mayor desarrollo de las denominadas "tierras interiores" solucionarían todas las situaciones de desorden nacional. Desde esta perspectiva, las ideologías de la frontera estaban en crisis y necesitaban una cura reguladora. Como han proliferado nuevas fronteras de recursos en todo el planeta, se suele emplear el énfasis en el neoliberalismo y la desregulación para explicar el desenfreno de las tierras salvajes de la frontera. Para Tsing, los dayak de Meratus, Kalimantan (Indonesia), sufrieron una sacudida, perturbación y transformación radical resultante de una frontera "abierta para todos", a la vez inestable y en expansión. Coyunturas históricas concretas habían permitido la intensificación de una cultura de frontera "dedicada a la destrucción de los sitios locales, la tierra y los derechos a los recursos locales, y de los conocimientos locales de la flora y la fauna" (Schmink y Wood 1987: 68). Así resume Anna Tsing la situación:

> Una frontera es un límite de espacio y de tiempo: una zona que todavía no está incluida en un mapa, que no está aún regulada. Es una zona al margen de los mapas: incluso en su planificación, una frontera es algo imaginado como no planificado. Las fronteras no solo se descubren en el límite; son proyectos de experimentación geográfica y temporal. Las fronteras crean lo salvaje, visiones enredadas [...] y violencia; su salvajismo es tanto material como imaginativo. (Tsing 2005: 28-29)

Mientras la crítica de las fronteras ha ofrecido a las pretensiones modernistas una revisión que da que pensar de la realidad, las transformaciones en curso —evidenciadas por dos décadas de discurso de sostenibilidad y construcción de instituciones— han suscitado nuevas preguntas acerca de la índole de las fronteras contemporáneas. Sintetizar estas fronteras como un caos sin planificación y escasamente reglamentado es, en la mayoría de los casos, empíricamente insostenible y además oscurece el significado de una posfrontera regulada. Esto es desafiado y contrastado por los masivos recursos, la investigación científica y los mecanismos planificadores y reguladores puestos en juego en su creación y mantenimiento (véase cap. 3). Como la propia Tsing señala, esto constituye la "frontera salvaje donde crear, salvar y destruir recursos está totalmente mezclado, donde las zonas de conservación, producción y sacrificio de recursos se superponen casi por completo, y los marcos temporales convencionales del estudio, el uso y la conservación de la naturaleza se invierten, se mezclan y se confunden" (Tsing 2005: 32). Tales dinámicas, mantiene este libro, no son ni excepcionales ni confusas, sino representativas de los modelos de gobernanza de la posfrontera contemporánea. Palabras como desorden, fricción o despojo oscurecen en lugar de explicar y esclarecer los fenómenos en juego. Los espacios fraccionados e invertidos no son una excepción sino mediaciones estandarizadas. Las fronteras de recursos no son ya espacios que se encuentran, se resisten y se cuestionan, sino que, fundamentalmente, están mediados por las políticas y las nuevas instituciones de la posfrontera.

La llegada de la posfrontera

"Loreto ha hecho un largo camino desde la era del caucho y ya no está gobernada por la lógica de la expansión fronteriza" (Santos-Granero y Barclay 2000: 308). Así termina un importante estudio titulado *Tamed frontiers* ("La frontera domesticada") sobre Loreto, en la Amazonía peruana, en el cambio de milenio. La posfrontera en juego no era simplemente la "caída" una vez agotados los recursos; más bien los autores señalaban una evolución en la práctica de la gobernanza. Las historias terroríficas de indios esclavizados y de todo tipo de abusos que reflejaban el lado oscuro del auge del caucho y de otros recursos pertenecían al pasado. Transcurridos casi dos siglos desde la independencia peruana y tras muchas olas de violencia y despojo, la frontera amazónica había sido domesticada en Loreto mediante la "supresión o contención de los peores rasgos asociados a la economía de frontera" (Santos-Granero y Barclay 2000: 5). En una crítica de las declaraciones radicales sobre las violentas fronteras amazónicas, los autores llegaban a la conclusión de que no había ninguna duda acerca de la magnitud del cambio positivo (Santos-Granero y Barclay 2000: 308), haciendo hincapié en la "afirmación de derechos civiles, la configuración de una identidad regional y el desarrollo de una ideología regionalista" (Santos-Granero y Barclay 2000: 320).

En Brasil, Cleary pensaba que la noción de frontera ha "seguido su curso" y ha perdido significado como construcción académica (Cleary 1993: 349). La desaparición de la política de desarrollo de fronteras parecía sugerir que "las fronteras" eran cosa del pasado. Los acontecimientos históricos que llevaron a la posfrontera están bien ilustrados por la creciente atención que dispensaron los medios de comunicación a la Amazonía, sobre todo en el decenio de 1980, presentándola como un escenario para las icónicas batallas de frontera en respuesta al desarrollo implacable, la colonización y la liquidación de los bosques, por un lado, y los habitantes de la selva y los ambientalistas, por otro. La "crisis" de la Amazonía, encarnada en el asesinato del líder cauchero Chico Mendes en 1988 y en la irrupción de líderes indígenas en el panorama mundial, desencadenó oleadas de protestas y la planificación de la sostenibilidad (Cleary 1991). La mayoría de los países de la Amazonía cuentan en la actualidad con complejos marcos jurídicos, sistemas institucionales y medidas de salvaguarda que, sobre el papel, conservan los bosques, garantizan los derechos de los pueblos indígenas y protegen la biodiversidad. Si bien la literatura hacía hincapié en el hecho de que la sostenibilidad era ignorada en América Latina hace tan solo dos décadas (Goodman y Redclift 1991), desde entonces se ha vuelto omnipresente.

En términos narrativos, la llegada de una posfrontera socialmente compleja podría parecer una señal del fin de la dinámica de frontera, que desde el siglo XVI ha configurado las topografías de gobernanza del continente. Los bosques ya no son solamente depósitos de madera a la espera de ser recogida sino que forman parte de ecosistemas reconocidos y dignos de protección. Se han establecido áreas protegidas en zonas dedicadas a la tala. Después de largas batallas, se han ganado los derechos sobre la tierra. La expansión de áreas protegidas es particularmente ilustrativa de la trascendencia mundial de las instituciones de posfrontera. En 2010, el 12,7% de las zonas terrestres y de las aguas continentales del mundo fueron declaradas áreas protegidas, lo que suma unas 177.547, habiendo aumentado su extensión en un 48% desde 1990 (Bertzky et ál. 2012). En la actualidad, las áreas protegidas y los territorios indígenas constituyen aproximadamente un 41% de la cuenca amazónica (IBC 2011; RAISG 2009). La topografía institucional resultante es reveladora del alcance de la posfrontera, pero también es engañosa en cuanto a su significado.

Diferencias entre las narrativas de frontera y posfrontera

Mientras las fronteras representaban un territorio inexplorado fuera de la vista y de control, la posfrontera está, en términos narrativos, visualizada, inventariada y administrada. Mientras las misiones fronterizas hacían mapas de las vías e inventarios de los conversos e infieles, los mapas de la posfrontera registran comunidades de plantas, áreas protegidas y territorios indígenas. Mientras en la frontera el desarrollo ponía un orden "civilizado" en la naturaleza y en la tierra salvaje, la posfrontera, sobre el papel, impone el orden socioecológico a la civilización. Mientras el dinamismo de las fronteras reemplazaría la inactividad de las tierras del interior, la posfrontera regulada proyectaría normalizar el lejano oeste. La lista podría continuar.

Sostengo que los proyectos de posfrontera, sobre el papel, suelen albergar diferentes cualidades prescriptivas que parten de los déficits de las narrativas de frontera. En términos narrativos modernistas, avanzan desde un pasado deficitario de frontera, proyectando un presente posfrontera reordenado y un futuro con instituciones nuevas y más sostenibles. Lo habitual es que estas prescripciones se manifiesten en órdenes políticos legislativos y racionalistas que se proponen lograr una serie de resultados esperados de sostenibilidad. Por un lado, las narrativas de frontera presentan los espacios como si estuvieran allí los recursos ociosos a la espera de ser expandidos, explotados o de recibir inversión. Por otro, las narraciones posfrontera "cierran" estos espacios mediante las nuevas tecnologías, las regulaciones para su salvaguarda y el cambio social. Mientras en las narraciones de frontera, los recursos están esperando que los descubran, en las de posfrontera se hace hincapié en la protección y en la extracción sostenible.

Las concesiones forestales han sido reemplazadas por el manejo forestal sostenible como paradigma de gestión, igual que los cambios reguladores en los sectores energéticos, minería y petróleo hablan hoy de minimizar los impactos negativos y generar beneficios. Los planes ambientales son actualmente un ingrediente fijo en las administraciones locales y nacionales. Hoy, los proyectos de captura del carbono, mitigación y conservación de la biodiversidad, entre otros, aparecen de la mano con la expansión agrícola, la penetración de carreteras y la extracción de recursos en una nueva narrativa de sostenibilidad posfrontera en el sur del planeta.[1] La posfrontera no solo alude a la planificación de los recursos, sino a toda la amplia gama de derechos sobre la tierra, mecanismos redistributivos y legislación laboral, lo que transforma igualmente el panorama social. La falta de documentos de ciudadanía y otros papeles, que era común hace tan solo unas décadas en las periferias de los estados-nación, está siendo subsanada progresivamente por medio de registros, documentos de identidad y regímenes asociados de derechos. El panorama de frontera en cuanto a la propiedad, del Estado o privada, ha sido complementado de forma creciente, sobre todo en América Latina, por otras formas de propiedad individual y colectiva (Sunderlin et ál. 2008), aunque, por supuesto, en las tendencias mundiales de posfrontera hay enormes diferencias: en África, el 98% de los bosques son propiedad de los gobiernos, en la región de Asia y el Pacífico, el 68%, y el 33% en América Latina (Hatcher y Bailey 2011: 16). Las áreas protegidas también varían considerablemente en cuanto a reconocimiento de derechos y necesidades de las comunidades, del mismo modo que las medidas de salvaguarda en el sector extractivo difieren sustancialmente de unos países a otros.

1. El canje de la deuda, los presupuestos nacionales y los esquemas de financiación globales después de Río, como el Fondo para el Medio Ambiente Mundial (FMAM), han sido fundamentales para su proliferación en el sur del planeta. Desde 1991, el FMAM ha aportado más de 11.500 millones de dólares en subsidios, impulsando inversiones de 57.000 millones de dólares en la cofinanciación de 3215 proyectos en más de 165 países.

Teniendo presente estas diferencias, existe, no obstante, una tendencia general hacia una nueva definición de los espacios de frontera en términos narrativos de posfrontera como espacios regulados y normalizados (cuadro 1.1).

Cuadro 1.1
DIFERENCIAS EN LAS NARRATIVAS

NARRATIVAS DE FRONTERA	NARRATIVAS DE POSFRONTERA
Legalidad de la *terra nullius*	Orden y regulación de los estados
Valor económico	Multiplicidad de valores socioecológicos
La naturaleza como recurso y obstáculo	Biodiversidad y valores ecológicos
Gobernanza de exclusión	Gobernanza de inclusión
La gente como mano de obra	La gente como ciudadanos con derechos
Espíritu emprendedor y extracción	Protección y sostenibilidad
Valores externos	Valores intrínsecos
Fuerza centrífuga (del centro a la periferia)	Fuerza centrípeta (de la periferia al centro)

A riesgo de caer en la simplificación he tratado, en este cuadro, de esquematizar lo que considero que son las diferencias prototípicas que marcan el cambio narrativo desde la ideología de frontera hasta las narrativas de la regulación posfrontera. Esto implica una transformación que pasa de destacar la importancia del territorio inexplorado y de acceso libre, a una situación de orden y de legislación estatal. El énfasis principal ya no está en el potencial económico, sino en los diversos valores socioecológicos. Mientras en las narrativas de frontera la naturaleza es una cuestión de recursos y obstáculos para su extracción, en las de posfrontera se hace hincapié en la biodiversidad y la ecología. Mientras las narrativas de frontera acentúan lo que podríamos llamar una gobernanza "excluyente" que otorga derechos a los actores externos y a los proyectos de inversión, en las de posfrontera se enfatiza la gobernanza de la inclusión a través de la participación de los pobladores locales. Las comunidades locales en la narrativa de frontera representan una mano de obra potencial que puede ser movilizada; en la de posfrontera, en cambio, los miembros de las comunidades son reconocidos como ciudadanos con derechos. Mientras la narrativa de la frontera valora el espíritu empresarial y la extracción, la de la posfrontera hace hincapié en la protección y la sostenibilidad. La primera conlleva la introducción de nuevos valores monetarios externos, mientras que la segunda reconoce valores intrínsecos. En resumen, la narrativa de la frontera se construye sobre un proceso centrífugo de exportación de valores y tecnología a la periferia, mientras que la de la posfrontera conlleva la transferencia centrípeta de valores y prácticas de la periferia al centro. No todas las características se ajustan a todos los casos, ni todas las categorías necesariamente se excluyen mutuamente. El propósito aquí es más bien heurístico y pretende demostrar el cambio prototípico que se ha producido desde las narrativas de desarrollo basadas en la expansión de la frontera hasta las narrativas en torno a la reconciliación de la posfrontera. Sin embargo, en la posfrontera abundan las contradicciones, lo que suscita preguntas fundamentales acerca de la índole del cambio y sus consecuencias.

La paradoja de la posfrontera: problemas en el paraíso

Respiremos profundamente y sintamos la posfrontera verde, rica en biodiversidad y equitativa. Escuchemos al Banco Mundial enumerando la protección de 24 millones de hectáreas de bosque en Brasil, la clasificación de 45,4 millones de hectáreas de tierras indígenas y los 2,1 millones de hectáreas de reservas extractivas administradas por las comunidades como resultado de su ayuda (World Bank 2013: xii). Escuchemos, asimismo, al Ministerio de Ambiente de Colombia informando a una delegación noruega que el 84% de la Amazonía está protegida y conservada,[2] y proponiendo un plan de expansión de parques para garantizar el cero por ciento de deforestación para el año 2020. Sin embargo, enseguida se hace patente la paradoja de la posfrontera, lo que nos obliga a tomar rápidamente una bocanada de oxígeno.

En toda la Amazonía, 24 millones de hectáreas de bosque, es decir, el equivalente a la Amazonía ecuatoriana o a la zona protegida por el Banco

---

2. Véase: <http://www.eluniversal.com.co/cartagena/ambiente/la-region-amazonica-esta-protegida-y-conservada-en-un-84-minambiente-101679> (último acceso: 20/12/2013).

Mundial en Brasil, han sido deforestadas en la primera década del siglo XXI, mientras que el 84% equivale también a la cobertura de las concesiones petrolíferas en la Amazonía peruana, una zona que se superpone a la mitad de las áreas protegidas del Perú y dos tercios de sus territorios indígenas. Las áreas protegidas y los territorios indígenas quizás cubren el 40% de la Amazonía brasileña, pero el 27% está también bajo concesiones mineras (RAISG 2012). Una reciente evaluación del Banco Mundial llegaba a la conclusión de que la ayuda aportada a más de 100 áreas protegidas ofrecía "escasa evidencia para apoyar una evaluación concluyente sobre los resultados en cuanto a protección de la biodiversidad" (World Bank 2013: xii). Pese a las historias de éxito posfronterizas, los efectos reales, medidos en hectáreas e inyecciones regulatorias, están en la actualidad en proceso de debate, por decirlo suavemente (Nelson y Chomitz 2009).

A escala mundial, están aumentando los procesos de reducción de áreas protegidas y de supresión de su estatus de protección (Mascia y Pailler 2010), del mismo modo que se están recortando los títulos indígenas de propiedad o se cambian las normas para facilitar la compra o la extracción de recursos por parte de terceros. Así que las celebraciones por el creciente número de áreas protegidas o de tierras tituladas no son más que eventos de relaciones públicas poco adecuados para entender debidamente los profundos retos que plantea la sostenibilidad en nuestro tiempo. Pese a la proliferación de normas y a las 170 estrategias y planes de acción nacionales relativos a la biodiversidad, se han acelerado la extinción de especies, la degradación de hábitats y las huellas ecológicas del ser humano. El secretario general de las Naciones Unidas, Ban Ki-moon, reconocía en 2010 el "fracaso colectivo" en detener la pérdida de biodiversidad, las "políticas conflictivas" y la necesidad de una "nueva visión" (SCDB 2010). En el aspecto social, la pérdida de lenguas, la discriminación de los pueblos indígenas y la violación de sus derechos coexisten con políticas públicas que supuestamente garantizan su protección. La regulación y las intervenciones posfrontera contrastan con la crisis actual de la biodiversidad, la fragilidad de los derechos indígenas y la constante deforestación.

Aunque las organizaciones de la sociedad civil se han dado cuenta de los posibles efectos de la creciente bonanza de recursos que está en juego, el análisis de la verdadera paradoja sigue siendo limitado. Lo que sorprende no es ni el afán de obtención de recursos que la impulsa, ni los conflictos sociales resultantes, sino el hecho mismo de que puedan producirse, y de hecho se produzcan continuamente, en un marco institucional posfronterizo ordenado. Las fronteras de recursos están prosperando y se han intensificado en los mismos años en los que se han consolidado a escala mundial los regímenes reguladores de la posfrontera. ¿Cómo entender la zona gris entre un aparato legal e institucional cada vez más complejo sobre el papel, que está cerrando fronteras, y la intensificación de las fronteras de recursos? ¿Cómo entender esta coexistencia de extraordinarios valores naturales y minerales, de protección y degradación, de derechos y sus violaciones? ¿Cómo puede persistir e incluso aumentar la violencia y las violaciones de derechos bajo constituciones multiculturales forjadas sobre normas internacionales?

Más allá de una mala implementación

La paradoja de la posfrontera, ¿es consecuencia de una serie de instituciones administrativas fallidas con las que aún no hemos acertado? (Acheson 2006). El historiador John McNeill hablaba de "nuestras instituciones políticas" como "inadecuadas a los problemas ambientales que son de envergadura, pero lentos" (McNeill 2007: 327), una afirmación que caracteriza también el fracaso institucional en abordar las injusticias sociales. Quizás estamos viviendo en una sociedad de riesgo (Beck 2009), anticipando o representando la catástrofe ambiental, pero con instituciones que dan respuestas poco sistemáticas.

Los mecanismos de protección ambiental y de derechos suelen ser criticados, sobre todo, por las organizaciones no gubernamentales (ONG), por ser "débiles", "fallidos" mal diseñados o por su lenta implantación. Las conclusiones sobre las deficientes instituciones de posfrontera resuenan en la literatura que denuncia la debilidad de los regímenes posteriores a la Cumbre de Río. Como afirmó recientemente un grupo de pensadores sobre la sostenibilidad, resumiendo la difícil situación del desarrollo sostenible: "Pese a muchos logros esperanzadores en el pasado cuarto de siglo y un cambio perceptible en el discurso mundial, en términos de iniciativas tangibles y cambio real, sencillamente no hemos hecho lo suficiente" (Halle et ál. 2013: 2). "Ahora es el momento de poner en práctica todas esas recomendaciones", afirmó el secretario general de las Naciones Unidas, Ban Ki-moon, en una conferencia de prensa en la Cumbre Río+20. Si bien la sostenibilidad tras la Cumbre de Río se suele considerar un desafío de escasa aplicación, que se va quedando atrás en el cajón cada vez más grande de las buenas intenciones, he escrito este libro para arrojar luz sobre lo que de hecho "se está" haciendo.

Ya sea por la desregulación o por la rápida expansión de capital, tecnologías y gente, muchos análisis suponen que la posfrontera es una cortina de humo y una propaganda que sirve para legitimar y ahondar las ancestrales prácticas depredadoras. Para muchos críticos, los últimos planes de acción política en América Latina y en otros lugares del mundo, que desafían el plan de acción neoliberal, han fracasado y han sido superados por las políticas de extracción (Bebbington 2012, Bebbington y Bebbington 2012, Gudynas 2010, Haarstad 2012). Entonces, ¿es la posfrontera un mero decorado superficial, políticamente distorsionado, que aparece en sociedades extremadamente depredadoras con desigualdades cada vez más profundas y mecanismos reguladores cada vez más débiles? ¿Acaso el Estado moderno se ha quedado vacío debido a la intensa globalización?

Cuando los Comaroff hablaban del norte "evolucionando" hacia el sur, lo hacían sobre la hipótesis de fuerzas históricas mundiales que evolucionaban hacia espacios desregulados, con escaso control ambiental y pobre legislación laboral, que ellos habían experimentado en el África poscolonial y en otros lugares (Comaroff y Comaroff 2012: 13). ¿Es esta, pues, la hora de la verdad para la regulación moderna de la era poscolonial, que se cuestiona por ser "extraordinariamente, excesivamente y distintivamente violenta y desordenada" (Comaroff y Comaroff 2006: vii)? En efecto, ¿tiene sentido mantener la noción de posfrontera si todo ello nos lleva a una retórica política reorquestada, empleada para hacer más aceptable la creación de la frontera? Como señala David Harvey, la historia del capitalismo está escrita con tecnologías y "planes utópicos para la promoción de nuevas relaciones sociales [...] sólo para ser utilizados o bien abandonados ante una lógica capitalista dominante" (2010: 130).

Desde la perspectiva del sistema mundial, las medidas de posfrontera no acaban con la creación de fronteras porque la esencia misma del sistema capitalista requiere expandirse para sobrevivir. En juego hay un mundo de suma cero en el que la producción global y los patrones de consumo dependen de que sigan produciéndose intercambios desiguales de energía y entropía, los elementos constitutivos de la frontera de recursos, como necesidad reproductiva (Hornborg 2009). Nuevas áreas, gentes y recursos "externos", lo que Wallerstein denominó tierras interiores, se han incorporado al sistema como fronteras en condiciones asimétricas, definidas por el centro (Hall 2009). Desde este punto de vista, las fronteras no son simplemente patrones de desarrollo pasados de moda, sino que son "necesarias" para la reproducción capitalista y están estructuradas en términos globales sistémicos. Los nuevos regímenes reguladores, en esencia, no alteran fundamentalmente esta índole estructural. Esto crea una contradicción sistémica entre los intentos teóricos de cerrar fronteras y las continuas aperturas de fronteras, necesarias para alimentar el sistema mundial.

Desde este punto de vista, la posfrontera es meramente una fachada, una suprafrontera marxista, por decirlo así, que disfraza la "diplomacia de las materias primas"[3] y la mediación geopolítica necesaria para mantener el crecimiento económico. Representa una forma de intervención estatal para normalizar el apetito de la frontera mediante una especie de "desplazamiento de la crisis" que permite la acumulación continua de capital (Hay 1994). Lo que se cierra o se domestica en la posfrontera, desde este punto de vista, es la crítica social, no la demanda estructural de recursos. Las posfronteras no abandonan el intercambio desigual ni el uso de los recursos, sino que simplemente los reconfiguran para convertirse en una estructura moderna de legitimidad reguladora. Entonces, ¿las instituciones posfrontera simplemente comunican un orden regulador sin ningún efecto regulador (significativo)? Así, pues, ¿las medidas reguladoras de la posfrontera solo reflejan el proceso de creación de identidades que está implícito en el acto de aceptar las contradicciones de la

---

3. El término fue empleado por el vicepresidente de la Comisión Europea, Antonio Tajani, para describir las políticas necesarias para la construcción de acuerdos sobre los recursos, a propósito de los recursos minerales que aparecieron en Groenlandia.

frontera y desactivar la contrapolítica sin resolver las tensiones estructurales subyacentes? Gran parte del bombo publicitario de las reformas de la posfrontera desaparece, ciertamente, cuando se mira la gobernanza de los recursos no renovables, que esencialmente sigue siendo una actividad centralizada, controlada por los estados y orientada al comercio en muchos países. Con algunas excepciones, los gobiernos han estado muy dispuestos a integrar la participación y el lenguaje de los derechos de propiedad comunitaria en las áreas económicamente menos significativas y, en cambio, menos interesados cuando se trata de zonas ricas en minerales, gas o petróleo. Sin embargo, aunque esta crítica está justificada, suele oscurecer las sutiles transformaciones que están teniendo lugar en las modalidades de gobernanza.

Aunque no hay ninguna duda de que los mecanismos de posfrontera suelen quedarse cortos, las conclusiones sobre si los marcos reguladores son débiles o parciales siguen siendo rudimentarias acerca de lo que "realmente" hacen. Si bien afirmar la debilidad o la desregulación ofrece una explicación tentadora, mi argumento es que esta crítica oscurece las dinámicas emergentes, los ámbitos cuestionados y los *modi operandi* de las formas contemporáneas de regulación de la posfrontera. Mientras los antropólogos han coincidido durante varias décadas con los movimientos ecologistas y sociales en censurar la ausencia de derechos indígenas e instituciones ambientales efectivas, la creciente presencia e influencia del lenguaje socialmente inclusivo y las instituciones ambientales plantean ahora la necesidad de una actitud analítica diferente. Aunque la literatura posdesarrollista señala las contradicciones inherentes del programa y discurso del desarrollo sostenible mundial (Escobar 1995, Rist 2002), no basta con rechazar la posfrontera como repeticiones de poder mal disimuladas en el sur. En la práctica, la relación y las contradicciones entre los viejos problemas de las fronteras y las nuevas instituciones de sostenibilidad se suelen tratar solo de pasada. El sur del planeta no está, sostiene este libro, en un limbo posfrontera en espera de salvarse mediante la implementación esperada, sino que más bien se enfrenta a las contradicciones de las nuevas formas de Estado, de implementación de políticas y de poder territorial.

Hacia una nueva interpretación de la posfrontera

En la medida en que el análisis de las soluciones de sostenibilidad ha madurado, la investigación se ha dirigido cada vez más hacia las nuevas formas de acumulación y los límites indefinidos entre la extracción y la protección. Las fronteras contemporáneas, que implican terrenos cambiantes con nuevas áreas privatizadas, han actuado mediante formas variables de acumulación, territorialización, legalización y nuevos regímenes de propiedad (Peluso y Lund 2011). Esto ha llevado a los autores a pedir "un entendimiento más profundo de las trayectorias históricas y de las tácticas e instrumentos específicos que son empleados por actores poderosos y menos poderosos para privatizar, excluir, territorializar y desafiar el 'sentido común' del momento" (Peluso y Lund 2011: 669). Sería injusto decir que la literatura sobre la frontera ha ignorado estos factores, pero este libro aboga por un tratamiento más explícito. Una abundante literatura antropológica está atrapada entre dos polos opuestos: rechazar las retóricas de progreso y exigir el cambio, por un lado, y descartar la frágil naturaleza de las alternativas de la posfrontera, por otro. Lo que se necesita es un enfoque menos normativo de la posfrontera, que permita prestar atención empírica a sus prácticas de "evitar el perdón y la denuncia, de abstenerse tanto de las profecías como de las caricaturas" (De Sardan 2005: 1). Las instituciones de posfrontera no son solo, sostiene este libro, mecanismos públicos de control mal camuflados, sino unas entidades que cubren un fértil terreno de complejos procesos institucionales, dinámicas de poder y campos de batalla sociales. Varios argumentos apoyan esta aserción.

En primer lugar, si bien la perspectiva del sistema mundial contribuye a explicar la proliferación de las fronteras, ofrece solo un punto de partida para entender el sentido de la práctica de las instituciones de la posfrontera. Es más, rechazar las medidas vacías o débiles enmarcadas por los tropos neoliberales y de la globalización, fácilmente enmascara la complejidad de los procesos sociales reales. Argumentar que las áreas protegidas han fracasado en todo el mundo porque no han frenado la pérdida de biodiversidad (Mora y Sale 2011) no es un error *per se*, pero no nos dice en realidad lo que está ocurriendo. Considérese la gran extensión de concesiones de petróleo en ecosistemas frágiles. A primera vista, esto ilustraría los efectos de la desregulación o de las salvaguardas incoherentes. Pero, contrariamente a la crítica de la desregulación neoliberal, el análisis de la posfrontera se basa en la observación opuesta: a saber, que la mayoría de las fronteras han pasado a estar cada vez más reguladas tanto en términos sociales como ambientales. La reciente bonanza en la concesión de petróleo en toda la Amazonía ha tenido lugar en paisajes posfrontera "maduros" y no en tierras de libre disponibilidad. El acceso de corporaciones transnacionales a recursos en áreas de frontera no conlleva menos regulación, sino determinadas regulaciones "flexibles", a menudo sancionadas por acuerdos comerciales, tejidas cuidadosamente para sustituir las restricciones asociadas a la conservación, que permiten a las inversiones avanzar. La índole paradójica de las áreas protegidas que se superponen a las concesiones no es una anomalía, sino que forma parte de la posfrontera emergente. Lo que ha ocurrido no es la retirada de los mecanismos reguladores *per se* sino el desarrollo de instituciones que marcan un retorno a la regulación, el *modus operandi* y la intervención del Estado. Las fronteras contemporáneas no son sitios invisibles de violencia desregulada, sino sitios visibles con nueva regulación. De modo semejante, lo que Charles Hale llamó "multiculturalismo neoliberal" (Hale 2002) no supuso de hecho una desregulación neoliberal *per se*, sino un espacio multicultural que vuelve a ser regulado y que implica diferentes formas de reconocimiento de derechos.

En segundo lugar, las instituciones de la posfrontera no terminan de una vez por todas con la política de poder propia de las fronteras. Más bien abarcan un terreno vasto y muy cuestionado de diferentes proyectos y dinámicas de poder. Aunque el gobierno puede parecer ausente, nuevas formas de gobernanza implican límites borrosos entre la política pública y una multitud de maneras en las que se produce el hecho de gobernar que van más allá del Estado, lo cual tiene lugar mediante distintas prácticas reguladoras, administración territorial y soluciones técnicas para la sostenibilidad. La propia naturaleza de la regulación posfrontera está sujeta a encarnizadas batallas políticas por determinadas instituciones y disposiciones.

Los ambientalistas, los defensores de los derechos humanos y los movimientos sociales realizan un arduo trabajo al elaborar modelos particulares de cambio posfrontera y presionar en su favor. Esto afecta no solo a los intensos debates y luchas políticas por la formulación de las aspiraciones políticas sociales y ambientales, sino también a las maneras en que esas aspiraciones se ponen en práctica y se materializan en términos institucionales y reguladores. Liberar las oportunidades de las fronteras del control de los proyectos posfrontera más radicales es el punto principal de las posturas de negociación de los estados y las compañías. Estas, a su vez, tratan de reconfigurar el poder y desplazarlo hacia nuevos escenarios "viables" y nuevas formas de conocimiento y acción legítima. Estos escenarios tienen que estar vacíos en lo referente a sus particulares construcciones discursivas y efectos sociales. Descartar la posfrontera como si fuera una charla sin contenido pone fin a la necesidad de un análisis detallado de tales negociaciones.

En tercer lugar, la posfrontera no solo se limita a mantener el *statu quo,* sino que lo transforma y puede, incluso, profundizarlo abriendo nuevas fronteras, nuevos ámbitos de vulnerabilidad que dan lugar a nuevas formas de degradación y de marginación social. Las protecciones ambientales y sociales pueden convertirse en instrumentos para facilitar nuevas formas de acción de frontera. El lenguaje de la sostenibilidad, la economía verde y las medidas ambientales orientadas al mercado abren nuevas fronteras de inversión, comercialización y beneficios. El acaparamiento de lo verde ilustra esta tendencia a rentabilizar la posfrontera. Las contradicciones del reasentamiento, los proyectos de biocombustibles y diques financiados mediante planes de energía verde ilustran sobradamente la confusión de los territorios de posfrontera. Es notable que entre las nuevas fronteras de control de la tierra (Peluso y Lund 2011), algunas traten con instituciones de posfrontera: captura de carbono para mitigar el cambio climático, conservación y derechos a la tierra. Es, además, digno de destacar que la apropiación de tierras no solo abarca tierras sin titular, sino también aquellas con una situación de tenencia estable (Saturnino et ál. 2011). Los "vaqueros del carbono", que tratan de sacar provecho de los derechos territoriales indígenas en programas de comercio del carbono, captan la esencia de la creación de nuevos valores de fronteras sobre y a través de salvaguardas sociales.

La acrecentada mercantilización de la naturaleza y la proliferación de fronteras de recursos son, en este sentido, mediadas por las instituciones de posfrontera, más que existentes a pesar de ellas. En este esquema, aparece no solo la coexistencia, sino también sinergias entre los espacios ordenados de posfrontera y la intensificación de las fronteras de recursos. Solo en términos narrativos se define la posfrontera por oposición a la frontera o reemplazándola. Ambas aparecen como un *continuum* en el cual los ensamblajes de la posfrontera conectan las prácticas y el discurso de la sostenibilidad de nuevas maneras. De forma ligeramente diferente, mi interés en la posfrontera no es comprobar si las fronteras están o no realmente cerradas (la respuesta es obvia), sino más bien indagar de qué manera las cualidades de la posfrontera y las fronteras de recursos se han vuelto a ensamblar en la práctica y en las disposiciones políticas.

Para evitar tanto el optimismo del discurso técnico-administrativo como el pesimismo de la crítica posdesarrollo, este libro trata de fijar un término medio para lograr una atención empírica cuidadosa al ámbito de la posfrontera. Más que relegar la posfrontera como retórica vacía, este libro sugiere que esta existe basándose en el hecho de que (i) difiere sustancialmente de las narrativas de frontera anteriores; (ii) los actores y las instituciones reconocen estas políticas cambiantes de frontera "como un objeto o finalidad al cual dedican tiempo, dinero y competencia profesional" (De Sardan 2005: 25); y (iii) estas prácticas e instituciones tienen efectos reales de gobernanza que no se pueden ignorar mientras se intenta entender las fronteras de recursos contemporáneas.

Hacia una interpretación emergente de la posfrontera

¿Cómo tomar en serio la mediación de la posfrontera en sus propios términos emergentes como parte del complejo problema de la sostenibilidad? Un sesgo más bien positivista, asumiendo que sabemos lo que las medidas de sostenibilidad hacen (o deben hacer), ha ocultado, en parte, el examen de sus propiedades emergentes. Sin embargo, es precisamente en las anomalías, contradicciones e imperfecciones de la práctica real donde se puede encontrar un verdadero diagnóstico de la dinámica de la gobernanza en la posfrontera. Así, pues, el reto epistemológico exige encontrar un equilibrio entre adoptar seriamente medidas de posfrontera en tanto que fenómeno social real, y mantener una crítica saludable. Para explorar estos terrenos cambiantes, este libro emplea los conceptos de linealidad y no-linealidad con el fin de distinguir las diferentes dinámicas en juego. De manera más general, se sugiere enfocar la posfrontera a través de un realismo sutil basado en las cuatro premisas siguientes.

En primer lugar, la posfrontera posee cualidades narrativas que aparentemente se apartan de manera radical de la ideología de la frontera. Defino este cambio como lineal en el sentido de que transmite una causalidad lineal y una oportunidad, a través de una acción deliberada y moralmente sana, que lleva a la obtención de resultados (más) sostenibles apoyándose en subjetividades, conocimientos y prácticas locales en vez de sustituirlos. Esta causalidad lineal en términos narrativos resuelve el drama de la frontera mediante las previsiones de cambio social esperado, con actores, actuación, escenas y acción "tramados" para lograr la sostenibilidad en la frontera. Bateson hablaba de la "naturaleza sistémica del mundo" y contra la idea de que los gobiernos piensan solo en función de "objetivos y sentido común". El hombre "nunca puede controlar el todo", decía, llegando a la conclusión de que "el simple control lineal" no era posible (Bateson 1973: 443-344). Este libro sugiere que nuestra capacidad para entender los actuales retos de sostenibilidad requiere, sin embargo, una atención rigurosa a cómo los actores estatales, a menudo coincidiendo con los grupos de reflexión, ONG y expertos, presentan, enmarcan y defienden las racionalidades lineales particulares (Herzfeld 2001: 128). Las hojas de ruta hacia la sostenibilidad tratan, todas, del futuro que queremos (o debemos querer) en un espacio posfrontera de reconciliación. Un principio antropológico básico implica tomar en serio los conceptos culturales y sus efectos, en lugar de desmontarlos por considerarlos ilusorios.

Sin importar cuán defectuosas puedan parecer las prescripciones lineales, dichas "instituciones virtuales" y los modernos proyectos del Estado no dejan de tener repercusiones (Carrier y West 2009: 20, Scott 1998). Esto atrae la atención hacia las formas en las que las prescripciones se estructuran, negocian y formulan. Si estos objetivos se alcanzan en realidad, es otra historia, pero en términos lineales, reestructuran la naturaleza de la frontera. Varían según el espacio y el tiempo y pueden analizarse por sus cambiantes propiedades descriptivas y prescriptivas, que a su vez generan nuevos espacios de acción social legítima y normalizada, así como también cierran otros.

En segundo lugar, la posfrontera es un campo de considerable inversión y actividad institucional. Como campo de prácticas —sostengo—, la posfrontera cubre una serie de fenómenos nuevos, desde formas particulares de acción burocrática hasta mecanismos de salvaguarda y ámbitos de competencias de naturaleza diferente a los de la frontera convencional. No solo las instituciones apoyan e implantan los mecanismos de posfrontera, sino que también la gente trabaja con ellos y contra ellos. Constituyen, aunque sean cuestionadas, las prácticas reales. Reconocer este campo de batalla de la práctica le permite a uno prestar atención analítica a los diferentes tipos de actores y modalidades de acción. Más que asumir la existencia de una sola posfrontera, como discurso político oficial autorizado, este libro sugiere la atención analítica a la variedad de luchas en torno a la formulación y el diseño de determinados regímenes de derechos y disposiciones ambientales.

En tercer lugar, la posfrontera es real no solo por ser un conjunto de prácticas, sino también porque tiene efectos sociales reales. La respuesta a qué ocurre cuando las fronteras de recursos se reestructuran en función de las medidas de protección social y ambiental es que suceden cosas definitivamente importantes. Esto no implica que las demandas por una minería sostenible y otras similares no deban ser aceptadas. La retórica política de cerrar o domesticar fronteras mientras se ahonda en la dependencia de los recursos, obviamente, no llega a entender las contradicciones. Este libro, en lugar de ofrecer un análisis cómplice que asuma la racionalidad o efectividad de las políticas, llama la atención sobre los ámbitos cambiantes de las prácticas reguladoras y sus efectos sobre el terreno. Las antropologías del desarrollo y de políticas (Mosse 2013, Shore et ál. 2011) están tratando cada vez más de preguntarse por la complejidad de la práctica. Esto ha hecho que la antropología sea sensible, no solo al significado de la producción y las implicaciones políticas de las nuevas tecnologías y dispositivos de mediación, sino también a las variadas repercusiones sociales y a su índole socialmente integrada.

En cuarto lugar, las instituciones de la posfrontera son tomadas como ensamblajes integrados socialmente que albergan algo más que propiedades lineales. Varios capítulos del libro ilustran cómo la adopción de decisiones en la posfrontera conlleva una dinámica fuera o por debajo de las normas y regulaciones formales. A estos fenómenos los califico de "no-lineales" pues, aunque son socialmente significativos, siguen siendo distintos del discurso lineal y de la dinámica de las narrativas de la posfrontera. En efecto, lo que ocurre con los derechos indígenas y la práctica de las áreas protegidas suele ser muy diferente de sus prescripciones lineales. Aun así, estos fenómenos, desde las obligaciones sociales hasta las prácticas culturales profundas, con demasiada frecuencia se dejan al margen del análisis de la gobernanza. La respuesta etnográfica, en general favorable a una metodología no-lineal (Agar 2004), está posiblemente bien posicionada para asumir el reto. Los antropólogos han defendido desde hace tiempo la no-linealidad como una característica y premisa analítica para entender la complejidad social. De Landa llega a la conclusión de que la sociedad occidental ha intentado transformar el mundo de acuerdo con su difícil situación lineal y de que "hoy" estamos "empezando a incorporar elementos no lineales" y a "pensar en la heterogeneidad como algo valioso, no como un obstáculo para la unificación" (De Landa 2000: 274). Muchos análisis políticos, en esta línea, se proponen desenmascarar el desorden de las anteriores previsiones lineales (léase verticales).

Mi opinión en esto, sin embargo, no es defender esta gobernanza heterogénea (una perspectiva normativa) sino, fundamentalmente, distinguir con claridad entre las cualidades lineales de las prescripciones políticas y la dinámica no-lineal menos visible públicamente que también estructura la práctica. No se puede entender, por ejemplo, el manejo forestal de la posfrontera evaluando sus modalidades de implementación lineal sin entender su naturaleza socialmente integrada. Lo que impulsa realmente la posfrontera es a menudo de naturaleza muy diferente de sus prescripciones lineales, y es necesario tener esto en cuenta. Podemos, por tanto, más productivamente, considerar las posfronteras como ensamblajes distintos que albergan propiedades lineales y no-lineales. La etnografía ofrece un papel único para comprender una amplia panoplia de relaciones (Larsen 2011 a y b), lo que brinda un buen punto de partida para explorar el cambiante *modus operandi* de los procesos de gobernanza y plantearse las normas en uso. Es hora ya de dejar atrás las restricciones analíticas impuestas por el lenguaje administrativo y estudiar el interior de la realidad de la posfrontera, la realidad de las medidas de conservación y los derechos indígenas. Las imágenes de satélite pueden mostrar la cubierta forestal en general, del mismo modo que los mapas oficiales pintan los límites de las propiedades indígenas o de las áreas protegidas. Pero lo que ocurre bajo el follaje es otra historia, una historia a la que este libro pretende contribuir.

Resumen de los siguientes capítulos

Abordar las múltiples y diversas formas de los regímenes de posfrontera esbozadas anteriormente rebasa con mucho el alcance de un libro. La etnografía multilocal que aquí se propone se centra en la Amazonía peruana. En concreto, describe cómo se gestionan los temas ambientales y los derechos indígenas dentro, fuera y debajo de las tierras propiedad de las comunidades yánesha, así como de las concesiones petroleras y las áreas protegidas adyacentes. Los principales protagonistas de esta etnografía son funcionarios del Estado, miembros de ONG y las comunidades indígenas yánesha junto con académicos, consultores, madereros y buscadores de petróleo en la Amazonía peruana. Mi análisis se basa en un trabajo de campo de doctorado emprendido entre los años 2007 y 2008 con visitas de seguimiento en 2009 y 2010,[4] así como también en la investigación posterior al doctorado realizada en 2012 y 2013.[5] El capítulo 2 presenta el contexto regional específico y el ámbito del trabajo de campo etnográfico en la selva central de la Amazonía peruana. Muestra los principales

---

4. La investigación doctoral se inició como un acuerdo de tutoría compartida entre la Escuela de Estudios Superiores en Ciencias Sociales (EHESS) de París y el Instituto Universitario de Altos Estudios Internacionales y del Desarrollo de Ginebra. Contó con una beca de doctorado del Centro Nacional de Competencia para las Investigaciones Norte-Sur, así como con una beca de la Conferencia de los Rectores de las Universidades Suizas (CRUS) que permitió la investigación en París.

5. Una generosa subvención de la Fundación Nacional Suiza para la Ciencia me permitió ser profesor visitante en el Departamento de Desarrollo Internacional de la Universidad de Oxford, donde se realizó la mayor parte del manuscrito.

temas de posfrontera encontrados en la provincia de Oxapampa, mis preguntas iniciales y algunas consideraciones metodológicas. El capítulo 3 añade profundidad histórica, analizando cómo tres siglos de narrativas de frontera en la región sirvieron para legitimar y configurar la creación de una economía de frontera. Sirve también como telón de fondo para comprender el significado de la consiguiente elaboración de la gobernanza y la emergencia de algunas topografías de posfrontera.

Los países sudamericanos han estado a la vanguardia de la transformación de las instituciones de tenencia y los derechos políticos que conducen a empoderar a las comunidades. El capítulo 4 estudia los procesos históricos que conducen al reconocimiento de los derechos indígenas en la Amazonía peruana, junto con una historia local de la titulación de tierras entre los yánesha. El capítulo 5 retrata el "reverdecimiento" del espacio amazónico de frontera, centrándose en cómo Oxapampa, considerada como una "tierra vacía" propicia para la colonización y la extracción de recursos, se convirtió en un sitio "verde" necesitado de ordenamiento y protección. Se ha propuesto la creación de áreas de conservación comunitaria como un recurso beneficioso para todos, encarnando las soluciones de posfrontera que combinan la sostenibilidad ambiental y la equidad social. El capítulo 6 ofrece una etnografía histórica de la Reserva Comunal Yánesha, que es un área protegida, y su forma de gobernanza, orientada explícitamente a apoyar a los pueblos indígenas. Este capítulo estudia de qué manera y con qué resultados una zona establecida para mantener un área de caza se convirtió en un área protegida cogestionada y dominada por el Estado. Cuestiona el discurso mundial y nacional estructurado en torno al reconocimiento y apoyo a la conservación a cargo de la comunidad desafiando las ideas dominantes de empoderamiento. El capítulo 7 aborda el cambio de los modelos de manejo forestal, basados en la extracción de madera mediante concesiones, hacia las lógicas propias de la posfrontera de tala sostenible y manejo del bosque a cargo de la comunidad. Presenta, además, una de las primeras iniciativas de manejo forestal comunitario en el continente. A través de una historia, basada en datos etnográficos, de los intentos de emprender una cooperativa manejada por comunidades, el capítulo muestra los tipos de fracaso encontrados y trata de explicarlos. El campo final de regulación posfrontera estudiado trata de la función y práctica de las salvaguardas sociales en los proyectos de industrias extractivas. Las imágenes de comunidades desplazadas, contaminación ambiental y conflictos sociales abundan como secuela de estos proyectos. El capítulo 8 analiza la llegada de la posfrontera extractiva. En él se ofrece un retrato etnográfico del funcionamiento de los nuevos dispositivos de mitigación, tal y como se emplearon en las concesiones petroleras de la selva central. La posfrontera no es solo un tema de modificación de las políticas gubernamentales, sino también un escenario en el que cambian los actores políticos y los espacios. Una característica de la posfrontera en la Amazonía es la aparición de organizaciones indígenas y su rol en la protesta, la mediación y la transformación de las relaciones Estado-sociedad. El capítulo 9 estudia la función y significación de las organizaciones indígenas y aboga por una nueva forma de pensar en las políticas acerca de ellas. Ofrece, asimismo, un retrato etnográfico de una de las primeras organizaciones indígenas del continente sudamericano: la federación de los yánesha. El último capítulo resume los principales hallazgos y esboza algunos elementos más para la teorización de la posfrontera.

— 2 —

La Amazonía peruana y la etnografía de la posfrontera

La Amazonía peruana

Me sentí atraído por América Latina y la Amazonía no solo por los siglos de profundización de las tensiones de frontera, sino también por la proliferación de derechos indígenas y de medidas ambientales que se ha producido en las últimas décadas. La Amazonía peruana cubre más de 78 millones de hectáreas, lo que equivale aproximadamente a un 61% de la superficie total del Perú, con una población total de unos 3,6 millones de habitantes. De estos, unos 332.975 viven en 1786 comunidades nativas (el término empleado para referirse tanto a las comunidades indígenas como a sus títulos de propiedad en la región amazónica). Para el año 2010, 1254 de estas comunidades habían recibido títulos de propiedad sobre unos 11 millones de hectáreas (13,6% del territorio nacional) y se habían creado cinco reservas territoriales para pueblos indígenas en aislamiento voluntario. El censo de 2007 recoge 1786 comunidades indígenas, lo que constituye el 9% de la población total de la Amazonía. En total, sumando las áreas protegidas y los territorios indígenas, el área asciende al 36,3 % de la Amazonía peruana (IBC 2011).

Antes de poner un pie en la selva alta peruana, había debatido sobre áreas protegidas, exploración petrolera y titulación de tierras indígenas con abogados, activistas y antropólogos, tanto en Europa como en Lima. El contacto institucional de la red suiza de investigación que financiaba mi investigación inicial de doctorado era el Instituto del Bien Común (IBC), una ONG dedicada a investigar y a la acción. Al llegar a Lima en 2007, los miembros del personal me enseñaron mapas de las comunidades indígenas, concesiones petroleras y áreas protegidas, elaborados por la unidad SIG de la organización. El "contramapeo", como lo llamó Nancy Peluso, era el eje de sus esfuerzos. Su mensaje transmitía conflictos y tensiones que se intensificarían y agudizarían en el debate público de los años siguientes.

El principal periodo abordado en esta etnografía es el transcurrido bajo la segunda presidencia de Alan García, que volvió al poder en julio de 2006 y permaneció en él hasta 2011. Durante esta etapa, el Perú estuvo mucho menos afectado por la insurgencia y el autoritarismo que en las décadas anteriores. Además, el país experimentó unos índices de crecimiento económico y de estabilidad democrática sin precedentes, pero, aun así, se avecinaban grandes conflictos de frontera. El otorgamiento de concesiones petroleras explotó y el presidente García inició una campaña con el fin de liberar más tierras y recursos para la inversión privada. Se produjo entonces una escalada de conflictos en torno a una serie de iniciativas políticas neoliberales.

Durante 180 días de Poder Ejecutivo excepcional, del 1 de enero al 28 de junio de 2008, se promulgaron 99 decretos legislativos para preparar rápidamente la implementación del Tratado de Libre Comercio entre los Estados Unidos y el Perú. En la práctica, los decretos fueron mucho más lejos y facilitaron a los inversores el acceso a las tierras y recursos. Las ramificaciones del paquete de decretos dejaron bien en claro que el Estado neoliberal no hacía una política de *laissez faire*, sino que fundamentalmente exigía una serie de intervenciones reguladoras que permitieran que se afianzara el empresariado. El destino de las instituciones de posfrontera, tales como los derechos indígenas sobre la tierra, las prácticas de consulta y la protección del ambiente, constituían el núcleo mismo de la política en cuestión. En particular, nueve decretos fueron impugnados por las organizaciones indígenas amazónicas por considerarlos amenazas potenciales para la seguridad de sus territorios, de sus derechos colectivos y de sus recursos básicos. Las protestas sociales aumentaron en intensidad y en alcance durante todo el 2008 y 2009, afectando las vías de acceso por carretera y río y las instalaciones petroleras de toda la Amazonía.

Una de las acciones de protesta contra los decretos tuvo lugar en la provincia de Bagua, en el norte del Perú. Miles de manifestantes indígenas y mestizos bloquearon un tramo de la carretera; al final, se envió a las fuerzas militares y a la policía para reabrirlo. El 5 de junio de 2009 estalló la violencia, hubo disparos y murieron manifestantes indígenas y 23 policías, 11 de los cuales habían sido tomados como rehenes y ejecutados (Valverde y Calleja 2010). Para muchos críticos, fue una trágica señal del profundo conflicto entre las reformas neoliberales, el acaparamiento de recursos y los derechos de los pueblos indígenas. El drama social, desde ese punto de vista, puso de manifiesto las condiciones materiales y la violencia del capital en una economía extractiva, omnívora y siempre en expansión. Desde otra perspectiva, reveló las desigualdades estructurales y la profunda división entre Lima y las Tierras amazónicas. Desde entonces, la sociedad peruana siempre ha tratado de hacer otra política "después de Bagua" a través de mesas redondas, medidas de reconciliación e informes de la verdad. He abordado algunos de estos procesos nacionales en otras ocasiones y estudio brevemente su significado en el ámbito regional en el capítulo 9, pero aquí estos temas no son el objetivo primordial.

Las disposiciones de la posfrontera se suelen analizar en términos generales como una secuencia de acontecimientos políticos conflictivos entre un Estado monolítico (neoliberal o de otra clase), las fuerzas de conservación y los pueblos indígenas, pero esto fácilmente oculta el significado de la mecánica cotidiana de la posfrontera y sus efectos. Las agencias encargadas de las áreas protegidas, los temas ambientales y la titulación de las tierras indígenas han experimentado un cambio sustancial a lo largo de los años (sobre la creación del Ministerio del Ambiente, véase Larsen 2010). Pero las cuestiones relativas a los derechos indígenas y la gestión del medio ambiente no solo tienen que ver con los campos de batalla de las políticas nacionales y con las nuevas disposiciones institucionales, sino también con prácticas cotidianas, formas burocráticas y marcos institucionales mucho menos visibles. Entender la importancia de estos fenómenos corrientes de la gobernanza es tan significativo como descifrar los resultados de la política nacional. Al otro lado de los Andes, en la selva central, pronto surgieron más cuestiones a medida que el diálogo con los dirigentes indígenas, las ONG y los funcionarios del gobierno se iba profundizando.

La selva central

Elegí la selva central para estudiar las disposiciones y prácticas de la posfrontera desde el punto de vista etnográfico. La región no solo poseía una historia profundamente marcada por la dinámica de la frontera de recursos debido a su proximidad a Lima (véase cap. 3), sino que, además, había sido el escenario de algunas de las primeras iniciativas del país para organizar a las comunidades indígenas, titular sus tierras y establecer áreas protegidas cogestionadas y proyectos de gestión forestal indígena. La gran concentración de instituciones y experiencias de posfrontera, junto con los recientes rumores de concesiones petroleras y mineras, ofrecían un terreno muy interesante. Exactamente el tipo de constelación de problemas que me interesaba. Además, el IBC llevaba a cabo un programa de cuencas y tenía una pequeña oficina de campo en la región; asimismo, se ofrecía para atender mi investigación y facilitar los contactos con las organizaciones indígenas y las autoridades locales.

Me centré especialmente en la provincia de Oxapampa (región de Pasco), un área de un tamaño equivalente a la mitad de Suiza, a unos 400 kilómetros de Lima.

El nombre de la provincia procede de las palabras quechua *ochsa*, paja, y *pampa*, que reflejan su situación en la ceja de selva, o montaña, conformada por los valles y laderas orientales de los Andes. Oxapampa se extiende sobre 18.674 km^2 y alberga 81.929 habitantes (INEI y UNFPA 2008). La cordillera Yanachaga que va de norte a sur divide la provincia entre las tierras altas (distritos de Pozuzo, Huancabamba, Palcazú, Villa Rica y Oxapampa) y los distritos orientales de las tierras bajas (Puerto Bermúdez, Palcazú y Constitución). Los ecosistemas de la selva central se diferencian por su altitud y por los tipos de vegetación: la selva baja (selva húmeda amazónica, de tierras bajas); la yunga (selva húmeda, montaña

Figura 2.1

Localización de Oxapampa y sus distritos

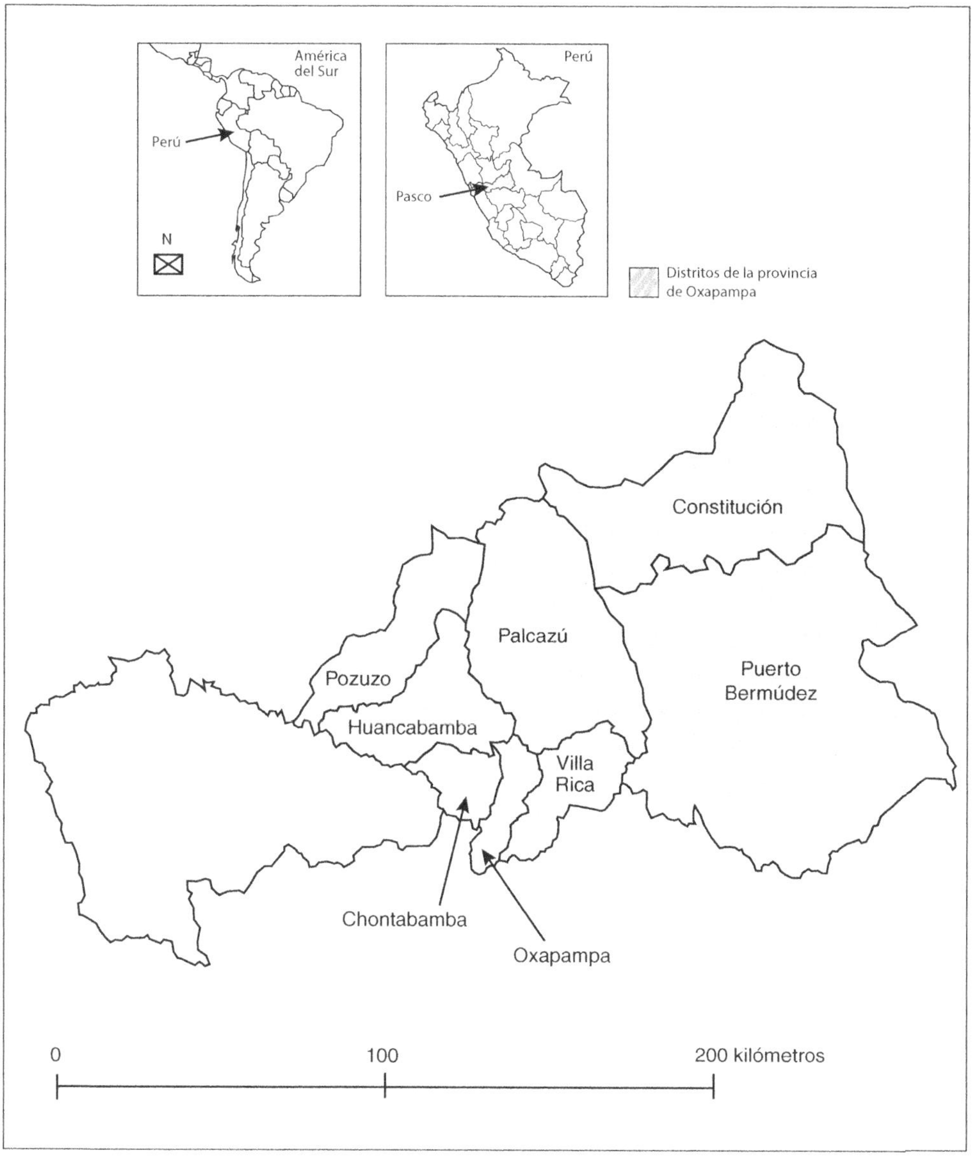

Fuente: Federico Rizo-Patrón (IBC), adaptado por Catherine Fragnière.

de baja altitud); la ceja de montaña (selva nubosa de altitud media); y la puna (pastizales alpinos de gran altitud) (Pronaturaleza 2006).

La historia de la selva central se puede interpretar en gran medida como una serie de oleadas de frontera (motivadas por el caucho, la agricultura, la madera y ahora el petróleo) que han implicado programas de colonización, construcción de carreteras y migración espontánea (Santos-Granero y Barclay 1995). En consecuencia, alberga una particular mezcla de pueblos indígenas, descendientes de austro-alemanes que se establecieron en la zona desde la década de 1850, y colonos andinos. A diferencia de otras áreas con extensos territorios indígenas contiguos, los procesos de colonización intensiva han dejado a los títulos de tierras indígenas como un mosaico de puntos en toda la provincia, intercalados con terrenos relativamente grandes de colonos, pequeñas parcelas de migrantes y vastas zonas de bosque que corresponden principalmente a áreas protegidas que le pertenecen al Estado.

Oxapampa, en la década de 1980, había pasado de ser una frontera típica a convertirse en una posfrontera emblemática por haber ordenado el desarrollo y la administración territorial. Incluso se la ponía de modelo a la hora de elaborar directrices (Beauclerk y Narby 1988, OAS 1987), convertida en un caso clásico ampliamente citado por haber transformado los proyectos para incluir las preocupaciones de los indígenas y sus necesidades de titulación (Burger 1987, ICIHI 1987). Un texto sobre ecología peruana la destacaba por ser la primera provincia del Perú que había logrado el "ordenamiento" del desarrollo (Brack y Mendiola 2000). Shelton Davis, antropólogo del Banco Mundial, la mencionaba como ejemplo de cómo se pueden incluir en los planes regionales de administración de recursos "los derechos e intereses de los nativos sin sacrificar objetivos nacionales ni locales" (Davis 1988).

La provincia no solo cuenta con algunas de las primeras iniciativas para titular las tierras indígenas, sino que también tiene la concentración más alta de áreas protegidas del país, como lo son el Parque Nacional Yanachaga-Chemillén, el Bosque de Protección San Matías-San Carlos, partes de la Reserva Comunal El Sira y la Reserva Comunal Yánesha. Esta última fue la primera área protegida de su clase reconocida en el Perú, junto con los esfuerzos pioneros para apoyar el manejo forestal comunitario.

En 2010, toda la provincia fue, incluso, acreditada por la UNESCO como la Reserva Biosfera Oxapampa Asháninka Yánesha. El destino de estas instituciones de posfrontera constituía el núcleo de mi trabajo de campo. Sin embargo, las paradojas abundaban. Aunque la mayoría de las tierras forestales habían sido clasificadas para su protección, la tala y cosecha indiscriminada de especies de alto valor eran desenfrenadas. Pese a su estatus de reordenación, la provincia albergaba todos los ingredientes de un *thriller* amazónico de frontera. La tala ilegal, el tráfico de tierras, la construcción de carreteras y los conflictos latentes de la industria extractiva se habían generalizado. Había un gran temor por el impulso de la exploración petrolera y los impactos ambientales potenciales (figura 2.2).

La reconciliación de la protección ambiental y los derechos indígenas era, en el mejor de los casos, una tarea inconclusa. Yo estaba especialmente interesado en aprender de las experiencias indígenas, no solo en el tema de la titulación de tierras, sino también en lo que concernía a sus relaciones con determinadas medidas de posfrontera en los ámbitos de las áreas protegidas, el manejo forestal y las industrias extractivas. Esto me obligó a centrar mis actividades de campo en el valle del Palcazú, donde décadas de inversión posfrontera entre los yánesha coexistían con una creciente tensión por los recursos.

Los yánesha

La parte alta de la selva central constituye el territorio tradicional de los asháninka-ashéninka, los nomachiguenga y los yánesha, todos ellos pueblos indígenas arahuaco-hablantes. Trabajé en particular con los yánesha, que suman unos 7500 individuos. Pese a ser pocos, han estado notablemente presentes y han sido muy influyentes en la historia de la posfrontera de la Amazonía peruana. No solo iniciaron la forma de organización política basada en la etnicidad —que ahora es común en todo el continente—, sino que estuvieron en la vanguardia de la titulación de tierras indígenas, el manejo forestal y la participación de las comunidades en áreas protegidas.

El etnónimo *yánesha*, que significa "nosotros, la gente" en yeñoño, apareció en 1980. Hasta entonces, habían sido clasificados por términos "etic" como amuesha, campas, chunchos y antis, por citar solo unos pocos de los 20 términos que identificó Richard Chase Smith (Smith 1977: 33). La variedad de etnónimos refleja, en parte, los cambiantes contextos sociopolíticos. Mientras los términos genéricos de *antis* o *andes* predominaban en la literatura de los siglos XVI y XVII, con retratos que describían a los arahuacos del piedemonte andino, estos fueron reemplazados por *amage,* en el siglo XVIII, y después por *amuesha,* en los siglos XIX y XX. El etnónimo actual, *yánesha*, no apareció sino hasta aproximadamente 1980, coincidiendo con la creación de una nueva federación política (Santos-Granero 2004: 174-175).

Actualmente el pueblo yánesha vive en asentamientos rurales y en pequeños pueblos. Diseminados en unos 65 asentamientos por toda la región de la selva central, en las descripciones de los yánesha aparecen situados en el encuentro de la selva alta con la selva baja. Pero las etiquetas tanto lingüísticas como ecológicas propuestas por Steward, quien definió a los yánesha como un pueblo de la montaña, no están exentas de problemas. Más que clasificar a los yánesha como pueblo amazónico, es pertinente una lectura de su historia andina (Smith 2004). Esto no solo es significativo desde un punto de vista etnolingüístico, sino también desde la perspectiva de sus modelos de ocupación territorial, que están íntimamente ligados a los cambios geopolíticos y las presiones externas por los recursos durante las épocas incaica, colonial y poscolonial (véase cap. 3). La presión de los colonos en los siglos XIX y XX fue decisiva en hacer que muchos yánesha abandonaran los primeros asentamientos en las tierras altas y se establecieran en las zonas bajas de Palcazú y Pachitea (Santos-Granero 2004). El tamaño variable de las tierras tituladas indígenas y el acceso a los recursos forestales son un claro reflejo de este proceso histórico. Pese a estos movimientos y a su base territorial fragmentada, la identidad étnica está firmemente arraigada en las tierras tradicionales, los modelos de parentesco y las prácticas culturales de identificación que reafirman la continuidad a través de la ruptura y a pesar de ella (Smith 2004).

La mayoría de los yánesha vive hoy en comunidades tituladas (véase cap. 4), que varían considerablemente en tamaño y naturaleza. Los diversos modos de vida reflejan la variedad de condiciones en aspectos como la disponibilidad y calidad de las tierras, la altitud, el patrón de lluvia,

Figura 2.2

Concesiones petroleras, áreas protegidas y comunidades indígenas en Oxapampa

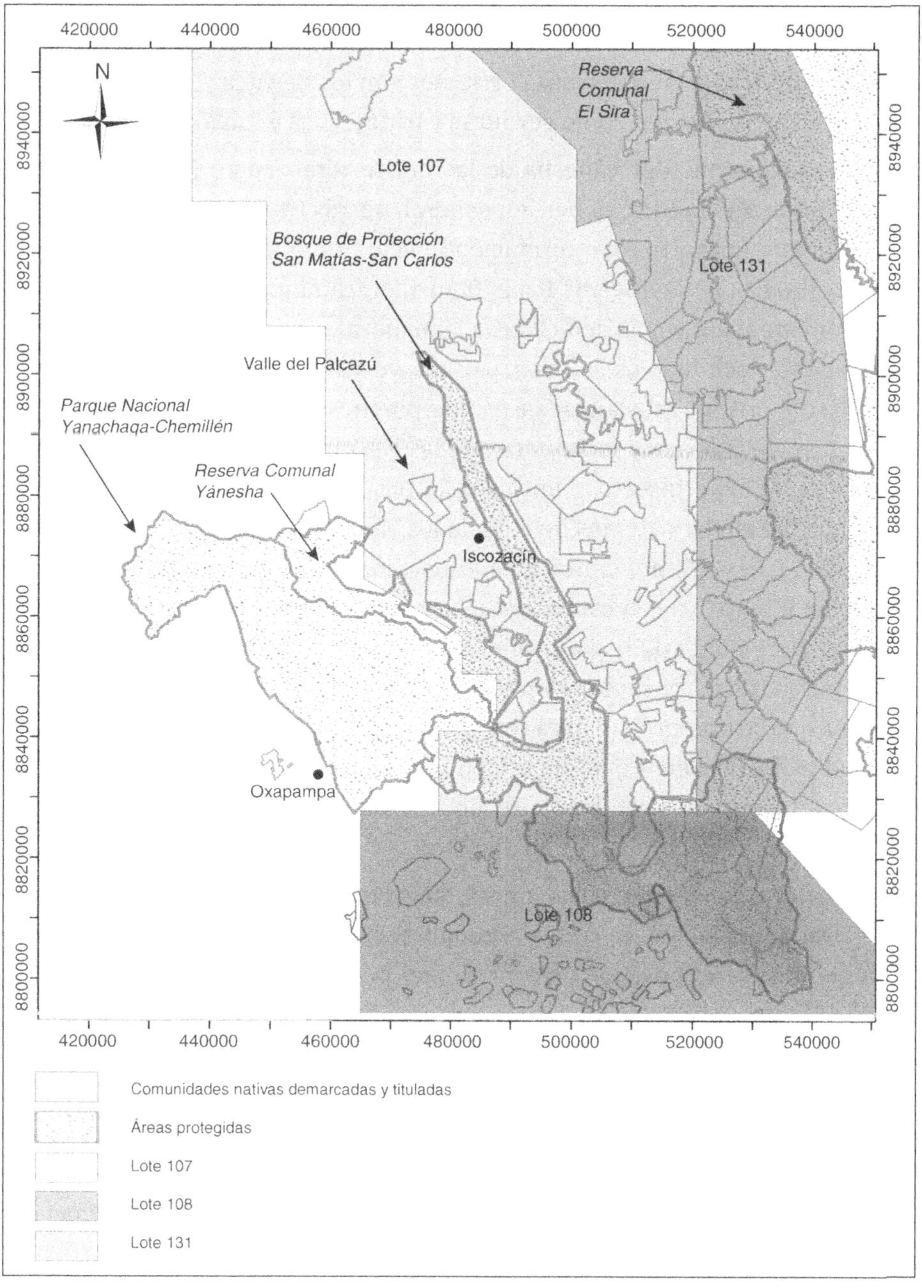

Fuente: Ermeto Tuesta (IBC), adaptado por Catherine Fragnière.

el acceso a los recursos de la selva y la participación en el mercado. La agricultura itinerante de subsistencia, en las tierras bajas, está cada vez más mezclada con cultivos comerciales en un complejo conjunto de patrones de cultivo, zonas de protección y niveles de diversidad (Hamlin y Salick 2003). Los cultivos más corrientes son los de yuca y otros tubérculos, maíz y frijoles, así como verduras y frutas, coca y tabaco.

Las comunidades yánesha de las tierras altas, como las próximas a Oxapampa o Villa Rica, tienen, en general, tierras tituladas de tamaño pequeño, que llevan tiempo produciendo café por sus buenas condiciones para ello. Las de las tierras bajas tienen, en cambio, tierras tituladas de mayor extensión y más dedicadas a la madera y el ganado, además de experimentar con nuevos cultivos. La caza, ya sea cerca de las chacras o en zonas del bosque más alejadas, es una práctica preferentemente masculina y se lleva a cabo, sobre todo, en las tierras bajas. La recolección de frutas, plantas e insectos, junto con la pesca, desempeñan una función primordial en los sistemas de vida de los yánesha (Santos-Granero 2004: 221-241). Por último, también es importante, desde hace tiempo, la migración laboral, ya sea estacional o semipermanente, que ha aumentado con el incremento de la población, la integración económica y las presiones por la tierra. Durante el verano de 2013, conocí incluso a familias yánesha que se preparaban para reasentarse en zonas cercanas a la frontera con Brasil. Como sus zonas de origen se habían convertido en objetivos de desarrollo agrícola, estaban aprovechando las nuevas aperturas de fronteras en las zonas limítrofes en disputa.

En cualquier caso, para la gran mayoría que permanecía en la zona de Oxapampa luchando con la realidad de las tierras tituladas en la posfrontera, la superposición de concesiones petroleras sobre áreas protegidas próximas planteaba una serie de desafíos de gobernanza. Asistir a los congresos anuales de la federación indígena fue particularmente revelador de los problemas y retos que afrontaban. "Nosotros ya no podemos permitirnos el lujo de proteger la selva. Los bosques de nuestras tierras han sido esquilmados por los barones de la madera. ¿Cómo podemos conseguir los permisos para la extracción de madera? ¿Cómo son las negociaciones con la compañía petrolera y cómo se está gastando el dinero? Los líderes indígenas, ¿están representando a la federación o a la compañía en las consultas a la comunidad? ¿Qué significa, en la práctica, para las comunidades, el contrato de cogestión con el Estado?". Los líderes de las comunidades indígenas, presentes en los congresos, afrontaban, como parte de su política cotidiana, demandas conflictivas de participación en los procesos de áreas protegidas, en las consultas de las compañías petroleras y en las transacciones de madera. Desde una perspectiva, parecían reproducir los debates mundiales sobre la sostenibilidad. Desde otra, eran el reflejo de una anatomía distinta de la gobernanza arraigada en prácticas sociales de larga data. Las preguntas de los yánesha no tenían que ver solo con la creciente tensión por los recursos, sino también con la verdadera índole de las instituciones y prácticas de posfrontera. No obstante, a medida que avanzaba la investigación, se hizo evidente que el análisis de estas prácticas no podía limitarse solo a las percepciones indígenas. No bastaba con mencionar simplemente las experiencias indígenas con las nuevas instituciones, sino que se hizo importante explicar cómo prácticas interrelacionadas de un ensamblaje más amplio se cruzaron para componer distintos escenarios.

Hacia una etnografía de la posfrontera

Estudiar los campos de la práctica de la posfrontera conlleva elegir entre varias escalas y enfoques, abarcando desde las modalidades de gobernanza locales hasta las internacionales. Como he explorado los ámbitos municipal, nacional e internacional en otras ocasiones (Larsen 2010, 2011b, 2013), lo que pretendo aquí es abordar una serie de ensamblajes e intersecciones desde un punto de vista etnográfico. Aplicar este enfoque significa que, en vez de representar una etnografía de la cultura política de los yánesha *per se* (Santos-Granero 1991, Smith 1977a), el libro intenta retratar los campos de intersección entre la conservación, la indigeneidad y los procesos más amplios de la gobernanza en Oxapampa. La etnografía es igualmente local y concreta, pero no en el sentido clásico de describir un escenario bien delimitado de ecología humana, perspectiva indígena o cosmología, sino más bien a través de descripciones densas de la práctica social, el conocimiento concreto de las relaciones Estado-sociedad, la gestión de los recursos naturales y la política local.

De este modo, mi intención es hacer una etnografía que una, en vez de separar, la complejidad social de las teorías de la posfrontera y su práctica. Lo que esta etnografía describe son transformaciones relacionales concretas de índole muy distinta a la del establecimiento de reglas de juego uniformes y la armonización de las relaciones ambientales y sociales que conlleva la retórica posfrontera.

Las fuentes clave de inspiración, a este respecto, fueron las primeras etnografías de la región que ofrecían una crítica del desarrollismo estatal (Chirif 1979; Varese 1974, 1979), los grandes proyectos de desarrollo (Hvalkof 1989, Narby 1989, Smith 1982), las industrias extractivas (Smith 2005), el desarrollo regional (Santos-Granero y Barclay 1995) y la conservación (Smith 2003). Estos trabajos situaban la tenencia, las políticas y otras prácticas de gobernanza en contextos más amplios, históricos, de economía política y sistema mundial con diferentes contribuciones etnográficas. Estos estudios, a menudo basados en una severa crítica del colonialismo interno, fueron pioneros de enfoques que hoy forman parte del repertorio de la ecología política. Smith ofrecía una crítica temprana del discurso del desarrollo del Estado (Smith 1982). Y Hvalkof, en su ecología política de la Amazonía, trataba de reinstaurar la agencia indígena argumentando que los asháninka, favorecidos por un proyecto de titulación de tierras, "se convirtieron en activos agentes políticos del cambio social y de la democratización" (Hvalkof 2006).

El trabajo de campo incluía hacer un seguimiento de una serie de actores y procesos relacionados con el petróleo, la conservación de áreas protegidas y la extracción de madera. Los protagonistas de este libro no son solo los yánesha, sino también los funcionarios del gobierno, los activistas de las ONG y los servidores públicos que, durante varias décadas, han dado forma a los derechos indígenas y a las medidas de protección ambiental. Poner en relación con estas personas con estos temas no fue solo una mera construcción académica, sino parte inherente de la complejidad de la gobernanza de posfrontera que afrontan los actores locales sobre el terreno.

Regreso a Oxapampa

Empecé el trabajo de campo en Oxapampa durante las fiestas patronales en la capital de la provincia el 30 de agosto de 2007, 116 años después de la fundación del pueblo por inmigrantes austríacos y alemanes. Un día de celebración, festejos y procesiones para honrar a la patrona Santa Rosa de Lima, fue también promovido dentro de la semana del turismo junto con peleas de gallos, ferias gastronómicas y la elección de Miss Oxapampa. Así como a Lévi-Strauss le parecieron exóticos los colonos alemanes de las afueras de Sao Paulo (Lévi-Strauss 1973 [1955]: 109), para el imaginario nacional, los nombres germanos, el *strudel* de plátano y las casas de madera de Pozuzo y Oxapampa también resultaban curiosos. Mientras los extranjeros suelen acudir en masa a la Amazonía peruana en busca de pueblos indígenas, los turistas nacionales van a ver a estos descendientes de austríacos y alemanes que les parecen mucho más llamativos. Cuando la imagen de la santa patrona fue llevada en andas a la iglesia de madera de estilo tirolés —construida por Otto Müller en 1939—, mi atención se fijó en el escenario en el que las autoridades locales, el presidente regional, un miembro del Congreso y Miss Oxapampa se habían alineado para pronunciar sus respectivos discursos. Bledhi, un regidor yánesha, había participado llevando en andas a la imagen de Santa Rosa. Meses después me contó lo orgulloso que se había sentido al hacerlo vistiendo su *cushma* (túnica indígena de algodón). Al parecer, era la primera vez que un yánesha lo hacía.

El alcalde de la ciudad en aquel momento, un ingeniero químico de Arequipa, agradeció a los colonos austríacos y alemanes el "haber venido desde tan lejos para fundar y desarrollar Oxapampa". Otro representante habló de "tres culturas, tres sentimientos y un corazón" en una provincia "con una cultura multiétnica". "Eso es nuestra cultura", me dijo una señora que formaba parte de la audiencia, cuando alumnos de la escuela local, vestidos tanto al estilo de la selva como al modo alemán, bailaron danzas de ambas tradiciones para el público. La gente cantó el himno de Oxapampa que hablaba de vencer a la selva, enfrentándose al reto imponente de la montaña, a la dura tarea de limpiar y trabajar la tierra. Otro orador ponderó "la rica naturaleza" de la provincia, sus áreas protegidas, en particular el Parque Nacional Yanachaga-Chemillén. Se exaltaron temas de frontera, tales como la fusión y el armonioso crisol de culturas, aunque las historias locales estaban igualmente llenas de iniciativas frustradas de colonización, recursos naturales diezmados y conflictos entre las comunidades indígenas, las élites locales y los misioneros. La zona de frontera contemporánea aparecía como un espacio armonioso, pacífico, de indígenas y colonos avanzando codo a codo, la agricultura de la frontera al lado de las áreas protegidas, todos unidos por una misma historia, los santos patronos y la Iglesia.

Sin embargo, más allá de la política local y la representación cultural, las fiestas eran ante todo una serie de acontecimientos sociales en los que se reunían en pequeños círculos familias y amigos, con peleas de gallos y ritmos de cumbia hasta altas horas de la madrugada. Muchos oxapampinos se habían ido a vivir a Lima o a otras partes de la Amazonía y el regreso era un reencuentro con antiguas redes de amistades. La casa que alquilé, conocida como "Casa Müller", era algo más que una gran vivienda de madera con un jardín bien cuidado. La gran mayoría de la población conocía esa residencia propiedad de la familia que había impulsado la extracción de madera y traído la electricidad a Oxapampa. Aunque ese tiempo ya había pasado, los Müller habían desempeñado un papel crucial en la construcción del pueblo como espacio de frontera.

Notas metodológicas

En un principio presenté mis planes de investigación y pedí permiso a las federaciones indígenas y a las organizaciones de la zona (FECONAYA, ANAP, UNAY y AMARCY) para llevar a cabo mi trabajo.[1] Aunque las organizaciones indígenas no me facilitaron acuerdos escritos, fueron informadas, tanto oralmente como por escrito, de la investigación, y la dirección me brindó su apoyo. Muchos líderes ya habían conocido a antropólogos

1. FECONAYA (Federación de Comunidades Nativas Yáneshas); ANAP (Asociación de Nacionalidades Asháninka del valle Pichis); UNAY (Unión de Nacionalidades Asháninkas y Yáneshas); y AMARCY (Asociación para el Manejo y Conservación de la Reserva Comunal Yánesha).

o sabían de su existencia. "Es bueno y útil", me dijo un antiguo jefe cuando le expliqué los temas de mi trabajo. "Necesitamos un observador", dijo después de haberme enseñado papeles sobre disputas territoriales y problemas de límites que estaba afrontando. En mi trato diario, solía pedir autorización al jefe cuando trabajaba en comunidades determinadas. Con el permiso en orden, me asocié con la Facultad de Ciencias Forestales de la Universidad Nacional Agraria-La Molina, lo que me facilitaron muy amablemente el profesor Carlos Llerena y Richard Chase Smith. Aunque trabajaba principalmente en la zona de amortiguamiento de las áreas protegidas, se exigía un permiso del Instituto Nacional de Recursos Naturales (INRENA). Al coordinador de Lima no pareció gustarle especialmente mi interés en los procesos del petróleo en un momento en que el organismo estatal estaba siendo muy criticado por tolerar la entrada de compañías petroleras.

Dada mi inclinación por las prácticas institucionales, era del todo necesario que el trabajo de campo se llevara a cabo en distintos sitios para seguir las reuniones de consulta con los representantes de las empresas petroleras, sobre los procesos e interacciones relacionados con el planeamiento de áreas protegidas. Las metodologías cualitativas abiertas tienen sus limitaciones cuando se trata con agendas políticas que cambian rápidamente, pero también ofrecen una temporalidad alternativa, basada, no en el ciclo político, sino en el presente etnográfico. Una gran cantidad de los datos fueron recogidos en la provincia de Oxapampa, en concreto en el valle del Palcazú, mediante entrevistas con los representantes de las ONG, funcionarios locales, representantes indígenas y comuneros yánesha. Me trasladaba regularmente por toda la provincia, concentrando principalmente mis entrevistas y actividades de observación en el valle del Palcazú, donde busqué entender cómo los pueblos indígenas se relacionaban con actores externos y procesos de gobernanza provincial. La mayoría de las conversaciones eran informales y a continuación procedía a tomar notas y las complementaba con una serie de entrevistas grabadas.

Mi afiliación al IBC fue inestimable para acceder a los procesos locales ambientales en los cuales ellos participaban activamente. Tuve mucha facilidad para acercarme a los profesionales de la conservación, funcionarios del gobierno y líderes indígenas. Aunque eso fue importante desde un punto de vista práctico, pues me facilitó el acceso y cierto grado de reconocimiento, mi función fue también ambigua, lo que dificultó la investigación, sobre todo durante los primeros meses. Para las ONG, yo era un colega, un amigo y un profesional con experiencia en instituciones como las suyas, pero también alguien que potencialmente "monitorea lo que estamos haciendo", como me señaló un ingeniero. Mi interacción con los trabajadores del petróleo se limitaba al personal del ámbito local. No tenía acceso a las salas de juntas ni a niveles más altos, pero sí a los documentos públicos. Las notas y las entrevistas transcritas se codificaron usando Tamsanalyzer, un programa gratuito para Mac.

Hablar y escribir sobre procesos políticos, organización y gobernanza no es tarea sencilla (Warren y Jackson 2002). En un entorno político marcado por la sospecha, el temor e incluso la criminalización de la protesta social, visualizar la anatomía de la gobernanza tiene profundas implicaciones éticas que requerían una consideración constante. Como afecta a ámbitos públicos de acción, poder y recursos, un problema permanente era el relacionado con el dilema de la antropología comprometida, que trata de generar nuevos conocimientos y teorías así como de contribuir, de forma práctica, a las necesidades y problemas sobre el terreno. Yo luchaba por encontrar la manera de reconciliar el dilema de observar deseando al mismo tiempo intervenir.

Para muchos investigadores, no hay más elección que comprometerse con la experimentación de la gobernanza (Soares-Filho et ál. 2006). Estos dilemas remiten al continuo desafío de tratar con lo que Hale describió como "lealtades duales" de la investigación políticamente comprometida y culturalmente crítica (Hale 2006: 105). En la práctica, mi trabajo de investigación oscilaba entre la investigación activista y la crítica cultural (Hale 2006: 101). Esto incluía debates con los representantes indígenas sobre los procedimientos de planificación y procesos de participación, tal y como lo había hecho tantas veces antes en mi trabajo de antropología aplicada. Tardé varios meses en aceptar la necesidad de mantener cierta distancia etnográfica con esta postura normativa. Una distancia metodológica significaba alejarme de mi zona personal de confort de categorías, soluciones y discursos internacionales. Se trataba de un desafío epistemológico, no solo porque las categorías analíticas empleadas en la conservación socialmente orientada se aproximaban a las categorías y análisis antropológicos, sino también por mi experiencia profesional. Así pues, es fácil, como sugiere Riles, solo reproducir las representaciones indígenas, pero también es necesario, aunque difícil, "mantenerse al margen" (Riles 2000). Asimismo, me di cuenta de que compartir las observaciones y los datos preliminares (con respecto a los niveles de participación indígena en los procesos de gobernanza, la conducta del sector extractivo y los procesos de las ONG) era una manera inmediata de conciliar las dos preocupaciones. En segundo lugar, también me di cuenta de la gran diferencia entre el aprendizaje como proceso individual y el aprendizaje como proceso social, que genera conocimiento y entendimiento compartido. Esto era especialmente evidente en mi trabajo sobre las industrias extractivas. Las esperanzas iniciales de obtener financiamiento para la investigación indígena complementaria no se materializaron sino hasta 2009, cuando establecimos una colaboración entre nuestra universidad, el IBC y las tres federaciones indígenas con el fin de emprender un trabajo sobre el control de la actividad del sector extractivo en la zona (Larsen y Gaspar 2012).

Nota sobre la terminología, los nombres y el lenguaje

Abordar los derechos de los pueblos indígenas y la conservación del medio ambiente exige utilizar unas categorías y un lenguaje muy codificados, tanto en sentido legal como cultural. La categoría de pueblos indígenas ha experimentado explosiones e implosiones dependiendo de la época histórica, el lenguaje y la región. Cuando hablo de comunidades nativas o indígenas, me refiero concretamente a la categoría legal "comunidad nativa", que durante más de tres décadas han empleado los pueblos indígenas de la Amazonía para "registrarse" y solicitar la titulación de sus tierras. Ambos etnónimos, los actuales y los antiguos, aparecen en el libro. Así, la literatura que incluye declaraciones indígenas, etnografía y documentos del gobierno anteriores a la década de 1980 emplea los etnónimos amuesha y campa, solo más tarde reemplazados por yánesha. A lo largo de todo el texto utilizo seudónimos o bien el anonimato, excepto allí donde es fácil identificar a las figuras públicas, o en declaraciones realizadas en público, en las que uso los nombres propios. Las entrevistas las llevé a cabo en español. Pese a algún intento tardío de aprender algo de la lengua yánesha, solamente asimilé nociones muy básicas.[2] En los sitios donde empleo categorías indígenas, estas están tomadas de obras etnográficas muy conocidas.

2. Sin que esto sirva de excusa, era evidente que muchos informantes clave no eran hablantes activos de la lengua yánesha. Para muchos yánesha, las categorías sociales y culturales han sido aprendidas en español, aunque tengan significados socioculturales profundamente arraigados en conceptos y prácticas culturales indígenas.

—3—

Narrativas de frontera

Introducción

> Aun para quien las aborde sin prevenciones, las fronteras de la civilización ofrecen raramente un rostro amable. Es verdad que en esos lugares tan poco civilizados se juega a escala planetaria un conflicto muy real [...] Las líneas del frente presentan en todas partes el mismo aspecto desolador; poblaciones en la anarquía de lo provisorio, y a menudo al margen de la legalidad nacional [...] Es en la Amazonía, tal vez, donde su bastardía es más manifiesta [...] miles de pueblitos idénticos brotan sin fin, cada día un poco más tentaculares y cada día ya un poco más descalabrados, pero impotentes aún para digerir la gran selva. Demasiado caóticos como para sostener mucho tiempo la curiosidad y demasiado corrompidos como para despertar la simpatía, estas aldeas de toldos ondulados expresan una visión degradada de los mundos cuya confrontación organizan. Las investigaciones etnográficas suelen empezar en sombríos observatorios. (Descola 1986: 1)

En esta cita, casi podemos oír al antropólogo Philippe Descola suspirar con impaciencia en Puyo, Ecuador —"un mundo", añadía, "sin verdadero pasado"—, antes de partir para emprender su famoso estudio sobre los jíbaros. Las ideas en auge de las sociedades de frontera, como a medio cocinar, deficientes, temporales y nada atractivas, son comunes en el tropo antropológico para contrarrestar siglos de optimismo fronterizo. Si bien estas contranarrativas desafían los tropos dominantes, hacen poca justicia a dinámicas específicas y narrativas históricas que destacan la expansión de la frontera. Como la propia Tsing pregunta: "¿cómo se convierte la naturaleza de la frontera en un conjunto de recursos? ¿Cómo se vacían los paisajes quedando salvajes y a merced de que cualquiera pueda venir a usarlos y reclamarlos? (Tsing 2005: 30). Este capítulo propone que prestemos una atención cuidadosa a la producción cultural que conlleva la creación de fronteras y la legitimación de formas particulares de acción e intervención de fronteras. Ello es especialmente relevante en la Amazonía, donde la abundancia de recursos aparece frecuentemente como una propiedad obvia o naturalizada, pese a décadas de crítica. Dicho de otro modo, es necesario poner atención al tratar los procesos específicos que reconfiguran ciertos lugares en términos tanto de abundancia de recursos como de permeabilidad de la frontera. La creación de la frontera no es simplemente el resultado de la suma de trabajo, capital y recursos desde el punto de vista económico, sino que se basa en configuraciones de narrativas de pueblos y lugares que permiten, atraen e incitan. Las narrativas de frontera "abren" áreas, mientras que las de posfrontera en teoría las cierran. Estas narrativas de frontera, especialmente cuando son presentadas en un contexto de expansión estatal, implican previsiones lineales de cambio social, la movilización de ciertas formas de conocimiento y el protagonismo de la acción externa. En este capítulo se ofrece una alternativa a la crítica antropológica habitual de las fronteras como espacios de desorden social, cultural y ambiental. Sobre la base de un material histórico y etnográfico que abarca desde el siglo XVIII al XX, este capítulo se centra en diferentes momentos de la historia de la provincia de Oxapampa para explorar la índole y el significado de las narrativas de frontera. Se presta un interés especial a las funciones entrecruzadas de la descripción científica, el espíritu emprendedor y la expansión del Estado a la hora de definir distintos lugares de frontera y formas de acción. Al contrario de las narrativas que hacen hincapié en presentar las fronteras como espacios de desorden y carentes de regulación, el capítulo subraya el significado de los dispositivos de ordenamiento en términos tanto ambientales como sociales. Por último, esta parte también sirve como introducción histórica al libro en su conjunto.

Narrativas de frontera en la Amazonía

Repetidas oleadas de fronteras de recursos a través de los siglos han configurado de muchas maneras los paisajes, la demografía y la política de la Amazonía (Hemming 1985, Little 2001, Nepstad et ál. 2002, Schmink y Wood 1992). Como señala Little:

> La existencia de fronteras en la región no es un hecho que ocurre una sola vez, una llegada definitiva de la modernidad, sino más bien un fenómeno perenne fomentado por la constante llegada de grupos sociales que buscan siempre nuevos recursos y su consiguiente nueva territorialización basada en diferentes formas de apropiación del espacio geográfico. (Little 2001: 3)

La conceptualización de la frontera como un fenómeno recurrente es también relevante en Oxapampa. Debido a su proximidad a Lima, ha sido, en toda su historia poscolonial, una frontera agrícola (caña de azúcar, café, coca), una frontera extractiva (caucho, madera, petróleo), una frontera de transporte (tren, carretera y barco), así como una frontera de migración y asentamientos. Asimismo ha sufrido, según la literatura de la colonización interna, la degradación, el despojo y la exclusión.

Las centenarias dinámicas de frontera en la Amazonía son especialmente ilustrativas de las dinámicas en juego. Las narrativas nacionales que relegan a ciertas áreas como tierras fronterizas y salvajes, tienen una larga tradición en América Latina, profundamente marcada por la historiografía colonial y misionera. Esto ilustra una característica fundamental de las narrativas de frontera, a saber, la de reestructurar un área como si estuviera necesitada de más conquista, tecnología y acción externa para ser abierta (véase Belaunde Terry 1965). Aunque tales narrativas han sido desmentidas por la historiografía más reciente, su importancia en cuanto a informar y legitimar la creación de fronteras es evidente. Santos-Granero ha destacado cómo la división Amazonía-Andes fue resultado de la expansión de formaciones estatales arraigadas en los Andes y de la "imposición de límites de diferenciación como justificación para la integración al Estado, expresada en la mercantilización y el consumo simbólico de la Otra Amazonía" (Santos-Granero 2002: 545). Ya sea formulada por funcionarios del gobierno, empresarios privados o misioneros, Santos-Granero identifica un proceso continuo de alterizar la Amazonía considerándola, bien como una tierra salvaje, bien como entornos abundantes habitados por pueblos primitivos y sin organización. Esta diferenciación oscurecía los largos vínculos entre los reinos amazónico y andino, pero ofrecía justificaciones convenientes para proyectos de frontera por parte de misioneros o de empresarios. Smith, de modo parecido, hace hincapié en el papel fundador de los retratos que hacen los franciscanos en la configuración de las narrativas posteriores de la selva central como un lugar impenetrable, habitado por salvajes necesitados de la ayuda de los misioneros (Smith 2004).

Tras los primeros contactos con los españoles en el siglo XVI, y tras una primera oleada de actividad misionera llevada a cabo por los franciscanos en el siglo XVII, un levantamiento indígena en 1742 mantuvo grandes partes del territorio yánesha cerradas a la presencia colonial durante un siglo, aproximadamente. Después de la independencia en 1821, el recién formado gobierno peruano intentó reabrir la zona de la selva central, desde 1847 con la fuerza militar, logrando aplastar la resistencia indígena en 1873 (Santos-Granero 2004: 213-214). Entonces se establecieron nuevas unidades administrativas y misiones en los territorios reconquistados, y una política activa de asentamientos favoreció la llegada de colonos, aumentando las presiones por la tierra que provenían tanto del norte como del sur. Hacia el final del siglo XIX, se intensificaron estas presiones con la concesión de 500.000 hectáreas a la compañía Peruvian Corporation controlada por los británicos (Barclay 1989). En consecuencia, los yánesha se fueron incorporando gradualmente a las florecientes economías de mercado de la producción de café y madera, por una parte, mientras que otros asentamientos, por otra parte, reducían sus poblados a pequeños enclaves en unos entornos cada vez más colonizados. En la segunda mitad del siglo XX, la mayoría de los yánesha se habían mudado a las tierras bajas de los valles del Palcazú y Pachitea. No obstante, el dramático proceso de despojo no es aquí el objeto de interés primordial. Pretendo más bien ilustrar cómo un proceso de este tipo fue posible por una serie de actitudes de frontera. Una misión científica enviada a la provincia en el siglo XVIII y dirigida por Hipólito Ruiz ofrece un buen punto de partida para explorar los tipos de reconfiguraciones en las narrativas que aparecen en la selva central, siguiendo los pasos de los primeros relatos de misioneros. A medida que el capítulo va avanzando a través de la historia, trato también de demostrar los cambios que se producen en la índole y en los tipos de narraciones de frontera empleadas.

Conocimientos de frontera en el siglo XVIII

Ruiz describió unas 403 plantas, reunió semillas y "cosas extrañas de los nativos" durante su estancia en el calor tropical de Pozuzo, hoy parte de la provincia de Oxapampa, en julio de 1784. Con el anticipo del salario de un año otorgado por la Corona española, se financió un último viaje de lo que fue la primera investigación científica española sobre las plantas del Nuevo Mundo. Mientras que las demás zonas de la selva central estaban cerradas desde el virreinato debido a las revueltas indígenas, y seguirían estándolo hasta mediados del siglo XIX, Pozuzo permanecía accesible. De 1777 a 1785, Ruiz, miembro del Real Jardín Botánico de Madrid, dirigió la expedición formada por botánicos, artistas y ayudantes. Después de haber pasado días caminando, observando y derribando árboles en la selva, Ruiz comentaba cómo "nosotros los botánicos trabajamos tan duro aquí que nos vamos de Pozuzo prácticamente desnudos y con las piernas y los muslos desollados". A Pozuzo lo describía como "el último pueblo español [...] reducido a quince cabañas, una iglesia, la casa del padre misionero a la que llamaban el convento y una cabaña para los comerciantes que tienen la costumbre de venir a esta miserable aldea" (Ruiz et ál. 1998: 171). En su descripción, se refería a los indios como perezosos y a la variedad de plantas como "tan grande que a duras penas se podrían estudiar todas en cien años por una sucesión de botánicos" (Ruiz et ál. 1998: 183). Los diarios de Ruiz ilustraban la frontera de la investigación botánica sobre la utilidad de las plantas en los dominios americanos. La expedición terminaría en 1798 con el primer volumen de la *Flora peruviana et chilensis*. Aunque considerado como un descubrimiento, gran parte del conocimiento adquirido en los primeros pasos de los botánicos del siglo XVIII hacia la moderna etnobotánica[1] dependió del

1. Dos siglos más tarde, Antonio Brack, destacado ecólogo peruano (y primer ministro del Ambiente del país), dedicaría su enciclopedia sobre plantas útiles no solo a su profesor de ciencias naturales, sino también a doña Narcisa, "una nativa yánesha

saber local y de los guías. El equipo de Ruiz y los siguientes visitantes siguieron las rutas de los senderos incas, colonos españoles y misioneros, aprendiendo igualmente de los usos indígenas. Ruiz señaló cómo la coca era el principal producto de intercambio mientras proseguía sus detalladas descripciones de las plantas, apuntando los usos que de ellas hacían los indígenas y sus propiedades. Describió las virtudes de la quinina y de una "resina blanca" que al contacto con el aire se hacía gris y elástica. "Esta resina es excelente para impermeabilizar y los indios cubren con ella sus cerbatanas" (Ruiz et ál. 1998: 176). Su descripción del caucho mostraba una actitud de prefrontera ante la calidad de un recurso que, aproximadamente, un siglo después provocaría una demanda mundial, lo que transformó de manera radical grandes partes de la Amazonía. La descripción ponía de manifiesto los ámbitos entrecruzados de la investigación científica y la creación de valor. Se trataba de "descubrir" y al mismo tiempo de dominar la naturaleza, el verdadero núcleo de las narrativas coloniales de frontera. Ruiz terminó el viaje haciendo talar dos árboles para fabricar cajas, mencionando que "hay muchos más árboles en Pozuzo, valiosos por su color, su veta y otras cualidades" (Ruiz et ál. 1998: 183). Esos valores llegarían a ser significativos en los diferentes ciclos de creación de fronteras y el redescubrimiento de la selva central a mediados del siglo XIX en adelante.

La acción de frontera en el siglo XIX

Mientras que en el siglo XVIII se apuntaba hacia la reformulación discursiva del saber y las prácticas indígenas en categorías científicas como conocimiento de frontera, el siglo XIX supuso esfuerzos intensificados de los gobiernos para incorporar a la selva central (Santos-Granero y Barclay 1995). El drama del desplazamiento de inmigrantes europeos

de Villa Rica de la que mi madre aprendió a usar las plantas para curar a sus hijos" (*Diccionario enciclopédico de plantas útiles del Perú*, Cuzco: Centro de Estudios Regionales Andinos Bartolomé de Las Casas, 1999). Los padres de Brack fueron colonos fronterizos en los tradicionales territorios yánesha en la selva central. Por entonces, se conocían unas 25.000 especies de plantas, de las cuales se usaban unas 5000 para 49 finalidades, según Brack.

a la Amazonía es particularmente revelador de la índole, y las limitaciones, de las ideologías de frontera de la época. Pozuzo, conocido hoy fundamentalmente por ser un pueblo tranquilo de colonos en la parte baja de la provincia de Oxapampa, celebró en 2009 su 150.° aniversario. Un siglo y medio antes, había sido fundado por el Estado peruano para consolidar su presencia en la Amazonía. En su Oficina de Inmigración y Colonización, se contrató a cientos de agricultores austríacos y alemanes con el fin de importar su ética del trabajo y que se establecieran allí. La acción de frontera necesariamente vino del exterior. Pero los colonos europeos no solo tardaron dos años en llegar a la zona, sino que muchos cayeron enfermos y murieron en el camino, pese a las promesas de fácil acceso y buenas condiciones. Cuando el geógrafo Antonio Raimondi visitó la región en 1867, su relato proveía una imagen de colonos pacíficos, casas pintorescas y actividad agrícola, en lugar de las profundas dificultades con las que la gente se encontró (Raimondi 1874: 278).

Los planes de frontera lineales, que transformaban la observación de las cosas, lugares y personas en nuevas líneas de acción, oportunidades económicas y geografía de proyectos, configurarían sin cesar la verdadera dinámica de la fundación y gobernanza de la selva central. El padre Gabriel Sala, prefecto de la misión franciscana del Ucayali, fue requerido por el gobierno para emprender exploraciones y elaborar los mapas geográficos de la zona. Al final del siglo XIX, se buscaba la vía más rápida para llegar a un puerto navegable hacia el Amazonas. Miembro de la Sociedad Geográfica de Lima, Sala no solo describió el entorno, sino que prescribió la construcción de la carretera. Fue el primero en explorar el camino al Palcazú y es considerado el iniciador de la "Vía Pichis" y de las carreteras que unen a Chanchamayo con Oxapampa (Ortiz 1967, Santos-Granero 1991). No estaba solo. Cuando terminaron las rebeliones indígenas que mantenían la selva central cerrada y aislada del resto del Perú, la tierra en Huancabamba, al sur de Pozuzo, fue gradualmente reasignada para la actividad misionera y la producción de caña de azúcar y de otros productos que se destinó a los centros mineros de la sierra (Ortiz 1967).

La colonización de Oxapampa

Entre los que fueron atraídos a Huancabamba, estaban los padres de Enrique Böttger. Los Böttger habían llegado procedentes de Lübeck para trabajar en una fábrica de cerveza en Arequipa, y fundaron, más tarde, una cervecería en Cerro de Pasco antes de establecerse en Huancabamba para producir aguardiente (alcohol de caña de azúcar). Enrique Böttger, otros colonos y algunos misioneros franciscanos empezaron a explorar más al sur, lo que actualmente es Oxapampa.[2] Así relató los acontecimientos unos 50 años después:

> En el año de 1876 por casualidad pude entrar y chocar con un puesto montera llamado "Puriz" por los infieles en las aguas sulfurosas en "San Daniel", que les servía para cazar los animales del monte que tomaban esas aguas; lugar donde puse al día siguiente especias como regalo para ellos, los que unos días después habían recogido, respondiendo con unas hermosas bandas con lindos plumajes de pájaros y dos poronguitos con miel de abejas, juntamente con paquetes con maní envueltos en hojas de palmas, colocándolos en la choza.
> Este trueque, sin poderlos ver ni encontrarlos se alargaba hasta Marzo de 1877. Juzgando yo por este intercambio, que ellos deseaban entrar en relaciones amistosas, me animé con mi hermano Pablo, señor Ernesto Mühlenbruck, Don Tomas Seehaus, Don Francisco Ruffner de penetrar hasta sus paraderos, uniéndose al pasar por la hacienda "Carolina" Don Eliseo Schrader y seguimos nuestra marcha. Que para hacer en este momento una debida descripción sobre nuestra expedición de conquista de los infieles sería muy extensiva, por lo que me concreto y sólo diré que pasábamos de casa en casa de ellos, que vivían distantes unos de otros, sorprendidos unos y asustados otros por nuestra inesperada visita, que con buen tino, respondiendo a sus encuentros con amabilidad sin aspereza, con uno que otro regalo logramos su amistad, hasta el centro hoy "Oxapampa", regresando a los cuatro días de nuestro deseado y obtenido éxito, acompañado por un hijito que nos confió el Cacique "Illupiu" regresamos a nuestras familias que nos esperaban ya con inquietud; sosteniendo en seguida la amistad obtenida con ellos con obsequios y buen trato cuando venían a visitarnos, y esto siempre con otros infieles que no conocíamos del interior de la región, hasta el año 1881, que vino el Padre Fray Bernandino Gonzales a visitar también a "Oxapampa", con el deseo de establecer una Misión en esta región. (Böttger 1941)

---

2. Su finalidad era unir Huancabamba con el valle del Chanchamayo, más al sur (un viaje que, de otro modo, habría durado entre ocho y diez días, atravesando las tierras altas).

Estas narraciones de amistad contrastaban con los relatos de los yánesha que hablaban de incursiones de colonos armados, de casas quemadas, mujeres violadas y niños "raptados para trabajar en las haciendas" (Smith 1974: 7). Un niño que en una narración había sido confiado a alguien, en otra era un niño raptado para trabajar. Se cuentan muy diferentes narrativas de frontera, de amistad y de conquista. Carlos, un anciano yánesha al que entrevisté en Tsachopen, cerca de la aldea de Oxapampa, ofrecía un punto de vista distinto:

> Lo que cuentan mis abuelos, es de cuando empezaron a venir los colonos por parte de acá, por Huancabamba hay un lugar que se llama la Carolina, hay un lugar muy estrecho, entre el río, ahí había gente yánesha que cuidaban [...] que no pasan los colonos, pero sucede que colonos venían del otro lado del rio. Les trataban de ganar amistad, les hablaban, en idioma, castellano sería, no sé, del otro lado botaban regalos, espejos, chocolate, caramelos, que lo abren y comen [...], que no morían, hicieron la amistad a lejos, a distancia y ahí había un personaje, que les ha traicionado sus paisanos, los yánesha ya había comunicación entre ellos, que se compartían algo, entonces dice los yánesha, ahí tenían sus arcos, flechas, para que no pasan, eso tenían miedo los colonos, ellos también por su parte, empezaron disparar su arma, disparar al aire. Ellos tenían miedo ya, "ellos nos van a matar". Los yánesha se escondían. El día siguiente volvían, los daba galletas, panes, lo que sea. Hasta que un día, el personaje que les ha traicionado, había tomado una decisión hacer una fiesta, es costumbre hacer una fiesta, especialmente. Hicieron una fiesta, el personaje que había tratado de hacer pasar la gente hizo pasar la gente, llegaron improvisado con sus armas todo pero no para matarles, temorarles no más, pero disparar eso día se dice. Para eso, los yánesha tenían sus arcos, sus flechas, este personaje, no me recuerdo su nombre, había escondido todas sus armas, sus armas de los yánesha, como estaba en plena fiesta, no pensaran que iba pasar algo. Ya no hicieron nada, buscaban sus archas y flechas para defenderse y ya no había. Ellos demostraron que no querían matar [...] sino se sentaron, conversaron, convencer [de que era] un grupo de personas, que querían entrar pacíficamente. Pero querían ya colonizar, todo este valle, poco a poco, empezaron a hacer amistad, por Carolina, a hacer sus casas, los yánesha ya no iban impedir. (Comunicación personal con Carlos, un anciano yánesha)[3]

---

3. Smith también ha sugerido que el impacto dramático de una epidemia de fiebre amarilla en 1879-1880 se interpretó como una nueva arma de los colonos: "la única manera de sobrevivir era dejar las armas, quemar sus plantas mágicas para la guerra, y permitir que los blancos entraran en el valle" (1974: 8).

Los acontecimientos que llevaron a la colonización de Oxapampa se narraban de diferentes maneras. A finales de 1881, la misión de la Señora de la Asunción de Quillazu empezó a bautizar a los hijos de los "infieles" (de la tribu campa llamados amueshas). Tres años después, solicitó protección legal para el puesto misional y para "toda la tierra ocupada por los infieles". En 1905 esta era reconocida como "propiedad conjunta" de las misiones y de los residentes (Smith 1974: 9). Paralelamente, en el cambio de siglo, Böttger y los misioneros franciscanos convencieron a un grupo de colonos procedentes de la fallida iniciativa de colonización del Pozuzo de que les ayudaran a fundar el núcleo inicial de población de Oxapampa (Ortiz 1967). Se dieron los permisos en Cerro de Pasco, la capital regional, y la tierra fue dividida en lotes para cada familia. La lista de nombres creció y Böttger viajó a Lima con el fin de obtener autorización para trasladar a toda la colonia del Pozuzo a Oxapampa por "su mejor situación y clima". Las autoridades de Huánuco, adonde pertenecía Pozuzo, protestaron y finalmente pararon la mudanza. Muchos pozuzinos murieron después de malaria (Böttger 1941), mientras Oxapampa siguió creciendo, consolidando el espacio colonial interno y dejando a los yánesha relegados como copropietarios bajo la tutela de la Iglesia.

El caucho en el Palcazú

La dinámica de la colonización fue diferente en las zonas bajas del Palcazú, al otro lado de la cordillera Yanachaga. Tomemos la descripción de finales del siglo XIX de Alexandre Ordinaire, un cónsul francés que al terminar su mandato en Lima intentó llegar al Atlántico por tierra. Al alcanzar la zona del Palcazú, después de cruzar la cordillera Yanachaga, ofrece un vívido retrato de un barón del caucho, don Guillermo, que vivía con las familias indígenas campa[4] en lo que constituía la periferia occidental del auge del caucho amazónico (Ordinaire 1892: 138). Don Guillermo,

4. "Campa" era la categoría empleada para referirse a los asháninka, ashéninka y yánesha en gran parte de la antigua literatura. En la literatura de este periodo, hay una gran confusión entre los asháninka y los amuesha. A estos no se les consideró como un grupo étnico distinto hasta que Sala hizo la clara distinción a principios del siglo XX (Smith 1977a: 52).

llamado "el capitán", contaba que había encontrado a 12 familias campa al llegar, siete u ocho años antes. Había "logrado atraerlas y unirlas mediante buenas obras y ahora había más de sesenta diseminadas en un círculo que abarcaba varios lugares [...] en constante relación con el capitán". Les ofreció rifles, les vendió pólvora, les facilitó telas para sus *cushmas* y les ayudó a curar las infecciones oculares a cambio de caucho. También los protegía contra las "correrías" que tenían lugar en la Amazonía (Ordinaire 1892: 139-140). En los años siguientes, varias empresas de caucho operarían en la cuenca con grandes concesiones, impidiendo nuevos asentamientos hasta la reforma agraria de finales de la década de 1960, cuando las últimas concesiones fueron anuladas (Miller y Martínez 1981). Tanto la frontera agrícola de Huancabamba como la dinámica del caucho en el Palcazú estaban relacionadas con las cadenas mundiales de productos y con las políticas de frontera. Huancabamba estaba vinculada con los centros mineros andinos, con la demanda de productos agrícolas y la economía revitalizada de los colonos. El Palcazú, por su parte, se involucró en la economía extractiva con el caucho transportándolo aguas abajo hasta Iquitos cada dos años e incorporando a los indígenas como mano de obra en ese negocio amazónico.

Geografías instrumentales

Las dinámicas que experimentaron los yánesha más al sur, en la zona de Chanchamayo, fueron diferentes pero también recuerdan las narrativas de la frontera. La deuda nacional, generada en la segunda mitad del siglo XIX por la construcción del ferrocarril y la guerra con Chile (1879-1883), había obligado al gobierno peruano a ceder dos millones de hectáreas en el Oriente a la Peruvian Corporation, controlada por los británicos. De cuatro zonas, la colonia del Perené, que se superponía al corazón del territorio yánesha en la selva central, fue la única que se creó en 1891, abarcando unas 500.000 hectáreas (Barclay 1989: 44). Las imágenes de las narrativas fueron muy importantes para el proyecto de frontera. Se contrató a Alexander Ross, ingeniero agrónomo con experiencia en Ceilán, con el fin de identificar los lugares adecuados para el cultivo del café en la "selva sin explorar y sin caminos" de la montaña. Así cuenta Ross su llegada al valle:

> Sobre las cuatro de la tarde del día siguiente, apareció ante nosotros la maravillosa vista del Perené, a vista de pájaro, por así decir, desde una altitud de 5.300 pies, mirando hacia abajo casi perpendicularmente sobre la vivienda solitaria de un jefe indio. (Ross 1892: 386)

Ross llegaría a la conclusión de que "las inmensas extensiones sólo están esperando la llegada de peones chinos o indios para convertir lo que es ahora un magnífico bosque en una provincia rica y próspera" (Ross 1892: 392). La narración presenta un área vacía lista para la intervención, y la acción de frontera necesariamente vino de fuera, demandando inversiones y masas de trabajadores. Era una muestra de geografía instrumental de frontera lo que Ross presentó a la Real Sociedad Geográfica de Inglaterra a su regreso. Como era de esperar, el cónsul peruano en Londres, F. A. Pezet, respondió mencionando la exploración del interior realizada por el gobierno y la Sociedad Geográfica de Lima recientemente creada. Pezet describió los esfuerzos de construir carreteras, unir San Luis de Shuaro con el Pichis, y acortar la distancia a Liverpool, "trayendo Lima a Londres en el plazo de veinte días" (Ross 1892: 392). Él estaba en un viaje de negocios, pero como dijo también a los geógrafos británicos:

> [...] la ciencia geográfica es indudablemente la principal palanca para el comercio, ellos [el gobierno] prestan ahora toda su atención a esta importante pregunta ¿qué sería del comercio sin la geografía? La isla ha sido explorada tan exhaustivamente que ustedes no quieren geografía para Inglaterra, pero, para esos otros países, es importante. Cuando esas carreteras se abran, ustedes tendrán más barato el azúcar, el café etc. (Ross 1892: 393)

Pezet continuó su gira de inversión en la frontera mencionando las posibilidades de drenar el lago Junín (ahora un área protegida) para el cultivo de trigo. Las imágenes de Ruiz, Ross y Pezet son solo unas pocas de una lista mucho más larga de narrativas de frontera constantemente reelaboradas que llevaban a iniciar grandes plantaciones de café dirigidas por colonos franceses e italianos. Esto, a su vez, provocó la llegada de nuevos colonos que iban empujando gradualmente a los yánesha a los valles de las tierras bajas. La geografía y la producción estaban íntimamente ligadas en la conquista de tierras de frontera. Barclay ofrece un elocuente relato de los altibajos de la colonia hasta que el presidente Belaunde anuló la concesión en 1965 (Barclay 1989: 210). A lo largo de su existencia, las linealidades de las fronteras —ya sea por medio de la topografía, la tecnología o los planes— afectaron tanto a las personas como a los entornos. Los conceptos ambientales y sociales se estructuraron en función de frontera. El medio ambiente apareció como un recurso y como una amenaza potencial para el flujo y trasplante de planes de frontera, así como los habitantes indígenas se convirtieron en un recurso en el cálculo más amplio de la producción de café y de política de la tierra. Proporcionando mano de obra barata y protección contra las presiones externas por las tierras de la colonia, la Peruvian Corporation adoptó una serie de disposiciones sobre la tierra, ubicando a algunos yánesha en lugares como Metraro, Maime, Palomar y Yurinaki (Barclay 1989: 220). Uno de los principios de gobernanza, consolidados por la Peruvian Corporation y el gobierno, era la separación categórica entre el bosque y las áreas donde instalar la propiedad privada. La ocupación de la tierra y su titulación requerían cultivo, mientras que la tenencia tradicional implicaba un *continuum* de bosque, campos de cultivo y barbechos. Los yánesha aprendieron a la fuerza el principio del desbroce de tierras y de la propiedad a medida que los asentamientos de colonos aumentaban en la zona. Una jerarquía de los derechos a la tierra privilegiaba los derechos expresados en el papel y el despeje de las tierras sobre los asentamientos y la presencia tradicionales. En 1925, otros avances de colonos hacia las tierras tradicionales de los yánesha en las zonas altas produjeron un recrudecimiento de las tensiones en Villa Rica. Fijar límites y demarcaciones se convirtió en un problema y preocupación para los yánesha a causa de la masiva llegada de colonos. La progresiva retirada de los indígenas de las áreas de colonización de Oxapampa, Paucartambo y Chanchamayo pasó a ser algo habitual. A principios de la década de 1950, los yánesha que no se habían marchado a lugares "más seguros" en los valles bajos estaban atareados construyendo caminos y fijando límites, como los colonos, para demostrar que las zonas estaban ocupadas (Barclay 1989: 227, 230).

A lo largo de la primera mitad del siglo XX, las conexiones por carretera y la expansión de las fronteras de café, de madera y agrícola hicieron que fuera más relevante hablar del área de la selva central como de un espacio regional nuevo (Santos-Granero y Barclay 1995) que desplazaba las formas socioculturales indígenas de integración regional (Varese 2002 [1968]). Ello acarreaba procesos interconectados de demandas por territorio virgen, extracción de recursos e instalación de derechos de propiedad. La consolidación de un nuevo régimen territorial se intensificó a partir de 1940 con las crecientes presiones de colonos a causa de la explotación maderera, la expansión de los cultivos de café y las primeras exploraciones petroleras. Oxapampa se convirtió en un importante centro productor de madera para los mercados de Lima. Los planes para construir un ferrocarril, que luego fueron abandonados, generaron también oleadas de colonos que solicitaban títulos de tierras (Yoza 1971).

La indigeneidad de la frontera

La indigeneidad no estaba ausente en estas narrativas de frontera pero se enmarcaba más bien en cuestiones de transformación social y conversiones (Santos-Granero 1991). Como la indigeneidad pasó a ser una cuestión panamericana en el siglo XX, las experiencias peruanas desempeñaron un papel central en los debates acerca de cuál era comúnmente la definición del "problema indio", resumido en uno de los primeros informes de la Organización Internacional del Trabajo (OIT) sobre el tema:

> [...] la gran mayoría de esta parte de la población peruana vive en condiciones de pobreza e ignorancia, produciendo poco y consumiendo menos y no tomando una participación muy activa en la vida del país, o sea, es un elemento casi negativo en la economía nacional. (Troncoso 1938)

La solución, según Troncoso era: "incorporar al Indio a la civilización y a la estructura económica y social, haciendo de él un elemento eficaz de progreso, un ciudadano consciente y fecundo, un valor efectivo de producción y de consumo" (Troncoso 1938: 8). Concretamente, sobre el área de selva, el autor señalaba cómo "viven en ella algunas tribus indígenas en estado semi-salvaje; el gobierno, en colaboración con algunas instituciones privadas, trata de realizar allí una obra lenta de penetración y civilización" (Troncoso 1938: 11). La noción de indigeneidad ligada a la frontera

era inequívoca. La ocasión fue cuando la VIII Conferencia Internacional de Estados Americanos, celebrada en Lima, recomendó la creación del Instituto Indigenista Interamericano, que impulsó décadas de corriente de asimilación e integración. Hago esta breve digresión, no para repetir la crítica ya conocida del pensamiento asimilacionista de principios del siglo XX, sino para destacar la aparición de aspectos lineales importantes: la indigeneidad convirtiéndose en un tema de debate cada vez más institucionalizado e incluso en una preocupación para las organizaciones internacionales. No se trataba de una mera inquietud de política interna, sino que era analizado como un problema compartido, involucrando a nuevos portadores de conocimiento que proyectaban el cambio y debatían cómo hacer las cosas en el marco de la lógica de la frontera del momento. La linealidad en la década de 1950 trataba del reemplazo de penetración, conversión y cambio social por medidas proteccionistas. En el Perú, esto era evidente en las medidas protectoras adoptadas para la "región de la montaña" mediante un decreto supremo (DS 03 AG) en 1957. En respuesta a la rápida expansión de la frontera nacional, esta norma establecía algunos usos y derechos de posesión a través de las "reservas de tierras para las tribus silvícolas", cuyo tamaño se calculaba en diez hectáreas por cada individuo mayor de cinco años. El modelo de reserva era un mecanismo protector, aunque débil, empleado en el contexto de la exploración petrolera, el desarrollo del ferrocarril y la fuerte inmigración. El proceso para obtener una resolución directoral exigía un censo demográfico y la fijación de límites de acuerdo con las características naturales, todo en áreas "que la colonización, ya en marcha, había dejado disponibles".

Las ideas de frontera del siglo XX en beneficio del pueblo

> Hoy, en medio de la unidad nacional y racial conseguida por el común denominador del mestizaje, la fusión de dos culturas, se puede preguntar si nosotros los peruanos hemos conseguido conquistar plenamente *nuestro propio territorio*. La respuesta es negativa. (Belaunde 1965, la cursiva es mía)

La conquista de la selva después de la Independencia, promovida por Belaunde, no buscaba solo la incorporación de nuevos recursos, sino que en el siglo XX se convirtió en una cuestión acerca de cómo resolver el problema de la tierra en la sierra, manifestada en los programas de integración apoyados a escala internacional que se iniciaron a principios de la década de 1950 (Beaglehole 1953). Estas ideas fundamentalmente modernistas tendrían un momento de gloria en todo el continente como el desarrollismo "integracionista" surgido en las décadas de 1950 y 1960. A principios del decenio de 1960, un funcionario de la OIT afirmaría:

> La finalidad de la integración, que miles de científicos, trabajadores sociales, funcionarios, profesores, sindicalistas, políticos y hombres de estado están persiguiendo pacientemente en México, Perú, Ecuador, Bolivia, Colombia y Brasil, no es clasificar a los hombres en campos opuestos. Es unirlos, cualquiera que sea su origen, en una *lucha común contra la naturaleza* para la conquista de las riquezas potenciales del continente en interés de todos los pueblos americanos y en el de cada uno de sus ciudadanos. (Rens 1963: 563)

La cuestión no era conquistar o no la frontera interna, sino cómo hacerlo. La gobernanza de la frontera moderna implicaba una lucha contra la naturaleza para explotar su potencial, apoyar a la gente y liberar la acción individual. El presidente Belaunde creía que los migrantes extranjeros de Pozuzo habían sido abandonados (Rens 1963: 217). La visión de Belaunde de un Estado más paternal buscaba conquistar áreas de selva alta en beneficio de una población necesitada, caracterizada por la escasez de alimentos y de tierra. Se requerían programas de colonización más amplios. La incorporación de nuevas tierras agrícolas en la ceja de montaña fue "la solución más rápida y más económica a los problemas de escasez de alimentos y crecimiento poblacional". La moderna reforma agraria reemplazaría a los anteriores fracasos de conquista con una frontera más democrática, apoyo técnico y carreteras. Era una arquitectura modernista con mapas de población y recursos para edificar construcciones sociales a gran escala con el fin de albergar a la gente necesitada. La conquista territorial era cuestión de satisfacer las necesidades básicas de la nación. Era una conquista en beneficio de la gente, en "una región llena de promesas para la juventud" Rens 1963: 197). Este periodo marcó la aparición de inventarios de recursos cada vez más detallados, datos demográficos y la proliferación de procesos de planificación. La creación de la Oficina Nacional para la Evaluación de Recursos Naturales (ONERN), con el apoyo de la Agencia de Estados Unidos para el Desarrollo Internacional (USAID) en 1962, ilustraba la creciente preocupación por los recursos con una actitud geográfica sistemática. La ONERN inició un proceso de clasificación de las tierras, inventarió los valiosos recursos de madera y clasificó los bosques según siete categorías de calidad de la madera. La mirada racional consistía en saber dónde, cómo y qué extraer, más que en abordar problemas ecológicos *per se*. A título de ejemplo, el estudio de la ONERN sobre la selva central recomendaba construir carreteras en dos fases conforme a "la progresiva explotación de los recursos naturales" (ONERN 1970: viii). Se movilizó a médicos, ingenieros y antropólogos para esta finalidad de construcción nacional, al igual que los regímenes coloniales habían movilizado a geógrafos, botánicos y exploradores para los proyectos de frontera en los siglos anteriores. Belaunde era, quizás, el prototipo de linealidad de frontera, siendo él mismo arquitecto e impulsor de un Perú remodelado. Marcó un cambio importante en la lógica de gobernanza de frontera incorporando elementos de gubernamentalidad; gobernar a través del bienestar de la población. Esta "conquista", resumía, era la "gran batalla todavía pendiente de librarse". Aunque hubo que esperar, pues Belaunde fue derrocado por el golpe militar de 1968, la expansión de las fronteras continuó bajo los siguientes gobiernos militares (véase cap. 4). Poco después de su reelección como presidente en 1980, Belaunde resucitó el megaproyecto de transformar la selva de los valles del Pichis, Palcazú y Pachitea en el granero de Lima (Smith 1982). Como declaró a un periódico, "es increíble que tengamos que racionar la venta de carne en Lima cuando tenemos áreas inmensas [de la selva] que, gracias a sus recursos, podrían alimentar a todo el Perú" (citado en Smith 1982: 100). Esto se lanzó como una solución de alto perfil a los problemas nacionales de importación de alimentos y escasez de tierra. El Proyecto Especial Pichis Palcazú (PEPP),[5] apoyado por USAID, se propuso inicialmente favorecer la construcción de carreteras y llevar a cabo "proyectos especiales" adaptados a las necesidades y exigencias de los colonos. Una vez más, los planes del Estado-nación alimentaron las grandes

5. El PEPP cubría inicialmente las cuencas de los ríos Pichis, Palcazú y Pachitea. Luego incluyó los distritos altos, como Villa Rica, Oxapampa, Chontabamba, Huancabamba y Pozuzo, y más tarde, también otras zonas de Huánuco y Ucayali.

transformaciones de la frontera, esta vez afectando también al Palcazú, que hasta entonces había servido de refugio a muchos yánesha. Los medios de comunicación pronto hablaron de 150.000 colonos, 500.000 hectáreas para la expansión agrícola y la elección por el presidente de una nueva ciudad futura llamada "Constitución" (Smith 1982: 100).

Observaciones finales

¿Qué nos dicen tres siglos de dinámicas de frontera en Oxapampa sobre la naturaleza y propiedades de las fronteras? Primero, necesitamos "desesencializar" la noción de frontera como un espacio dado o fase temporal con propiedades (abundancia de recursos y vacío) y deficiencias (sin asentamientos, regulación, desarrollo ni orden) conexas, y prestar mucha más atención a la producción de narrativas que destacan estas cualidades. Si bien los economistas pueden describir la inevitable inclusión de las fronteras como áreas de abastecimiento de recursos, este capítulo sugiere que es necesario fijarse más en los determinados procesos históricos que (des)estructuran las fronteras. Así, los espacios de frontera coloniales y poscoloniales implicaban una serie de intervenciones discursivas, legislativas y reguladoras que ubicaban la acción legítima con actores externos. Estas narrativas han evolucionado y cambiado con el tiempo. Se basan usualmente en construcciones lineales de territorialidad, conocimiento y acción externa que implican el estudio y la domesticación de los obstáculos "salvajes", ya sean personas o plantas, con el fin de desbloquear las potencialidades de las fronteras. En tanto que áreas de experimentación política y económica y de conversión religiosa, las fronteras implican elaborar una gobernanza intensiva que instale la permeabilidad y la "extraccionalidad". Los conceptos legales de *terra nullius* son un buen ejemplo de esta reformulación de las fronteras. Las fronteras se basan en la alterización y la creación de distancia simbólica, y en el establecimiento de vacíos permeables en términos tanto sociales como ambientales. Las narrativas de frontera "abren" áreas, mientras que, sobre el papel, las de la posfrontera las cierran.

Los proyectos de frontera de la década de 1950 en adelante hicieron cada vez más hincapié en la extracción racional, el bien común o los planes de bienestar para justificar la intervención. A partir de entonces, las modalidades de gobernanza ambiental y social fueron primordiales para la empresa de la frontera "en beneficio del pueblo". Esta frontera de desarrollo respondía a la ausencia de ciertos atributos (ciencia, orden, regímenes de protección, bien común y planificación a largo plazo), mientras profundizaba la penetración de la frontera. Esto, en muchos aspectos, sirvió como preámbulo a los proyectos de posfrontera posteriores. Desde este punto de vista, el orden no es una propiedad de la posfrontera en oposición a las fronteras desordenadas. En vez de ver a las dos como oponiéndose, una estructura de análisis más útil identificaría las posfronteras y las fronteras como parte del mismo *continuum* que implica constelaciones concretas de incorporación del Estado, soberanía y regulación moderna. En consecuencia, debe analizarse cuidadosamente las diversas formas como se cruzan las aperturas de fronteras y los cierres de posfronteras. Estos cruces se exploran en los siguientes capítulos.

— 4 —

La descolonización de la gobernanza indígena

Introducción

El reconocimiento de los pueblos indígenas y de sus derechos colectivos constituye un pilar central de muchos enfoques de posfrontera, que pone de manifiesto el cambio de la discriminación a la inclusión. En todo el continente, estos pueblos han pasado de ser objetos de intervención o de conversión a ser sujetos con derechos y capacidad de acción. Desde las tierras comunitarias de origen de Bolivia a los "resguardos" de Colombia y las comunidades nativas de la Amazonía peruana, la emergencia del reconocimiento legal, los distintos espacios de derechos y las nuevas formas de acción indígena son señales clave del estado de la posfrontera desde finales del siglo XX. Este cambio está normalizado y a la vez profundamente impugnado en toda la Amazonía. Por un lado, las organizaciones indígenas, las federaciones y la legislación sobre derechos colectivos son, hoy en día, centrales en la mayoría de los procesos de toma de decisión. Por otro lado, el potencial de emancipación que otorga el reconocimiento estatal, el multiculturalismo y las políticas de inclusión han sido cuestionados (Hale 2002). Esto hace necesaria una cuidadosa investigación sobre las genealogías específicas del lenguaje de posfrontera.

¿Cómo y en qué circunstancias se produjo el giro desde la colonización al reconocimiento de las comunidades en la Amazonía peruana? Mientras que en el capítulo anterior se describían los procesos históricos de la estructuración de Oxapampa como lugar de intervención de frontera, en este capítulo se vuelve a la historia del reconocimiento de los derechos indígenas en la posfrontera. Se explora el surgimiento de los derechos indígenas a través de datos históricos y etnográficos sobre la aparición de la categoría de "comunidad nativa" en la década de 1960. ¿Qué gentes, qué ideas o qué trayectorias hicieron posible que la comunidad se convirtiera en una base particular y compartida para el "arte de gobernar" en la Amazonía peruana? ¿Cuáles fueron las racionalidades políticas subyacentes, los modos de representación e intervención? (Lemke 2001). ¿Cómo damos sentido a las contradicciones de esa categoría, pese a su funcionalidad? Este capítulo no trata de teoría política ni de principios de derechos indígenas. Las afirmaciones generales y las teorías difusionistas sobre la extensión gradual de los derechos indígenas y el lenguaje político, ya sea desde el ámbito global o desde el nacional, fácilmente "allanan" la historia particular de las ideas, negociaciones y dinámicas sociales en juego. En su lugar, el capítulo ofrece una etnografía histórica de los primeros esfuerzos sistemáticos por reconocer y organizar a las comunidades en el periodo que abarca desde mediados de la década de 1960 hasta mediados de la de 1970. En una breve etapa, los conflictos individuales por la tierra y la organización entre los yánesha (en ese entonces conocidos como amuesha) en el área de Oxapampa contribuyeron a configurar el nacimiento de la titulación de las comunidades en la Amazonía peruana. Los esfuerzos de los maestros de escuela yánesha, de los antropólogos y de muchas otras personas tuvieron un protagonismo mayor en la reformulación de lo que propongo llamar "indigeneidad lineal".

El presidente Juan Velasco Alvarado, en su mensaje a la nación del 28 de julio de 1973, día de la independencia del Perú, anunció una nueva ley para "nuestra selva" que formaba parte de las medidas revolucionarias planeadas (Velasco 1973). El año siguiente, se adoptó la legislación de las "comunidades nativas", una de las primeras iniciativas continentales para reconocer los derechos colectivos de los pueblos indígenas sobre la tierra en la Amazonía. Según algunos observadores, esta legislación introducía una categoría social culturalmente ajena, erróneamente construida en torno a conceptos andinos. Para los críticos, solo reconocía islas de asentamientos, al tiempo que ignoraba territorios indígenas más amplios (Santos-Granero 1991: 30). No obstante, cuatro décadas más tarde, se habían titulado más de 10 millones de hectáreas en la Amazonía peruana para 1270 comunidades nativas (SICNA 2012).

La emergencia de las comunidades nativas y el nacimiento de los títulos colectivos: la conexión del Cuerpo de Paz

> Estaba siendo testigo de la segunda conquista del Perú, pero esta vez son los peruanos los que se trasladan a nuevas tierras, cogiendo lo que pueden sin respetar los derechos de los nativos y explotando a éstos de todas las maneras posibles [...] Veo en la selva la oportunidad para que el Cuerpo de Paz haga un trabajo de prevención, preparación y desarrollo de la gente para que puedan entrar en una sociedad extranjera en calidad de iguales, en vez de llevar a cabo la difícil tarea de rehabilitar y curar a una gente enferma como estamos haciendo actualmente en la sierra. (Carta de Smith a Chiappini, 5 de mayo de 1968, original en inglés)

En 1966, Richard Chase Smith[1] tenía un puesto de voluntario del Cuerpo de Paz en la oficina de Reforma Agraria de Oxapampa para trabajar en un proyecto agropecuario. Creada a mediados de la década de 1960 por el presidente John F. Kennedy para contrarrestar la idea del "americano feo", más de 15.000 voluntarios estaban trabajando en todo el mundo para esa institución. Smith empezó pronto a ocuparse de los asentamientos amuesha en las afueras del pueblo. En marzo de 1967, acompañó a una delegación amuesha desde Miraflores —un asentamiento de ese pueblo indígena en las zonas altas— a Huancayo "para presentar la solicitud de creación de una escuela" y "fomentar" la idea "de empezar otra vez la lucha por los títulos de sus tierras", mientras iba aprendiendo algo sobre los antiguos conflictos por la tierra (comunicación personal, 2008).

---

1. Quisiera dejar aquí constancia de mi gratitud hacia Richard Chase Smith por permitirme consultar una serie de cartas.

Como otros asentamientos amuesha de las zonas altas, Miraflores era, en parte, un producto colonial. La interacción y los conflictos con la Iglesia y los colonos fueron por largo tiempo la esencia de la práctica de los asentamientos indígenas y la estructura de la "comunidad". Desde finales del siglo XIX, la misión franciscana de Quillazú había administrado la tierra en un régimen de copropiedad con los amuesha bajo un esquema de "condominio" proteccionista,[2] pero había continuos intentos por parte de los franciscanos de instalar colonos y de vender la tierra y los recursos maderables. En 1962, se llegó a un acuerdo con Miraflores por el cual la margen izquierda del río Chorobamba quedaba reservada para las familias indígenas, mientras que el convento ocuparía la margen derecha. A raíz de la llegada de Belaunde al gobierno, la misión invalidó el pacto y trató de controlar toda la zona. Tras nuevas protestas, Quillazú pasó a ser un área prioritaria para la reforma agraria de Belaunde (1968-1969),[3] que incluía planes de expropiar las tierras de la Iglesia. Durante todo el año de 1968, las áreas cultivadas fueron inspeccionadas y los datos enviados a Lima (Smith 1974: 15). La experiencia con los conflictos individuales por la tierra y la capacidad para resolverlos —al menos en parte— a través de los mecanismos de la reforma agraria, provocaron una reflexión más profunda sobre la situación general de los amuesha:

> Organizar la tribu requiere mucho trabajo antes de que los nativos puedan afrontar la Reforma Agraria con efectividad. La tribu está muy dividida y por ese motivo es muy débil. Tienen que recuperar el sentimiento de comunidad, darse cuenta de que todos los grupos están sufriendo los mismos problemas

---

2. Mientras que a lo largo del siglo XX los yánesha abandonaron en gran medida estos "condominios" de Chanchamayo, San Luis, Paucartambo y Sogormo para dirigirse a las tierras bajas del valle del Palcazú, un pequeño grupo se quedó en Quillazú, que siguió siendo un enclave indígena.

3. En efecto, el artículo 37.° de la ley de la reforma agraria de Belaunde de 1964 (D. L. 15037) había especificado que: "Son inafectables las tierras ocupadas por las tribus aborígenes de la Selva en toda la extensión que requieran para cubrir las necesidades de su población, las cuales serán determinadas por el Instituto de modo preferente. Asimismo, se procederá con igual preferencia a otorgarles los títulos de propiedad correspondientes. Para este fin, el Ejecutivo dictará las medidas conducentes para el levantamiento cartográfico de las Zonas de Ceja de Selva y Selva, utilizando los servicios de las entidades técnicas de que dispone".

y abusos y avanzar hacia la reforma como una tribu unida. Si van en pequeño grupo de 10 o 20 familias, es imposible que puedan defenderse. Si son una tribu de 8000 miembros, sí pueden. (Carta de Smith a Chiappini, 5 de mayo de 1968, original en inglés)

Smith continuó con estas ideas diez días después, mientras cruzaba la sierra de Yanachaga a pie con dos jóvenes yánesha —Tomás Colina y Domingo Ballesteros— para visitar los asentamientos amuesha en las tierras bajas del valle del Palcazú. En cartas a su supervisor, habla de tres reuniones en las que él, con la ayuda de los maestros, trató de "implantar las siguientes ideas":

1. Que, incluso sin títulos de tierras, tienen que seguir trabajando las tierras como antiguamente sin ninguna duda de que son suyas;
2. que no deben trasladarse de un sitio a otro porque eso no hará más que dificultar el reconocimiento de sus reclamaciones;
3. que, si son amenazados por el avance de foráneos, no deben ceder ni marcharse a ningún otro sitio, sino permanecer firmes y defender sus tierras, actuando, preferiblemente, como un grupo unido;
4. que en vez de fomentar el separatismo y la competencia entre los grupos, tienen que entender que sus necesidades son comunes y actuar en consecuencia;
5. que los tres grupos formen uno solo para presentar una nueva solicitud denunciando una gran extensión de tierra y pidan una única titulación a nombre de la tribu de los amuesha (reserva) por las siguientes razones:
    a. perteneciendo a todos los amuesha y siendo en sí mismo un factor de unificación, el terreno será más fácil de defender contra extraños que si se reparte en parcelas individuales;
    b. los denuncios ya presentados eran pequeños y no tenían en cuenta las futuras necesidades y la falta de tierras de los amuesha en otras zonas;

c. será mucho más fácil y rápido obtener resultados de la Reforma Agraria si se pide una sola titulación de manera unificada;

d. muchos amuesha todavía no están acostumbrados a permanecer en un sitio y su instinto natural los hace cazadores. Un terreno extenso les permitirá vagar libremente y al mismo tiempo aprender a asentarse;

6. Que más tarde podrán parcelar las tierras entre ellos mismos según sus criterios y necesidades igual que lo están haciendo ahora.

(Carta de Richard Chase Smith a William Chiappini,
10 de junio de 1968, original en inglés)

He preferido reproducir la cita *in extenso* porque destaca las ideas centrales de "un solo título" en beneficio de la unidad y la eficiencia. También subraya la importancia de la creciente aplicación de la reforma agraria, instrumento para abordar la seguridad de la tenencia de la tierra en la Amazonía. El énfasis en el hecho de asentarse y optar por títulos colectivos no era algo obvio. Aunque desde 1957 se habían implantado medidas protectoras que permitían la creación de reservas, muchas de ellas sufrían invasiones y tenían el problema de la indefinición de límites (Yoza 1971). La mayoría de los amuesha habían optado, bien por títulos individuales en las tierras altas, bien por trasladarse a zonas cada vez más lejanas al surgir las presiones de los colonos. Las iniciativas individuales por titular las tierras no eran simplemente un último recurso, sino que reflejaban, en parte, los esquemas y la práctica de tenencia individuales de cada familia. La titulación individual, aunque hoy se suele considerar una consecuencia negativa o una anomalía comparada con los territorios colectivos, reflejaba la costumbre local en aquel momento. La titulación colectiva, en cambio, emergía como una elección pragmática y una exigencia legal. La recomendación de Smith era reorganizar las parcelas y prácticas individuales de posesión después de haber obtenido los títulos colectivos. Informó entonces que esas ideas "fueron recibidas con gran entusiasmo", aunque "no se les prometía nada más que un diálogo con el Instituto [el Instituto Lingüístico de Verano, ILV] y la Reforma [Oficina de Reforma Agraria] para buscar la mejor manera de conseguirlo".

Cuando llegaron a Yarinacocha, cerca de Pucallpa, el ILV les ofreció los servicios de un inspector oficialmente reconocido, además de contactos de alto nivel. Smith, a su vez, se comprometió a dar sus "servicios para organizar los grupos con miras a presentar la nueva solicitud y coordinar en general las iniciativas de la tribu, el Instituto y la Reforma en toda la zona" (Yoza 1971). En resumen, Smith haría el trabajo de a pie, mientras que el ILV se ocuparía de las altas esferas. Aunque ya se les había adjudicado reservas a los amuesha en las tierras bajas del Palcazú (Smith 1982: 27), el viaje marcó el nacimiento del proyecto de titulación colectiva para los amuesha en conjunto, como reivindicación y como iniciativa sistemática. Una conversación en 1968 entre Richard Smith y Del Águila, el director de la oficina de Reforma Agraria, ilustra las medidas que se estaban adoptando:

> [Del Águila] está de acuerdo en que los títulos se deben dar a grupos de nativos, también en que se pueden crear reservas, pero quiere empezar con 10 hectáreas por persona mayor de 5 años. A mí esto me parece muy poco y quizá pueda convencerle más tarde. Como en el caso de Omais, él al principio pensó que era mejor hacer 2 grupos separados pero yo le convencí de que debíamos evitar crear más divisiones de las necesarias entre los grupos. Dijo que no necesitaban presentar otra solicitud pero que se necesitaba *un censo de los grupos*. Le dije que iba a ir pronto a Omais y realizaría un censo. Dijo que bien, que *empleándolo como base decidiría la cantidad de tierra por delimitar y el topógrafo podría empezar de una vez* [...] Si funciona, entonces continuaré con los demás grupos [...] Creo que es mucho más aconsejable en Omais crear una sola propiedad grande de tierra que dividirla en dos, no va a haber ningún problema político entre los *jefes* pues la tierra puede dividirse después en parcelas para las aldeas. (Carta a Jerry Elder de Richard Smith, 20 de junio de 1968; la cursiva es mía, original en inglés)

La carta pone de manifiesto el interés de la oficina de la Reforma Agraria en los títulos colectivos, pero también señala la limitación de otorgar 10 hectáreas de tierra por cada persona mayor de cinco años, en 1968. Las reivindicaciones de tierra exigían un censo para el cálculo de las necesidades de tierra por habitante, en vez de la identificación de las tierras ancestrales *per se*. "Los franciscanos ya habían empleado los números desde el siglo XVIII, mantenido regularmente registros de los puestos de misión y elaborado censos para obtener ayudas" (Santos-Granero 1987: 43). La instrumentalidad de los números sería ahora empleada para asegurar la titulación de las tierras. Esto implicaba trabajar oficialmente para la oficina de Reforma Agraria y establecer contactos con los asentamientos amuesha, elaborando censos y planeando las reservas de tierras. Smith centró su trabajo en el censo de los amuesha del Palcazú y después se aseguró de que la otra pareja del Cuerpo de Paz (Jeff y Kathy Spiegel) emprendiera un trabajo similar en las tierras altas a través de la oficina de Reforma Agraria de Villa Rica. Enumeró 25 asentamientos amuesha (13 en Villa Rica-Oxapampa y 12 en el Palcazú) que pidieron ser reconocidos como reserva comunal en ese periodo, de los cuales 11 alcanzaron su objetivo.[4] Los acontecimientos en Oxapampa pronto adquirieron significado nacional.

Decir la verdad sobre la Amazonía

En 1968, tras haber creado el Centro de Investigaciones de Selva, el antropólogo Stefano Varese preguntó por qué, si la situación particular de las comunidades campesinas había sido reconocida, no lo habían sido las distintas realidades socioculturales y geográficas de la selva. Él mismo había emprendido una investigación entre los campa (asháninka) de la selva central (Varese 1973 [1968]). *Kiario*, que significa "verdad" en asháninka, era el título del primer boletín del Centro (1969) y claramente ilustraba su objetivo. Su intención era decir la verdad sobre las realidades de lo que entonces etiquetó como "minorías étnicas" de la selva. Se argumentaba que el Estado manifestaba "una clara falta de comprensión antropológica de los problemas de la selva". No solo la ley de reforma agraria no mencionaba a "las sociedades selvícolas", sino que los informes sobre el suelo, la flora y la fauna amazónicos no tenían en cuenta las condiciones sociales y culturales de la región, un vacío que el Centro

4. Mientras las cuatro reservas otorgadas en Oxapampa-Villa Rica sumaban 430 hectáreas, las siete de Palcazú ascendían a 21.214 hectáreas. Las reservas reconocidas incluían la de Villa América-Esperanza-Topsis, creada en 1971, con una población de 392 habitantes y unas 8362 hectáreas. Esto hace un promedio de 21,3 hectáreas por persona frente a otras reservas mucho más pequeñas. A principios de 1974, se habían formado 114 reservas comunales en el Perú.

pretendía llenar. Se trataba de un objetivo epistemológico que ilustraba el nacimiento de una antropología amazónica centrada en el Perú y cuya meta era tanto documentar la verdad como cambiar la sociedad. En octubre de 1968, Smith le había dejado algunos documentos a Varese sobre una propuesta de "reserva de tierra" para los amuesha del valle del Palcazú. Finalmente se encontraron y discutieron el marco más amplio:

> Llegamos con dos ideas concretas: Stefano estaba de acuerdo en contribuir a desarrollar una serie de reglamentos detallados para definir la postura de la Reforma [...] la otra idea era celebrar una cumbre entre todos los grupos interesados (la Reforma, el Ejército, el Instituto y los grupos de misioneros) que al menos pudiera abrir el diálogo e instigar la cooperación y quizás elaborar una definición de la función de cada grupo [...] Parece que con tantos esfuerzos individuales que se han hecho sobre problemas individuales, el problema en un sentido más amplio (¿cuál va a ser el futuro del indio de la selva?) está perdido de alguna manera. (Carta de Smith a Chiappini, 14 de enero de 1969, original en inglés)

Estas ideas pronto tuvieron eco. Una de las primeras actividades del Centro fundado por Varese fue revisar la legislación de la reforma agraria e iniciar un proyecto regulador para los territorios comunales de "las sociedades selvícolas" (Varese 1969b: 19-20).

El congreso de líderes amuesha

Al otro lado de los Andes, a mediados de 1969, la organización de un congreso de líderes amuesha marcó el inicio de una práctica política de voz colectiva, ahora común en toda la Amazonía. La idea surgió en los debates entre Richard Smith y Pedro López, un maestro bilingüe de Tsopis:

> Estábamos hablando de cómo podíamos reforzar estas reivindicaciones y lograr que la gente trabajara más unida en las comunidades y surgió la idea; bueno, podemos reunir a estas comunidades para presentar una sola demanda [...] A finales del 68 había un grupo pequeño de nuestra gente trabajando sobre esto [el Congreso Amuesha] más todos los maestros bilingües que pensaban que era una gran idea [...] fijamos la fecha para principios de julio en Tsachopen y recuerdo que [...] dos noches antes no teníamos ni idea

> de si la gente vendría porque no había comunicación [...] y los grupos empezaron a aparecer, ya sabes [...] muchos de ellos andando, por toda la cordillera Yanachaga Chemillén y [...] al final había probablemente 60 o 70 personas allí y habíamos invitado a venir a Stefano [Varese], en su lugar vino Alberto [Chirif]. (Richard Chase Smith, entrevista personal 2009)

La reunión, organizada del 1 al 3 de julio de 1969, se convirtió en el primer congreso de líderes amuesha y allanó el camino para formar una de las primeras federaciones de la Amazonía a escala continental. El memorial resultante fue una demanda colectiva de la tribu amuesha al gobierno del Perú, firmada por 20 comunidades, en la que se planteaba la inseguridad de la tenencia de la tierra y la precariedad de las economías. Más aún, se destacaba la "carencia total de leyes que se refieran a las tribus de la selva". Se pedía la tierra en "reservas comunales y no en parcelas individuales". Adaptado en gran medida a la lógica de la reforma agraria del nuevo gobierno revolucionario en el poder desde octubre de 1968, el memorial reclamaba la tierra "que trabajamos en la actualidad" y la creación de "cooperativas de producción y comercialización como un medio de incorporarnos a la productividad del país" (Líderes Amuesha 1969). El primer número de la revista de Varese estuvo prácticamente dedicado al congreso amuesha y al memorial (Varese 1969). Alberto Chirif lo describía como la primera "tentativa global amuesha" de enfrentar los problemas de la tierra y la invasión (Chirif 1969). Dificultades parecidas, añadía, afrontaban también los aguaruna, huambisa, campa, yaminagua, culina y sharanagua.

Los planes de participación del gobierno de Velasco necesitaban interlocutores en la selva. El memorial amuesha ofrecía legitimidad social para la ayuda estatal en la zona, y se sugirió "que era más expeditivo tratar los asuntos frente a un conjunto de representantes de todos los grupos" (Smith 1969: 6). El congreso amuesha había dejado de ser un encuentro local para convertirse en un acontecimiento político con consecuencias lineales. Como señaló Smith más tarde, la "mayoría de estas naciones no tienen mecanismos de gobierno central" (Smith 1979). Los congresos pasaron a ser el paso siguiente "necesario" en la emergente linealidad de la organización política de la Amazonía peruana. Chirif menciona que los frutos del congreso amuesha fueron:

> [...] un conjunto de reglamentos elaborados por iniciativa de los nativos Amuesha, en los cuales se estipula lo siguiente: cómo se deben llevar a cabo sus congresos, cómo elegir sus autoridades, cómo deben organizarse las comunidades nativas y cuáles son las responsabilidades de los padres de familia. (Chirif 1974: 53)

Los congresos de las comunidades nativas, señala Chirif, aparecieron como una necesidad de los grupos etnolingüísticos. Paradójicamente, a medida que el modelo comunitario y la voz colectiva a través de los congresos se fueron afianzando como un nuevo patrón nacional, en Miraflores —donde de cierta manera se habían originado— fueron decayendo. En algunas zonas, la tierra se estaba subdividiendo, dando preferencia a los colonos extranjeros, invalidando e ignorando "la existencia de una comunidad de personas", como observó más tarde Smith (1974: 20). "Desde aquel tiempo hasta mi llegada a la comunidad en enero de 1973, no había habido reuniones de la comunidad, ni habían surgido líderes comunitarios nuevos, ni había habido más comunicaciones con la oficina de Reforma Agraria" (Smith 1974: 20-21). Pese a la precaria naturaleza de la "comunidad", esta había cobrado un significado de reorientación política. La organización de las comunidades indígenas y los congresos fueron apoyados inicialmente por el gobierno, y en la actualidad constituyen el fundamento de la acción política indígena en la Amazonía. Al menos en parte, tuvieron su origen en la selva central. Era el principio de una nueva forma de política indígena en la Amazonía.

Gubernamentalidades amazónicas

Poco después del congreso, Varese fue llamado por los antropólogos Carlos Delgado y Mario Vásquez para fundar la División de Comunidades Nativas de la Selva. Delgado era uno de los asesores civiles de Velasco al más alto nivel, y se le consideró su escritor "anónimo" desde 1969 a 1975 (Kruijt 1994). Llegó a ser director de SINAMOS, el Sistema Nacional de Apoyo para la Movilización Social, y fue el ideólogo clave tras el mantra de la participación esgrimido por la revolución. Vásquez, por su parte, era el director general de la División Campesina con la que Varese entraría en relación más tarde. De cuando fue llamado por su "experiencia en la selva", Varese señaló entre risas "Yo solo conocía un poquito de la selva y a un par de familias y ahora me pedían que pensara en toda la selva [...] así que era un desafío, pero, sabes, cuando eres joven y optimista, aceptas el desafío" (entrevista personal, 2008).

Aunque un libro reciente de Varese lleva por título *Witness to sovereignity* ("Testigo de la soberanía", Varese 2006), Varese, en ese momento, pasó de ser un observador externo crítico de los asuntos de la selva en la Universidad de San Marcos a alguien que asumió un compromiso activo desde adentro.[5] Los antropólogos fueron llamados al gobierno como poseedores del conocimiento del campo social. Esto tenía su historia, pues habían estado profundamente involucrados en distintos proyectos de integración indigenista durante más de una década. El propio Vásquez procedía del proyecto de antropología aplicada "Vicos" organizado por la Universidad de Cornell, antecedente emblemático de la promoción del "cambio social" a través de las ciencias sociales.

Los militares no eran inmunes a la influencia antropológica y a la revalorización de las perspectivas de la comunidad. Hildebrando Castro Pozo, que hacía hincapié en el potencial de las estructuras comunales andinas para evolucionar hacia las modernas cooperativas, había enseñado en la academia militar y su obra fue reeditada en la *Revista Militar del Perú* en 1966 (Kruijt 1994: 41-53). El discurso y los modelos tecnocráticos se emplearon activamente en la reforma agraria de Velasco como instrumentos de desarrollo (Mayer 2009: 4), en continuidad con antiguos enfoques peruanos para resolver el "problema del indio". En consecuencia, la División recién creada pronto se enfrentó a una falta de datos, un impedimento para cumplir su papel de experta y trasladar la crítica ideológica a la práctica. La División, integrada por algunos antiguos alumnos de antropología, un abogado, un ingeniero agrónomo y un sociólogo, no tenía "datos demográficos fiables ni información relativa a la ocupación territorial, a la tenencia de la tierra ni a la gestión de los recursos" (Varese 2006: 62). La oficina del censo no fue de gran ayuda. "En realidad, la oficina del

5. Esto tuvo un costo. La comunidad académica de San Marcos consideró sospechosa la participación de Varese en el régimen militar y le obligó a dejar su puesto de profesor asistente (comunicación personal).

censo me envió un cuestionario; ¿cuántos campas hay? [...] ¡Me estaban preguntando ellos a mí!", señalaba Varese, riéndose (comunicación personal 2008). Pese a la disponibilidad de mapas e inventarios realizados a lo largo de siglos de colonización y actividad misionera, el cambio normativo en el contexto de Velasco supuso una nueva visión de los "datos" en función de números y descripción socioeconómica. La elaboración por parte del Estado de una etnografía que hiciera inteligible a la Amazonía pronto se convirtió en una prioridad. Los primeros mapas de los asentamientos, de existir, eran inadecuados para este fin.

La naturaleza del desafío del conocimiento fue evidente en una de las primeras actividades de la nueva División (Varese 1970). Esta instancia fue requerida por el programa de colonización militar (OCEOCOLMIL) en el Alto Marañón para investigar las relaciones interétnicas y facilitar el diseño de programas especiales de asistencia. En la práctica, las disposiciones logísticas revelaron la naturaleza *ad hoc* y la baja prioridad del estudio. La División de Colonización Militar fue la sede del equipo de estudio, mientras el departamento de antropología financiaba a cinco estudiantes que debían acompañar a Varese (Varese 1970: 2). En el informe, Varese señalaba su "deber como antropólogos y como funcionarios de una oficina antropológica del Estado, de señalar los hechos, las causas posibles y las soluciones alternativas". Era el primero en su género por lo que había que hacer las "preguntas clásicas de la investigación social: ¿qué buscar?, ¿cómo buscarlo? La primera respuesta era tener un plan de investigación y un cuestionario" (Varese 1970: 1). Los antropólogos, divididos en parejas, pasaron unos diez días en dos comunidades, empleando lo que hoy se etiqueta como métodos etnográficos "rápidos". El documento resultante contenía una crítica de la colonización a través de datos etnográficos y estadísticas. Recomendaba una colonización planeada más que espontánea, el mejoramiento de los arreglos de tenencia de la tierra y la organización de la comunidad para el desarrollo.

Muchos estudiantes de antropología pasaron más tarde a involucrarse en la documentación de comunidades en todo el país. En el censo y los inventarios se rellenaron los espacios en blanco. Estos esfuerzos no aparecieron de la noche a la mañana, sino que fueron facilitados por el trabajo en curso en otros lugares. Por un lado, la necesidad de números reflejaba la práctica normalizada de la reforma agraria. Por otro, la nueva División encontró un recuento sistemático de los indígenas e información detallada sobre la tierra en la selva central. El trabajo de base llevado a cabo entre los amuesha ofrecía censos, mapas e interlocutores para apoyar a esta nueva instancia. Las propuestas de titulación, rápidamente preparadas entre los amuesha, brindaban una oportunidad inmediata para la acción. En todo caso, la selva central fue elegida como área prioritaria para la acción debido a "una numerosa población nativa campa", las "situaciones de conflicto en las relaciones interétnicas por el choque de ideologías o culturas diferentes u opuestas" y las "contradicciones en las relaciones sociales, causadas por los desajustes en el sistema de tenencia de la tierra" (Yoza 1971: 1-2). Muchas peticiones de tierras hechas cinco o diez años antes fueron tramitadas solo entonces (Yoza 1971: 5-6), pero sin tener en cuenta ni las necesidades de ese momento ni las futuras. La sección Selva Central, de reciente creación, priorizaba así la delimitación de "las áreas de reserva de las Comunidades con el fin de consolidar su tenencia comunal de tierras. La reserva comprenderá toda la extensión del terreno considerada como de posesión inmemorial de los nativos y de acuerdo al futuro desarrollo de la comunidad" (Yoza 1971: 14). El valle del Palcazú fue una prioridad debido a los programas de desarrollo y a la proyectada construcción de carreteras (Yoza 1971), lo que allanó el camino para que algunas comunidades fueran las primeras de la Amazonía peruana en recibir sus títulos.

La descolonización de la gobernanza

La nueva gubernamentalidad amazónica en torno al bienestar y los derechos de los pueblos indígenas estaban en ciernes, y una de las cuestiones centrales era determinar la forma de organización más apropiada. Entre los aguaruna del Alto Marañón, Varese intentó determinar "el modelo más adecuado" para las "formas de gobierno y de representación locales".

> Nuestro marco hipotético de trabajo postula la estructuración de cada "comunidad moderna" aguaruna en una unidad de autoabastecimiento y producción de tipo comunitario-cooperativo en la que las instituciones tradicionales de colaboración mutua sean consolidadas y reforzadas. (Varese 1970: 92)

El informe señalaba también cómo "los ejemplos africanos de sociedades de horticultores del bosque tropical que se han transformado en ganaderos-agricultores, deben ser aprovechados para el caso aguaruna" (Varese 1970: 92).

Las entidades modernas, como las cooperativas y las "unidades federativas con bases económicas y sociales estables", iban a recibir asistencia del Estado para "el logro de sus derechos" (Varese 1972: 21).

Finalmente, las *comunidades nativas* —el término se acuñó en la ley de 1974—reemplazarían a las *tribus selvícolas*. Este cambio expresaba el reconocimiento de los *campesinos* como una categoría de gobernanza en la sierra para reemplazar el uso de las palabras *indios* o *indígenas*, consideradas racistas en aquel momento. La nueva categoría era "moderna" y, como tal, se la consideraba "sin la carga peyorativa" de los anteriores términos (Varese citado en Montoya et ál. 2001). Al referirse a las comunidades nativas como entidades "con origen en los grupos tribales", ilustraba también la evolución social a la que se aspiraba. Esto reflejaba el planteamiento de Mariátegui (1929) sobre el potencial emancipador de la raza cuatro décadas antes, impulsado aun más por el discurso socialista.

China se citaba por sus "famosos" ejemplos de política de fronteras y regímenes de protección, sobre todo cuando se trataba de minorías étnicas (Varese 1974a). El punto de partida desde la etnicidad no fue algo accidental. Varese alegaba que hablar de la tribu de los campa daría lugar a falsas interpretaciones de "una cierta homogeneidad cultural y social y una cierta continuidad en la ocupación territorial" (Varese 1974b: 26-27). En lugar de crear territorios tribales considerados un "artificio aislacionista", los asentamientos de las comunidades eran considerados modernas entidades socioeconómicas que permitían la integración nacional y la competencia. La nueva categoría, no obstante, tuvo una tibia acogida.

> Me hice muy mala fama por haber inventado el término de "comunidad nativa". Teníamos que dar a los burócratas y a los administradores del Estado alguna unidad social concreta a la que correspondiera una unidad territorial. No puedes defender que la tribu es una jurisdicción de un pedazo de tierra a menos que definas o inventes lo que es una comunidad. Y eso es lo que hicimos. Decidimos que el término más inofensivo era nativo. El de comunidades les gustaba. Lo definimos con un abogado, un abogado constitucionalista

> muy bueno, el señor Landeo, que ayudó a poner mis ideas en terminología legal que fuera compatible con la Constitución del Perú de 1933. Estábamos creando una entidad *ex novo*. Incluso para Landeo y otros era difícil aceptar la idea de que un pueblo diseminado como los yánesha pudiera haber dispersado su asentamiento y reclamar la jurisdicción sobre asentamientos dispersos. Estaban realmente en contra de esto. [¿Quién?] Toda la reforma agraria [...] porque iba en contra de la vía campesina en la que a los campesinos se les asigna un pedazo de tierra y se les une a ella para el resto de sus vidas [...] eso fue lo más complicado. El otro problema más complicado era aquel en el que había grupos de colonos creando un mosaico de expropiación, mejoras. Eso era una lucha entre dos pobres. Los pobres nativos contra los pobres sin tierra. (Entrevista personal con Stefano Varese, 2008)

Era un cuidadoso acto de equilibrio intentando integrarse en un complejo moderno de transformación y establecer "la correcta disposición de las cosas" (Foucault 1991 [1978]: 93). Varese estaba a favor de una solución moderna mediante pequeñas comunidades que permitieran la propiedad colectiva, el uso racional, la producción agrícola y el aumento de población (Varese 1974a). Se trataba de una moderna *communitas*, por así decirlo. Una selva revolucionada que incluiría unidades de producción forestal en torno a la propiedad social relacionadas con las organizaciones regionales, las tecnologías intermedias y el planeamiento de la producción. Se requeriría la racionalización y el uso de los asentamientos, un sistema estatal de propiedad, comercialización y transporte (Varese 1974b: 66-67). En términos políticos, era una:

> [...] perspectiva pluralista, humanista y socialista para la cual las minorías étnicas marginadas, discriminadas y explotadas por el sistema capitalista adquieren toda su justa dimensión de nuevas y antiguas posibilidades, nuevos y antiguos modelos de organización de la vida humana. (Varese 1974b: 10)

La categoría (lineal) de comunidad era tanto orientacional como representacional (Santos 1987). La construcción en concreto era también conveniente desde el punto de vista constitucional e ideológico. El sujeto indígena implicaba una participación popular en una revolución socioeconómica implementada desde arriba. El instrumento desplegó una serie de medidas para el fomento de la agricultura, el acceso a los mercados, la organización de asentamientos rurales y la provisión de crédito. El artículo 1.° instauraba el objetivo de "establecer una estructura agraria que contribuya al desarrollo integral de las regiones de la selva y ceja de selva". El artículo 2.° consolidaba el proyecto rural como campo de acción del Estado en torno a la noción de "proyectos de asentamiento rural". No era coincidencia que los líderes indígenas elegidos en los procesos iniciales de titulación fueran a menudo considerados representantes locales del Estado, no solo representantes indígenas (Surrallés 2009). SINAMOS fue el vehículo del Estado que por poco tiempo sirvió para poner en práctica la revolución social en todo el país. Entre 1973 y 1975, se organizaron 2.000 comunidades campesinas (500.000 campesinos), 500 cooperativas (65.000 miembros), 20 macrocooperativas y 4.500 sindicatos (Kruijt 1994: 121).

En esta misma línea, un "diagnóstico" gubernamental de 1975 de las comunidades nativas en la selva central permitió su inscripción en el registro nacional, la instalación de los registros del estado civil y la titulación de las tierras comunales (Chirif et ál. 1975: 7). El diagnóstico contenía censos y datos socioeconómicos. Se numeraron las comunidades, los bosques, los animales domésticos, los maestros, los ingresos monetarios y los asentamientos. Incluso se incluyeron rubros tan detallados como las diferentes formas de obtener la sal (Chirif et ál. 1975: 172). Pero el verdadero diagnóstico en sí implicó la construcción de nuevas entidades y hablaba de "la fusión de varias familias a fin de conformar las unidades mayores que hoy se conocen como Comunidades, se hizo necesaria la aparición de un nuevo tipo de jefe que tuviera autoridad ya no solo sobre una familia sino sobre todo el nuevo grupo constituido" (Chirif et ál. 1975: 278). Era una visión demográfica, política y estadística que promocionaba a los comuneros nativos como ciudadanos de una economía social más amplia impulsada por el Estado. Los resultados se integrarían en los expedientes empleados para titular las tierras comunitarias e informar sobre su existencia.

En febrero de 1975, los registros civiles habían empezado a funcionar en las comunidades nativas, otorgando la ciudadanía y el documento de identidad a la población que no los tenía (dos tercios, aproximadamente). Las comunidades se convirtieron en una parte naturalizada de la topografía de la gobernanza. La territorialidad tradicional fue nuevamente definida siguiendo modelos de pequeños asentamientos, diseñados según el número de miembros con escasas referencias a cuestiones más amplias de territorialidad (Chirif et ál. 1975: 35). La lógica de los números, que enmarcaba la etnicidad junto a subsistemas ecológicos, se empleó para demostrar que el tamaño de los asentamientos era "reducido y que en muy pocos casos exceden los doscientos habitantes, permitiendo ello mantener un equilibrio con el medio ambiente circundante" (Chirif et ál. 1975: 33). Sin embargo, la titulación impulsada por el Estado fue pronto abandonada y muchas organizaciones de tipo cooperativo fracasaron, a lo que siguieron reformas que desmantelaron la revolución social.

Los representantes indígenas y sus partidarios estaban aceptando la realidad de que la colonización de la selva por parte del Estado nunca se había abandonado (Chirif y Hierro 2007). Retrospectivamente, a pesar del cambio radical de discurso, las nuevas medidas seguían incrustadas en los objetivos de colonización más amplios del gobierno militar. Incluso se podría argumentar que el Departamento se creó con la finalidad de incrementar, más que de detener, los asentamientos de frontera. Un objetivo de esta nueva instancia era la "capacitación de los nativos para que puedan asumir y enfrentar los cambios causados por la creciente incorporación de las zonas selváticas al sistema económico nacional" (Yoza 1971: 1). Esto parecía claro en su primera actividad de mitigar los problemas encontrados por el programa de colonización entre los aguaruna. La revisión de la gobernanza amazónica apareció así por la puerta trasera de un proceso para resolver problemas y hacer aceptable una revolución social más amplia. Esto no impedía un intento tecnopolítico de fomentar el empoderamiento indígena desde dentro del sistema.

Sin embargo, los críticos señalaron que en los primeros años de titulaciones solo se titularon 315 comunidades, una cantidad prácticamente equivalente a las reservas anteriores y que no suponía un aumento en la tenencia de tierras. Se argumentó que la ley resolvía los problemas inmediatos de reproducción material de las comunidades, sin cuestionar la legitimidad de los órdenes de colonización y monoétnicos (Barclay y Santos 1980: 44). Por otra parte, aunque se mantenían los derechos indígenas como principios esenciales, se trataba principalmente de un instrumento de desarrollo que fomentaba la agricultura y la ganadería junto con los derechos de propiedad, el uso y tenencia de la tierra de acuerdo con los principios más amplios de la reforma agraria. La propiedad estaba limitada a los recursos renovables mientras que los recursos del subsuelo permanecían a salvo en manos del Estado. El decreto especificaba cómo los oleoductos, el gas, las instalaciones para la exploración y explotación minera, así como para la extracción de petróleo, podían pasar libremente sin necesidad de compensación.

Aunque se empezó a hablar de comunidades para revertir siglos de desigualdad, en otros aspectos se reproducían las relaciones de frontera existentes. Así, la acción indígena emergió en la dialéctica sin reemplazar necesariamente las anteriores racionalidades de frontera. Esto podría interpretarse, en sentido foucaultiano, como el mantenimiento y profundización de las relaciones del Estado con la Amazonía y sus habitantes, limitándose a regular la colonización en vez de rechazarla (Santos-Granero 1986b: 31). Tan pronto como se enfrió el calor de la revolución de Velasco, la ayuda del Estado a la titulación, según la revisada ley de comunidades nativas de 1978, fue decayendo, poniendo de manifiesto la fortaleza relativamente superficial de la reforma política en la Amazonía. No obstante, la crítica de que la categoría solo sirvió para normalizar la colonización interna de la Amazonía es desmentida por su uso durante décadas y por la rearticulación de las comunidades para cimentar las reivindicaciones territoriales indígenas en la Amazonía peruana.

Reflexión sobre la subjetividad política de la posfrontera

La categoría peruana de comunidad implicaba un ensamblaje de posfrontera distinto, que albergara las genealogías andina, socialista y otras más mediante el lenguaje modernista. Ver todos estos aspectos juntos, en un solo ensamblaje, está lejos de ser un ejercicio trivial, pues pone de manifiesto la naturaleza socialmente integrada y discutida de las subjetividades de la (pos)frontera. El reconocimiento de las comunidades no fue en un principio un proyecto de identidad colectiva *per se*, sino un proyecto moderno de ciudadanía con la provisión de documentos de identidad, servicios para el desarrollo y la instauración de interlocutores para la actividad del Estado. Aunque la nueva legislación hablaba de derechos, conllevaba una nueva racionalización de la colonización de la frontera más que una transformación real de la geografía política de la Amazonía. Se revisaban los modelos de reservas existentes de acuerdo con las tendencias políticas del momento. La legislación de las comunidades nativas ofrecía un mecanismo moderno de ordenamiento para integrar la Amazonía en un "proyecto más amplio de construcción de la nación", que requería diferentes datos y políticas idóneas.

No obstante, estas gubernamentalidades fracasaron en cierto modo y no ofrecen una explicación suficiente para entender la vitalidad de la categoría de comunidad hasta nuestros días. La ayuda del Estado duró poco y solo unas cuantas comunidades fueron reconocidas y tituladas en los primeros años. El surgimiento y continuidad de la acción de la comunidad indígena no era un cambio legislativo singular ni solo un proceso de gubernamentalización. Implicaba una renegociación política, burocrática y social. Una nueva racionalización de la indigeneidad conllevaba un proceso de reconocimiento y la elaboración de los procesos sistemáticos, si no poco sistemáticos, puestos en marcha para identificar, documentar, registrar y reflejar en los mapas a las comunidades y sus recursos.

Este espacio de reivindicación de las comunidades abrió una puerta que las ONG y las nuevas organizaciones indígenas mantuvieron abierta y activa reiterando su significado e importancia. Hvalkof ha destacado cómo los ashéninka asumieron la categoría de comunidad para su propio uso territorial como un "malentendido que funciona" (Hvalkof 2006: 226). La ayuda del Estado fue reemplazada por la ayuda fragmentada de una serie de grupos diferentes en toda la Amazonía peruana que buscaban continuar el trabajo de titulación con apoyo internacional. El CIPA (Centro de Investigación y Promoción Amazónica), una ONG creada por gente activa en el trabajo anterior de titulación, fue muy dinámico en materia de ayuda a la titulación en las zonas del Napo, Pichis, Ene, Tambo, Urubamba y Madre de Dios. El CEDIA (Centro para el Desarrollo del Indígena Amazónico), formado por personal del antiguo CIPA, fue más tarde activo en Urubamba. Las federaciones indígenas y las organizaciones nacionales también emergerían poco a poco como impulsoras y dueñas de programas de titulación. Además, las organizaciones de derechos humanos y otros actores empezaron a hacer uso de la financiación del desarrollo para la titulación de tierras y proyectos de desarrollo más amplios. El Instituto del Bien Común, que apoyó mi trabajo de campo, siguió en buena medida esta tendencia. Individuos, grupos y más tarde ONG reemplazaron los mecanismos disfuncionales del Estado, desaparecidos o de nueva creación, mediante la remodelación de la indigeneidad como objeto para el desarrollo de proyectos, y como subjetividades políticas fuera de los límites de las cambiantes prioridades del gobierno. Es imposible profundizar aquí en todos estos procesos.

Sin embargo, para nuestra finalidad, el reciclado del alcance de la comunidad por parte de las federaciones indígenas y las ONG es significativo en función de redefinirla fuera de los límites del Estado. Mientras la comunidad nativa, como unidad de desarrollo rural emancipadora y agente económico en el proyecto de integración nacional, permitía la génesis de un espacio de reivindicación indígena, lo que perdura hoy es el uso de la comunidad como categoría espacial y lugar de acción política y movilización social. La legislación creó el espacio para la articulación de nuevos sujetos políticos que anteriormente habían permanecido dispersos en procesos impulsados desde afuera.

Las comunidades nativas contemporáneas no son, como tales, anacrónicas, ni extrañas, ni categorías meramente residuales de elaboración estatal. La insistencia en la comunidad como categoría ajena, aunque históricamente correcta, está fuera de lugar desde el punto de vista antropológico. En la práctica, ha florecido la función de las comunidades como espacios de subjetividad política y de titulación. Lo que apareció como un vehículo para el desarrollo implantado por el Estado, se ha recuperado como un vehículo para la afirmación y la resistencia. Lo que fue adoptado como emancipación económica sentó las bases para la movilización etnopolítica de la Amazonía indígena a lo largo de las siguientes décadas. La legislación especificaba la función del personal técnico del departamento agrícola en las actividades de demarcación a través de una serie de fases: inspecciones, clasificación de la tierra, una descripción escrita y una resolución. Estos dispositivos eran maleables y se adaptaron a finalidades más ambiciosas de reivindicación territorial y derechos colectivos. Si bien el programa impulsado por el Estado fue decayendo, los procesos y las prácticas de reconocimiento y titulación se mantuvieron. La naturaleza artificial y pertinente de la categoría inicial, bajo una racionalidad política distinta, no impedía su continua reformulación. Aunque los sucesivos presidentes intentaron remodelar la naturaleza de la legislación de las comunidades, los cauces legales necesarios para las reivindicaciones de posfrontera en torno a derechos colectivos y territorio habían echado raíces.

— 5 —

Ecologización de la frontera

Introducción

¿Cómo y en qué condiciones se han transformado los paisajes extractivos de frontera en paisajes verdes de posfrontera? Los entornos amazónicos no son simplemente lugares periféricos que sucumben al ansia de recursos del centro, sino que también son sitios emblemáticos de elaboración de gobernanzas ambientales de difusión desigual. Mientras los mapas de fronteras hacen inventarios de los potenciales recursos, los mapas verdes de las posfronteras muestran prioridades de biodiversidad, zonas ecológicas y áreas protegidas. El cambio de la extracción a la protección ecológica y a la sostenibilidad ambiental constituye el núcleo de los discursos y creación de las instituciones de posfrontera. Este capítulo es un intento de descifrar el significado de la construcción de una gobernanza ambiental en la frontera, o lo que yo denomino "linealidad verde", con ejemplos tomados de áreas protegidas. Para desentrañar este asunto en términos tanto empíricos como conceptuales, se explora la transformación ecológica de la frontera amazónica, ilustrada con detalles etnográficos de la Amazonía peruana.

La posfrontera verde administrativa, a menudo enmarcada en el lenguaje de la modernización ecológica (Hajer 1995), implica que el ambiente y sus temas específicos —como los bosques, la fauna y la flora— se convierten en ámbitos formales de gobernanza con regímenes jurídicos distintos, la extensión de jerarquías administrativas verticales y medidas de planificación espacial. El primer elemento de la linealidad verde es un sistema clasificatorio cada vez más estabilizado, vinculado a la zonificación y a la reglamentación. Igual que la nomenclatura científica, que amplía la descripción y la clasificación, al linealizar los entornos se trata de cortar la realidad en entidades separadas. Sin embargo, donde la ciencia sigue siendo un ejercicio descriptivo, el discurso lineal sugiere normativamente "un estado correcto de las cosas", fijando prioridades ecológicas a través de mapas e inventarios reconocibles para la rápida acción estatal. No obstante, este tipo de lenguaje y los organigramas saneados que lo acompañan hacen poca justicia a la complejidad de los acuerdos de posfrontera. Se podría decir que hay en juego algo más que una simple prolongación evidente de la racionalidad weberiana para la frontera de recursos.

El análisis crítico, en respuesta, muestra cómo la posfrontera verde se preocupa no solo por las intenciones declaradas y la reelaboración de mapas, sino también por lo que estas ocultan en función de sus construcciones históricas. La ecologización administrativa no es neutral sino que puede conllevar nuevas maneras de poder y control a través de formas redefinidas de territorialización (Vandergeest y Peluso 1995). Como señala Luke, "rodear un sitio o sujeto es acosar, asediar o sitiar ese sitio o a esa persona" (1995: 64), un tema ampliamente tratado en la antropología de la conservación, haciendo hincapié en los regímenes disciplinarios y en la creación de sujetos ambientales. Pero ni el análisis administrativo que subyace a las instituciones verdes como marcadoras de orden, ni el análisis crítico que denuncia la palabrería y la hegemonía, captan la complejidad en juego.

En el imaginario nacional, la provincia de Oxapampa es hoy, más que nunca, un sitio verde de áreas protegidas, bosques esplendorosos y producción agrícola. La cobertura de áreas protegidas está entre las más altas del país. Además, al principio del trabajo de campo, los planificadores regionales estaban ocupados realizando los mapas de las zonas ecológicas y económicas de toda la provincia. Los estudios, las reuniones participativas y la elaboración de mapas eran algunas de las herramientas utilizadas. El reconocimiento de la provincia por parte de la UNESCO como reserva de la biosfera en 2010 fue la joya de la corona de una larga historia de ecologización. Sin embargo, las limitaciones de la panacea administrativa nunca estuvieron lejos. Donde las políticas y las estructuras administrativas verdes señalaban los avances, la deforestación y la exploración petrolera superponiéndose a áreas protegidas apuntaban en distinta dirección. En 2010, la zonificación ecológica se había dejado temporalmente en el cajón. Tres años después, el gobierno regional estaba planeando rehacer la tarea por completo. Los sistemas de gestión ambiental se estaban poniendo en marcha, pero aparecían como proyectos continuos en (des)construcción.

¿Cómo un sitio emblemático de frontera pasa de ser una "tierra salvaje" propicia para la colonización y la extracción de recursos, a un lugar "verde" necesitado de ordenamiento y protección? ¿Cómo entender la emergencia de la gobernanza ambiental y su aparente volatilidad? En este capítulo se argumenta a favor de una cuidadosa atención a las genealogías y a la función del lenguaje administrativo en la ecologización del panorama institucional.

Hacia la administración de las áreas protegidas

Las primeras áreas protegidas del Perú reflejaban un *ethos* preservacionista presente desde 1940. Así, en 1968, Salomón Vílchez Murga presentaba los parques nacionales peruanos como "obras de Dios que el Estado preserva y protege para la posteridad" (Vílchez 1968). Vílchez Murga había escrito una guía de educación sexual en 1936 y fue acreditado para la creación del servicio nacional de control de la natalidad. La virginidad, ya fuera de las mujeres o de la naturaleza, tenía que ser protegida por un Estado paternal y responsable. En la década de 1960, las ideas preservacionistas estaban en declive, y fueron reemplazadas progresivamente por un paradigma conservacionista.

En 1960, Joseph Tosi, entonces asesor en materia de manejo forestal del Instituto Interamericano de Ciencias Agrícolas, publicó un estudio sobre la diversidad ecológica en el Perú, obra de vanguardia sobre las "zonas de vida tropical" (1960). En su obra ponía de manifiesto cómo el ambiente ya no era solo una limitación o *locus* de proyectos de frontera, sino una constelación de distintas especies, formas de vida y contextos ecológicos. Tosi desempeñaría más tarde un papel instrumental en la elaboración de metodologías para la clasificación de los suelos y en la configuración de un manejo forestal con los yánesha (véase cap. 7).

Desde su creación en 1964, la Facultad de Ciencias Forestales de la Universidad Nacional Agraria-La Molina ha ofrecido un curso obligatorio de fauna de la selva y parques nacionales. Estaba cobrando fuerza un nuevo prisma en el que la gente iba al campo con una mirada profesional, en tanto los ingenieros forestales, agrónomos y planificadores estaban consolidándose. Eran tiempos de rápidos avances en las ciencias naturales aplicadas, se creaban facultades y se oían cada vez más voces científicas en los asuntos públicos. Las representaciones espaciales del vacío y de los recursos se estaban complementando primero con inventarios de recursos y luego con nociones de fragilidad y ecología. Sin embargo, seguía habiendo una considerable brecha entre el reconocimiento de zonas de vida y la creación de instituciones para su conservación.

El servicio de conservación peruano, fundado en la década de 1960, constaba de "nada más que una oficina en Lima", como señaló Ian Grimwood, uno de los primeros asesores extranjeros en temas de conservación (Grimwood 1967: parte II). Su ayuda, entre 1965 y 1967, incluyó la creación de un sistema de recojo de datos, un registro de 155 especies de mamíferos y la propuesta pragmática de "dejar apartadas unas zonas sin habitar como refugios inviolables en forma de parques nacionales y reservas". Consideraba que eso era más realista que "tratar de controlar la matanza de animales". Esto dio lugar a la propuesta de un "sistema de parques nacionales y reservas", por cierto, sin derechos, prohibición absoluta de uso y conservación perpetua, bajo la más alta autoridad del país en el ámbito de los parques nacionales. Se propusieron tres parques nacionales para representar las zonas de costa, sierra y selva (Grimwood 1967: párr. 15). La ceja de selva fue recomendada para la última categoría, aunque

Grimwood reconocía que era complicado encontrar en ella una "selva intacta". Al final, recomendó el área que ahora abarca la Reserva de Biosfera y Parque Nacional del Manu (Grimwood 1967: párr. 24).

Marc Dourojeanni, entonces jefe de la sección de Conservación y Protección, hablaba de un "movimiento nacional" para el mejor uso de los recursos renovables (Dourojeanni 1968). Criticaba la extracción irracional y la destrucción causada por la agricultura, la ganadería y la colonización. En respuesta, se necesitaban criterios técnicos, mapas e inventarios. Dourojeanni, entre otras cosas, elaboró una lista preliminar de la fauna y la flora en peligro de extinción. Además consideraba que las áreas protegidas existentes eran extremadamente incipientes y no reunían las condiciones mínimas para merecer ese nombre (Dourojeanni 1968). Tanto Grimwood como Dourojeanni eran científicos expertos en conservación y "emprendedores" que hablaban de la racionalidad de posfrontera en un campo percibido como de desorden. Mapas, encuestas y censos de flora y fauna se fueron convirtiendo en rasgos constitutivos de la gobernanza de las áreas protegidas. Esta visión técnica consolidó la legitimidad de los científicos, proporcionando una visión general y una orientación para lograr una intervención racional del Estado, tanto en el ámbito nacional como en el local. La linearización de la conservación había comenzado en el Perú.

La legitimidad del conocimiento experto y de los procedimientos técnicos tenía orígenes tanto globales como latinoamericanos. En 1968, a escala mundial, la conferencia de las Naciones Unidas sobre la biosfera había demandado inventariar todos los recursos vivos (UNESCO 1970: 242). El mismo año, la conferencia de la Unión Internacional para la Conservación de la Naturaleza (UICN) celebrada en Bariloche, Argentina, felicitó al Perú por la creación del Parque Nacional del Manu y recomendó "a los gobiernos latinoamericanos que continuaran fomentando las áreas adecuadas para la categoría de parque nacional" (UICN 1968: 456). Una resolución de la UICN reclamaba un sistema coordinado de parques en el hemisferio oeste que unificara nomenclatura, criterios de zonificación y normas (UICN 1968: 455). En 1972, la conferencia de Estocolmo y su declaración enfatizaron la "cuidadosa planificación y administración" (Schrijver 2007), iniciando la colecta de estadísticas ambientales en el mismo año. Durante este periodo, la deforestación tropical aparecía cada vez más en la agenda conservacionista, reemplazando a la protección del hábitat. Avanzado ese mismo año de 1972, los presidentes de UICN y World Wildlife Fund (WWF) enviaron conjuntamente una carta al presidente del Brasil pidiendo "una cuidadosa consideración de los problemas ambientales que implicaba el desarrollo de la Amazonía" (Keck y Sikkink 1998: 134).

El cambio administrativo fue más allá de las áreas protegidas. En el Perú, también aparecieron en el mismo periodo los elementos básicos de una tímida agenda ambiental. ONERN, la Oficina Nacional para la Evaluación de Recursos Naturales, hasta entonces muy orientada a la extracción, desarrolló unas directrices para la conservación de recursos renovables (ONERN 1974). Se adoptó una ley forestal que consolidaba un sistema de unidades de conservación, la base para el posterior sistema nacional de áreas protegidas. Pero aún se estaba lejos de un compromiso general con la ecologización. Como acabó diciendo un consultor de la Organización de los Estados Americanos (OEA) contratado para elaborar "una estrategia funcional":

> [...] un simple ataque frontal sobre la polución sería un suicidio político [...] Más que por un sentimiento popular representado por el Día de la Tierra, la preocupación ambiental nació en el Perú con un decreto del Gobierno Revolucionario de las Fuerzas Armadas. En este contexto, determinamos que la acción efectiva en el ámbito ambiental solo podría sostenerse mediante un enfoque positivo ligado a la planificación del desarrollo nacional. (Dickinson 1977: 233)

El marco del lenguaje ambiental en términos positivos de desarrollo reveló cómo ambos podían interrelacionarse de forma natural. No fue un cambio de paradigma que se apartara de las aspiraciones de frontera, sino que supuso la consolidación de un discurso administrativo positivo que mostraba una situación ventajosa para todos. Por otra parte, estas linealidades y decretos verdes no se difundieron de forma natural desde Lima al resto del país. Una característica importante de la posfrontera es de hecho su desigual naturaleza y distribución. Las topografías institucionales verdes distan mucho de ser una capa que refleja procesos ecológicos; son, más bien, resultados muy negociados. Para mejor ilustrar esto, vuelvo ahora al proceso específico de creación de áreas protegidas en Oxapampa.

Ecologizar Oxapampa

> La gente de la biosfera crea parques nacionales. La gente de los ecosistemas ha vivido siempre en el equivalente a un parque nacional. (Dasman 1988 [1976]: 306)

Entonces, ¿cómo fue Oxapampa ecologizada en tanto creación de áreas protegidas? Las ideas iniciales surgieron vinculadas a las que proponían consolidar los títulos de tierras indígenas. Las primeras descripciones de los yánesha y de sus relaciones con el medio ambiente (Smith 1969) compartían características con lo que Dasman había denominado, en la cita anterior, "gente de ecosistemas". Alberto Chirif contrastó las ciencias de los nativos que valoraban la complementariedad con los proyectos coloniales que trataban de obtener beneficios de la selva (Chirif 1979). En 1973, Smith había elaborado una propuesta en la que sugería crear "una unidad territorial amplia" juntando las tierras de 16 comunidades tituladas, reservas comunales y un parque nacional que abarcara la cordillera Yanachaga-Chemillén (R. C. Smith 1977a). Como muestra Smith:

> La idea del Manu ya estaba en ejecución [...] así que hice circular la idea [...] ¿qué pasa si esto se establece como un parque para protegerlo y así al menos los madereros no puedan entrar e invadirlo? Y la gente dijo "sí, lo importante es proteger esto". Ricardo Frey era *cornesha* [presidente de la federación indígena] en ese momento y había una gran amenaza [...] ambos, tanto Muller que había ido desde el extremo sur de la cordillera, como Koch que tenía un proyecto enorme para ir desde el norte. Y los dos se pelearon. (Richard C. Smith, entrevista personal)

La propuesta se publicó a través de Survival International, que la describía como un "enfoque holístico de la cuestión del deterioro ambiental y los derechos humanos de los pueblos nativos" (Smith 1977a). Estos planes permanecieron varios años sobre la mesa. Los pasos para su realización vinieron, de forma inesperada, como secuela de los planes de colonización agrícola a gran escala lanzados por el presidente Belaunde tras su reelección en 1980, respaldado por los compromisos de financiación de USAID. El Proyecto Especial Pichis Palcazú, como se denominó, proponía transformar los valles a través de la construcción de carreteras y de nuevos asentamientos.

Los líderes indígenas y las organizaciones de ayuda emprendieron entonces una intensa campaña nacional e internacional (Smith 1982). El talón de Aquiles del gobierno era la naturaleza del proyecto, que ya no estaba solamente regido por las políticas estatales sino que se apoyaba en el financiamiento de USAID. En consecuencia, la política y la legislación estadounidenses cobraron tanta importancia como la legislación peruana, si no más, en la configuración de las respuestas administrativas. Aunque Estados Unidos había promulgado la Ley Nacional de Política Ambiental en 1970, esta norma no regulaba las actividades que financiaba en el extranjero. En Pakistán, un proyecto sobre la malaria causó la muerte de cinco trabajadores por sobreexposición a los insecticidas (USAID 2011: 24). Esto provocó una demanda presentada por un consorcio de ONG, y USAID desarrolló procedimientos ambientales como parte de la solución extrajudicial del litigio. En 1977, esta institución creó el Sector de Recursos Ambientales y Naturales. En 1980, se celebraron audiencias en el Congreso de Estados Unidos sobre la deforestación tropical en las que se presionó incluso a las Naciones Unidas para que actuara.

Los planes para la ecologización no brotaron naturalmente de estos entornos políticos. Ni los conservacionistas ni las organizaciones indígenas de Oxapampa "ganaron el debate". No se trataba de una simple evolución consistente en sustituir el desorden por el orden de la posfrontera sino de intensas batallas y negociaciones tecnopolíticas. Las medidas emergentes de salvaguarda ambiental crearon el soporte institucional para campañas bien orquestadas, diálogos con USAID y una buena cantidad de forcejeos. Las campañas contra el proyecto de carreteras llevaron finalmente a una serie de evaluaciones y reformulaciones del plan, refundiendo las diferencias y luchas políticas en un lenguaje técnico neutral. Palcazú se convirtió en una de las primeras áreas en el extranjero donde USAID emprendió una evaluación ambiental integrada. En la evaluación social, dos antropólogos argumentaron que los conflictos étnicos, las disputas por la titulación de la tierra y la estratificación social suponían "limitaciones" al desarrollo y que el uso previsto de la tierra corría el riesgo de tener peligrosas repercusiones en el ecosistema (Miller y Martínez 1981: iv).

Teniendo en cuenta que tanto los planes de frontera del gobierno como sus críticos defendían el bien común y el desarrollo, la cuestión pendiente era cómo hacer que los componentes sociales y ambientales se incrementaran. Pronto quedó claro que no se trataba tan solo de mapas y números de lo que había allí, sino también de negociaciones basadas en el conocimiento de lo que "debía" haber. Los informes técnicos de las consultorías se convirtieron en instrumentos para la formulación de derechos y prioridades ambientales. Se empleaban en contra de la expansión de pastos para el ganado y para proponer dónde y cómo podían ser viables las cosechas sostenibles y la protección de bosques. Aparecieron encuestas y datos como un "panóptico de desarrollo" que mostraban parámetros contradictorios sobre el orden conveniente de las cosas. La formulación y la contraformulación de lo que constituía una buena administración (destacada por las condiciones de USAID) estaban en el centro de la linealización de los matices de verde en Oxapampa. La gestión de recursos —el enfoque dominante en los Estados Unidos— se estaba reproduciendo en la Amazonía peruana para mitigar los impactos del desarrollo. Los estudios recomendaron la sustitución de la promoción agrícola por la clasificación de suelos, el manejo forestal de rendimiento sostenido y la creación de áreas protegidas. Al final, el proyecto de frontera fue rebautizado como "Proyecto de Manejo de Recursos de la Selva Central", una reveladora decisión de posfrontera tras un largo proceso de revisión. A lo largo de sus 12 años de existencia, el proyecto dio lugar a la construcción de carreteras hacia los valles, el aumento de la titulación y la creación de áreas protegidas en la zona —el Parque Nacional Yanachaga-Chemillén, el Bosque de Protección San Matías-San Carlos y la Reserva Comunal Yánesha—. Oxapampa se había convertido en un laboratorio para la elaboración de una gobernanza verde.

Los efectos del gerencialismo

Si bien los planes alternativos de reservas y protección fueron considerados por los líderes indígenas y ambientalistas como una victoria, su creación marcaba también un cambio de gobernanza: de las protestas al gerencialismo. La participación en el desarrollo de proyectos implicaba una modificación en las relaciones de poder: de la movilización indígena a la tecnopolítica verde que favorecía el conocimiento especializado. El diseño final de las áreas protegidas de la región ponía de manifiesto estos efectos. Mientras el estudio inicial de racionalidad social había reiterado las recomendaciones de crear reservas comunales, algunos consultores forestales (como Marc Dourojeanni) abogaban por modelos de gestión más convencionales.

Esto era particularmente evidente en el caso de la cordillera de San Matías-San Carlos. El sistema nacional carecía de "muestras representativas" de ceja de selva y la "creación de un bosque de protección en San Matías es una necesidad evidente y su naturaleza intocable debe aplicarse a partir de los 500 metros sobre el nivel del mar en ambos lados", afirmaba Dourojeanni (1981: E-50). Las reservas comunales creadas en beneficio de las comunidades, "aunque plenamente justificadas por derechos ancestrales [...] tienen escasas probabilidades de aceptación debido al área considerable que sería afectada bajo el rótulo de territorios de comunidades nativas", argumentaba. San Matías debía ser declarado "intangible" (Dourojeanni 1981: E-3). La lógica de la técnica invalidaba los derechos ancestrales. Dourojeanni llegaba a la conclusión de que "la posibilidad de crear reservas comunales en el valle del Palcazú son [sic] bastante remotas" (Dourojeanni 1981: E-3). Las reservas reducirían las posibilidades de que el parque fuera aceptado y estaban descartadas en la propuesta (Dourojeanni 1981: E-52). En resumen, las premisas técnicas configuraron el diseño del Bosque de Protección San Matías-San Carlos.

Aunque se trazaron cuidadosamente los límites para evitar la superposición con los asentamientos y títulos existentes, el conocimiento sobre los asentamientos y el uso tradicional en la zona era limitado. En palabras de un responsable en aquel momento del Proyecto Especial Pichis Palcazú (PEPP):

> Mira, cuando se hizo la propuesta para establecer el Bosque de Protección San Matías-San Carlos se hizo muy poco trabajo de campo en la zona de San Carlos.
>
> Gente como Antonio Brack también decía, no, ya no hay gente, pero nadie sabía si había gente [risas] pero en el San Carlos, se estimaba mucho.

> Pero porque todo era protección, porque todo era zona montañosa [...] Entonces, a ciencia cierta no se sabía a quién estaban metiendo ahí y obviamente después aparecieron comunidades que dijeron, que podían haber estado antes como después, pero dijeron que estaban antes, porque nadie llegó ahí. (Antiguo funcionario del PEPP, entrevista personal)

Las áreas protegidas fueron creaciones lineales ligadas a la experiencia administrativa y a las convicciones de la época. Las zonas altas se clasificaron como tierras de protección *per se*, justificando la creación de áreas protegidas. Los primeros planes para integrar los territorios indígenas y de protección se modificaron para reflejar las prioridades administrativas de conservación.

La gobernanza de las ONG y la permanencia de lo verde

La reformulación del proyecto y la liberación de fondos no significaron el fin de la negociación. En su lugar, los campos de batalla se trasladaron al ámbito de la tecnopolítica, la producción de datos y la implementación de proyectos. Si bien la victoria inmediata había sido la inclusión de los componentes sociales y ambientales en la reformulación del proyecto (su manifestación lineal de posfrontera), pronto aparecieron formas no lineales de cuestionamiento. Hubo esfuerzos por parte de los funcionarios del Estado de diluir o cambiar las prioridades ambientales impuestas. Los fondos asignados para la protección fueron desviados a otros fines y la implementación de las medidas de salvaguarda sociales y ambientales fue particularmente lenta (Moore 1989). No obstante, las condiciones de USAID y el marco del nuevo proyecto instalaron una nueva estructura de legitimidad para la ecologización de Oxapampa, al menos sobre el papel. La reorientación del espacio del proyecto, con la ayuda teórica proveniente solo del Estado, creó un vacío administrativo distinto, listo para recibir la ayuda de las ONG. Así como la ayuda internacional al proyecto había sido fundamental para la creación de áreas protegidas en la provincia, el apoyo de las ONG fue esencial para mantener a Oxapampa como un espacio verde.

La Fundación Peruana para la Conservación de la Naturaleza (FPCN), refundada en 1984 como Pronaturaleza, fue la primera ONG nacional de conservación, constituida por conservacionistas peruanos clave en respuesta a las limitaciones del Estado (Husock 1997). La financiación de las áreas protegidas no era una prioridad de las finanzas públicas, y los conservacionistas crearon esta institución para recibir ayuda de los donantes internacionales. Aunque sin un mandato formal, la FPCN gozaba al principio de un "pacto entre caballeros", y más tarde, por la presión de los donantes, obtuvo un "pacto de cooperación" (1986-1989) para emplear el dinero que recibía en la gestión de las áreas protegidas, convirtiéndose de facto en una autoridad estatal de estos espacios (Husock 1997: 4-5). Una de sus primeras operaciones importantes, con la ayuda de USAID y de The Nature Conservancy (TNC), fue la gestión directa del Parque Nacional Yanachaga en 1987. En 1990, la ONG administraba todas las áreas protegidas de la provincia. Como otras muchas ONG, la expansión dependía en gran medida de la economía del proyecto. La provincia, gracias a los fondos internacionales, se convirtió en un sitio de experimentación verde cuya índole e intensidad evolucionarían con los años. En la selva central, se pasó de la ayuda orientada a los parques en el periodo comprendido entre 1991 y 1997, a una segunda fase, entre 2003 y 2007, de apoyo a otras áreas protegidas de la provincia —el Bosque de Protección San Matías-San Carlos y la Reserva Comunal Yánesha.

En los años siguientes, una serie de proyectos sobre diversidad biológica, bosques y fauna alimentaron la "visión verde" de Oxapampa y sus necesidades de gestión. Esto motivó que se hiciera más hincapié en la gestión de los bosques naturales y en las áreas protegidas, y menos en la producción agrícola, la conservación de suelos y los problemas de contaminación. El impulso al poder administrativo verde tuvo efectos sociales. El anterior vínculo entre conservación y derechos sociales, que había activado las protestas y permitido la creación de áreas protegidas, se estaba rompiendo. Las comunidades indígenas que habían luchado contra la tala y la expansión de carreteras, se estaban distanciando cada vez más de la gestión de las áreas protegidas.

Observaciones finales

En el intento de escribir la historia ambiental tenemos que abordar las desigualdades en la distribución de la extracción, la gestión de residuos y la degradación (Hornborg 2007: 1), pero también agudizar nuestra capacidad de entender la distribución desigual, y muy variable, de las políticas y proyectos verdes. Algunas enseñanzas preliminares se pueden esbozar a este respecto.

En primer lugar, el microcosmos posfrontera de la protección en Oxapampa no era una posdata racional en la que los proyectos de frontera simplemente se abandonaban. La posfrontera verde no significó que los responsables de las políticas públicas volvieran a su sentido ambiental o respondieran solo a las demandas de las organizaciones de base. Estaba estrechamente ligada a la larga política de luchas e impugnaciones de frontera y a un contexto históricamente específico que permitía que la ecologización se estableciera sobre el papel a través de una "política *boomerang*" y unas condiciones para el proyecto de USAID intensamente negociadas.

En segundo lugar, la práctica de la ecologización puso de manifiesto la política de "envolver" los imperativos ambientales en un lenguaje de desarrollo administrativo. Las políticas conflictivas se tradujeron en compromisos posfrontera factibles. Se trataba, en un sentido foucaultiano, de incorporar los imperativos verdes a la "correcta disposición de las cosas", más que de un cambio de paradigma como tal.

En tercer lugar, mientras las instituciones de posfrontera marcaban el cambio a través de un lenguaje administrativo aséptico, las viejas tensiones de frontera seguían su curso. Se continuó con las carreteras de penetración y hubo intentos burocráticos de burlar las medidas de salvaguarda recién establecidas. En ese sentido, los dispositivos de ecologización pueden no solo ser captados por la penetración de la frontera, sino potencialmente también profundizarla, desplazando el conflicto abierto del desarrollo al *statu quo* bajo nuevos procedimientos y controles burocráticos.

En cuarto lugar, la ecologización de la posfrontera, más que albergar un conjunto preestablecido de propiedades cerradas, es permeable y flexible, y representa una "autoridad incierta" (Mathews 2011). Hay resultados negociados y a menudo graduales que se apoyan en el *statu quo*, en vez de desafiarlo.

Por último, la ecologización de la topografía institucional mediante intervenciones administrativas sugiere un cambio en los cimientos del poder y de la influencia. Mientras la protesta social y la presión internacional permitían que la elaboración de la gobernanza fuera posible en Oxapampa, las nuevas instituciones eran configuradas cada vez más por una autoridad experta. En última instancia, el predominio de las recomendaciones de los especialistas y de lo epistémico contribuía a disociar los entornos de la gente, en gran medida a través de los modelos de gestión que clasificaban la conservación impulsada por el Estado y la gestión de cuencas por encima de las prioridades indígenas (como las reservas comunales). Estas semillas se sembraron para una nueva élite de conservación y dominación lineal, lo que sugiere la necesidad de poner cuidadosa atención a cómo el poder y los tecnicismos se entremezclan en función de lo que son las instituciones de "posfrontera" y lo que hacen. Estas modalidades de funcionamiento que llegaron a ser clave para la práctica de la sostenibilidad después de Río en muchas partes del mundo, se estudian más a fondo en los capítulos siguientes.

— 6 —

Las dos caras de la conservación comunitaria

Introducción: plantearse la conservación comunitaria

Durante las últimas décadas, las áreas protegidas han formado parte del arsenal de herramientas promovido por los conservacionistas para cerrar las fronteras. Estas áreas representan la noción de posfrontera puesta en práctica a través del aislamiento teórico de una zona dentro de un amplio espacio de áreas "no protegidas". Ellas implican distintas maneras de ver, entender y producir el mundo (West et ál. 2006). Una abundante literatura ha hecho hincapié en la imposición de sistemas que incorporan una visión del mundo a la manera occidental, una lógica administrativa y soluciones impulsadas desde arriba. La creación de áreas protegidas, que se basa en las divisiones cartesianas entre naturaleza y cultura, la incorporación al Estado y el despojo, ha tenido dramáticas consecuencias que han sido descritas por los autores (Colchester 2003). Esto ha provocado demandas generalizadas de cambio, tanto desde los sectores conservacionistas como desde los movimientos sociales.

En respuesta a las críticas a los enfoques verticales de la conservación, la última década ha presenciado una transición importante en la política y el discurso de las áreas protegidas (Phillips 2003) hacia un lenguaje socialmente inclusivo y estructurado en torno a la participación, los beneficios sociales y el desarrollo sostenible (Larsen y Oviedo 2005). Se está haciendo un gran esfuerzo para resituar la conservación en un contexto local y equilibrar las fuerzas de los distintos actores en juego: el Estado, las organizaciones conservacionistas y las comunidades locales. En concreto, la conservación de las áreas a cargo de las comunidades se considera la solución a los antiguos legados de áreas protegidas, puesto que aúnan cultura, conservación y equidad social. Este capítulo plantea la significación del reciente cambio hacia el discurso de la conservación participativa y comunitaria. En concreto, ofrece un retrato etnográfico de la Reserva Comunal Yánesha, uno de los primeros experimentos globales en materia de administración comunitaria de áreas protegidas. Aborda el rol del reconocimiento del Estado, la cogestión y el empoderamiento de las comunidades, específicamente en el contexto de un proceso de planificación de la gestión mediante la colaboración entre una organización de representantes locales y el Estado peruano. Donde yo había esperado presenciar la reinvención de la gobernanza de las áreas protegidas, pronto se hizo necesaria una ruptura epistemológica para conciliar la violencia simbólica y las consecuencias contradictorias de la planificación "en beneficio de la gente". Así pues, este capítulo, lejos de la panacea esperada, explora las nuevas formas de despojo y dominio que aparecen bajo la apariencia de colaboración y participación.

Hacia las áreas de conservación comunitaria

"Las áreas de conservación comunitaria (ACC) han irrumpido en el escenario mundial de la conservación en los primeros años del nuevo milenio y constituyen el avance más interesante desde que se puso de moda el concepto de 'áreas protegidas' hace más de un siglo" (Kothari 2006: 1). En respuesta a la crítica a los enfoques verticales de conservación, han surgido modelos comunitarios y participativos que buscan una conservación más eficaz y equitativa. La conservación comunitaria recoge la idea de un potencial social desaprovechado que podría emplearse para domesticar la frontera. Como señaló un observador en la década de 1980, en el primer encuentro entre ambientalistas y organizaciones indígenas de la Amazonía: "En vez de tener quince guardaparques controlando una región inmensa, se tendrían miles de miembros de una tribu vigilándola" (citado en Narby 1991: 80). Estos enfoques se han ido consolidando y han logrado más apoyo internacional bajo un discurso común estructurado en torno a "áreas de conservación y territorios comunitarios indígenas" (ACCI), con un grupo de expertos, organizaciones y actores sociales creando actividades y sitios basados en ese concepto.

El principio rector de las ACCI es reconocer las áreas protegidas gestionadas por comunidades indígenas y locales como una modalidad distinta de "gobernanza", distinguiéndolas de las áreas de gestión estatal, de cogestión o privadas. Se considera que reúnen tres características (Kothari et ál. 2013: 4) que han sido institucionalizadas y han circulado ampliamente en la guía política de la Unión Internacional para la Conservación de la Naturaleza (UICN) (Dudley 2008). Una de ellas es la estrecha y profunda relación, arraigada en la cultura local, con la "gente o la comunidad", que es el "actor principal en materia de adopción de decisiones e implementación" junto con "las decisiones e iniciativas de gestión de las comunidades" con miras a la conservación (Borrini-Feyerabend et ál. 2010: 3). Las ACCI se perciben como más pequeñas, más simples y mejores que las pesadas burocracias administrativas, así como parte de los paisajes vivos y una fuente de seguridad en la tenencia (Oviedo 2006). Se considera que tienen potencial para "lograr la integración de varios objetivos deseados", como "la conservación de ecosistemas, la fauna y la biodiversidad agrícola, la mejora de la seguridad alimentaria y de los medios de sustento, el mantenimiento de la diversidad cultural y el logro de la equidad en las generaciones y a través de ellas" (Kothari et ál. 2013: 3).

No obstante, el discurso sugiere que estas áreas, en general, han ido quedando relegadas por las políticas oficiales. Stevens habla de "miles, posiblemente decenas de miles, de ACCI" mantenidas por comunidades indígenas y locales en Nepal, que siguen siendo poco reconocidas por el Estado (Stevens 2010: 190). Kothari et ál. señalan cómo las ACCI "afrontan múltiples amenazas que están agravadas por la falta de reconocimiento y de ayuda de la sociedad en general" (2013: 6). "Si todas las áreas conservadas por las comunidades fueran reconocidas, los temas de conservación y de derechos irían mucho mejor", así podríamos resumir la idea. Esto ha producido formulaciones de políticas como la decisión del Convenio sobre la Diversidad Biológica (CDB) que dice "Reconocer la función de las áreas conservadas por las comunidades indígenas y locales" (CDB COP 10, decisión X/31, artículo 31.°). La cuestión ahora es cómo los nuevos procesos de reconocimiento y la creación de nuevas topografías de conservación, estructuradas como áreas conservadas por las comunidades, afectan a los distintos lugares y personas (West et ál. 2006: 264). La Reserva Comunal Yánesha ofrece algunas enseñanzas al respecto.

¿Un caso pionero de conservación comunitaria?

La Reserva Comunal Yánesha, con más de 34.000 hectáreas con derechos exclusivos de uso para los yánesha, fue la primera en su género en ser creada en el Perú en 1987. Mientras las reservas habían venido siendo un instrumento para garantizar el acceso a largo plazo a las áreas de selva no tituladas, la nueva categoría estaba destinada a la conservación de la fauna para las poblaciones vecinas como fuente tradicional de alimentación[1] (D. L. n.° 21147, 1975). La reserva conservaría la fauna en beneficio de diez comunidades yánesha vecinas, empleándola como recurso de caza y alimentación. Además, el primer y verdadero objetivo de la reserva era "evitar la total dispersión de la Nación Yánesha, como consecuencia de la pérdida de sus antiguos territorios". Otros objetivos eran proteger las partes altas del valle para garantizar la estabilidad del sistema hidrográfico, asegurar el uso de la fauna como fuente tradicional de alimentación y servir de franja protectora para el vecino Parque Nacional Yanachaga-Chemillén (Rada 1987: 4-6). Las comunidades, constreñidas por los límites de sus áreas tituladas, encontrarían en la reserva "una relación armoniosa con el medio natural" (Rada 1987: 2). Creada en beneficio de las comunidades, llevaba incluso el etnónimo "Yánesha". Como señaló un antiguo líder de la década de 1980: "Se trataba de crear

---

1. El reglamento de 1977 especificaba, además, que las reservas que iban a beneficiar a las comunidades debían contener un área que garantizara una gestión óptima e incluir un informe técnico, aprobado por el Ministerio de Agricultura, señalando las zonas para caza y pesca. También se prohibía la extracción de madera, los asentamientos humanos y las actividades agrícolas.

una reserva en la que pudiéramos vivir 50 años [...] el Estado le dio incluso nuestro nombre, yánesha" (comunicación personal, 2008). Sus límites fueron fijados por la oficina catastral y la unidad forestal, repartiéndola entre colonos, comunidades y el parque nacional, que eran básicamente las tierras de protección no tituladas que quedaban "disponibles". Se hicieron visitas de campo para asegurar que quedaran excluidos los asentamientos no titulados y las tierras de uso agrícola, creando los límites irregulares que hoy conocemos.

En la propuesta inicial, apenas se mencionaban los valores de la biodiversidad. En su lugar, las listas de las diferentes especies de fauna se centraban en aquellas con valor nutricional, igual que los primeros planes de zonificación proyectaban dividir la reserva en áreas de "influencia de las comunidades". Las áreas de uso se determinarían de acuerdo con las costumbres tradicionales. Dada la importancia de la caza y la pesca como fuentes tradicionales de alimentación, la propuesta desanimaba a las comunidades a cazar con fines comerciales. Los comités de control y vigilancia mantendrían calendarios de caza, estadísticas y patrullas periódicas. Otra finalidad de la reserva era el "mantenimiento y desarrollo de los valores culturales", complementando a la vez las dos áreas protegidas vecinas, el Parque Nacional Yanachaga-Chemillén y el Bosque de Protección San Matías-San Carlos. Su aprobación fue una de las más rápidas en la historia del Perú, lo que se explicaba en gran medida por la presión que ejercieron los donantes (véase cap. 5). Los observadores señalaron que la reserva "casi duplicaba la tierra disponible para las comunidades indígenas" (Yallico y Rose 1998).

La reserva se presentó a escala internacional como un caso de éxito en materia de compromiso comunitario, interculturalidad y participación de las autoridades de las áreas protegidas peruanas, aunque en la lista de prioridades de financiamiento para la conservación siguió ocupando un puesto muy bajo. Durante años, la reserva tuvo todos los síntomas del "síndrome de la reserva en el papel": presupuesto reducido, falta de personal y de oficina y límites poco claros. Hubo problemas con colonos dentro de ella, así como invasiones y tala ilegal. Era controlada a distancia por las autoridades del parque nacional que se encontraban al otro lado de la cordillera Yanachaga, donde también se hallaba el único guardaparque con sueldo. En 2007, tras dos décadas de existencia, no había mucha "gestión" que presentar. La ONG Fundación Peruana para la Conservación de la Naturaleza (llamada más tarde Pronaturaleza) se había encargado durante años de planificar la gestión y formar "ecoguardas voluntarios". Estos voluntarios recibían una formación en ecología, se les enseñaba a leer mapas y se les instruía en la legislación de áreas protegidas y vigilancia. En el material de enseñanza, había textos sobre la "base filosófica para las relaciones humanas", una introducción al reino animal y explicaciones generales sobre el ambiente. Más que un espacio dedicado al uso tradicional, la reserva aparecía como un vacío de gestión necesitado de contenidos racionales.

En 1998, Pronaturaleza llevó a cabo un taller destinado a crear una organización comunitaria dedicada a la gestión de la reserva. En la Asociación para la Conservación y Manejo de la Reserva Comunal Yánesha (AMARCY) resultante figuraban, en un principio, las ocho comunidades indígenas que circundaban la reserva.[2] En cuanto a la organización de la conservación, se trataba de un intento de agrupar a las comunidades que bordeaban la reserva y de crear estructuras para la puesta en marcha de los proyectos. Para muchos representantes indígenas, fue un punto crítico de inflexión en el que las comunidades se organizaron y empezaron a reconquistar el espacio de toma de decisiones. Armando, el presidente de AMARCY en la época de mi trabajo de campo, y la junta directiva de la organización, fueron interlocutores cruciales. Frustrado por la falta de apoyo a la reserva, Armando solía comparar al Estado con un padre que tiene un hijo y no se ocupa de él. No solo es la paternidad fundamental para la moralidad yánesha; la propia historia familiar de Armando era la de haber crecido sin padre y haber salido adelante contra todo pronóstico. "Éramos como pajarillos en un nido esperando que mi madre volviera a casa y compartiera con nosotros las sobras al acabar su trabajo doméstico", me dijo. El apoyo del Estado a la reserva no era muy diferente. La mayoría de los recursos estatales se concentraban en la capital de la provincia y se destinaban al parque nacional, mientras que la reserva se alimentaba de

2. San Pedro de Pichanaz, Loma Linda-Laguna, Santa Rosa de Pichanaz, Shiringamazú, Alto Iscozacín, Buenos Aires, Siete de Junio y Nueva Esperanza.

las sobras de los recursos procedentes de la cooperación técnica. Aun así, había motivos para el optimismo. Tras un largo proceso, en 2005, se les otorgó a las reservas comunales un marco regulador distinto, un "régimen especial", consolidando la idea de la cogestión entre el Estado y las organizaciones de base comunitarias. Esto creó un nuevo espacio y un punto de anclaje para que AMARCY aumentara su participación. Por último, en 2006, AMARCY firmó un contrato de administración conjunta de la reserva con la agencia nacional de áreas protegidas.

Ambigüedades del contrato

Para muchos yánesha, la firma de un contrato con AMARCY, 19 años después de la creación de la reserva, fue una victoria en toda regla, una señal de reconocimiento. Pero aunque se celebraron el reconocimiento y las promesas de recursos, el contrato también representaba un cambio en las relaciones; era algo más que un acto neutral que marcaba el reconocimiento oficial. Más bien, se hizo evidente cómo una cuestión política y social de derechos indígenas a las áreas forestales tradicionales se estaba transformando en un asunto tecnocrático y administrativo. Aunque la reserva se creó en principio para los yánesha, hubo que ampliar AMARCY, bajo presión, para incluir cinco asentamientos de colonos vecinos como parte constituyente. "No fue decisión nuestra", se lamentaba el presidente, "la norma exigía que nosotros lo hiciéramos". El contrato, además, afianzaba el abandono de términos de indigeneidad y su cambio por otros como "poblaciones vecinas," que suplantaban los objetivos originales de consolidación territorial. Por otra parte, las metas iniciales de garantizar los recursos cinegéticos habían sido reemplazadas por objetivos generales de protección, lo que indicaba que la reserva estaba siendo integrada en el sistema nacional de áreas protegidas.

El uso del contrato, además, consolidaba la transformación en curso, haciendo más hincapié en las responsabilidades contractuales que en los derechos. AMARCY se convertía en un "ejecutor del contrato". Como explicaba un ingeniero a los comuneros durante un debate sobre el futuro de las áreas protegidas, "¡No olviden que ustedes han firmado un contrato! La reserva es también responsabilidad suya tanto como de AMARCY" (comunicación personal). El contrato se basaba en la sesgada lógica de la "solidaridad orgánica" durkheimiana, en el sentido de una división naturalizada del trabajo en la que AMARCY había asumido responsabilidades propias del Estado. En concreto, solo hablaba de AMARCY como ejecutor del contrato, pero no como responsable. La naturaleza administrativa del contrato desmantelaba *de facto* la relación Estado-comunidad basada en la ciudadanía, los derechos y la territorialidad, transformándola en una cuestión de obligaciones y servicios contractuales.

Se hablaba del ejecutor del contrato, una entidad encargada de la implementación que podía ser despedida, sancionada y supervisada. En la práctica, la agencia estatal mantuvo el control sobre los derechos de administración y ejecución, dejando a las comunidades la responsabilidad de la implementación sin la ayuda de un presupuesto fijo. Una pesada serie de obligaciones, procedimientos y requisitos para la organización de la comunidad se estipuló sin las condiciones que permitían su realización. El contrato exigía un informe periódico, así como delegar las responsabilidades de implementación en la asociación voluntaria de los representantes elegidos, todo sin contar con recursos suplementarios aportados por el Estado. La organización para la cogestión no era considerada como depositaria de un derecho, sino más bien como un tipo de proveedor de servicios que tenía que ser supervisado por el Estado. El Estado podía, incluso, "emprender inspecciones", a la vez que mantenía la posibilidad de reclamar compensación por los daños infligidos al área protegida derivados de la falta de cumplimiento o de una ejecución deficiente. Como con cualquier otro contrato, existía la posibilidad inherente de ser rescindido. Esta no era solo una prerrogativa del Estado estipulada en la letra pequeña del contrato, sino el reflejo de un proceso más amplio de conveniente incorporación al Estado. La posibilidad de cesar a la organización comunitaria iba en contra de las obligaciones contractuales y era un rezago de las propuestas raciales del siglo XVI que legitimaban la ley colonial. La intervención del Estado era legítima si los indios se "comportaban inadecuadamente" (Cirkovic 2006).

El contrato no solo convertía a las comunidades en proveedoras de servicios, sino que también servía para normalizar la desigualdad en las relaciones contractuales y en la distribución de los derechos de propiedad.

La concesión de petróleo que se superponía parcialmente a la reserva era un ejemplo de esta jerarquía de contratos. En teoría, las áreas de uso directo permitían la extracción de recursos y priorizaban a las poblaciones locales. Sin embargo, esta posibilidad legal se había aplicado y formalizado más en el sentido de tolerar la exploración petrolera dentro de la reserva. Mientras que la compañía petrolera terminó por obtener los derechos de propiedad sobre el petróleo extraído, el contrato con AMARCY especificaba claramente que no tenía implicaciones de propiedad alguna. La extracción de recursos por parte de los comuneros con fines comerciales (lo que implicaba un sentido de propiedad) solo podía tener lugar bajo planes de gestión y supervisión. No había derechos contractuales para los yánesha *per se* que no fueran cumplir las obligaciones acordadas. La naturaleza problemática de los contratos no era única para los yánesha. Durante el trabajo de campo, muchas federaciones indígenas criticaron el modelo de contrato. Una organización regional argumentaba que el ejecutor de contrato de administración (ECA) "funcionaba como una agencia del Estado", mientras otros hacían hincapié en que parecía una ONG (comunicación personal). Aunque algunos insistían en su carácter generador de divisiones en muchas organizaciones, otros mantenían que la función técnica de entidades como AMARCY era fundamental a la hora de poner en práctica la cogestión. La contratación ponía de manifiesto las dos caras de la moneda del reconocimiento del Estado, creando una tensión entre el empoderamiento legal y la domesticación en un orden estatal jerárquico. Esta tensión no era accidental y apareció con claridad en el proceso de planificación de la gestión.

Ambigüedades de la planificación

Desde la década de 1980, los planes de gestión se habían convertido en un mecanismo cada vez más universal para medir el orden "relativo" de las áreas protegidas. Tener un plan se considera hoy una condición *sine qua non* para demostrar una gestión eficaz. Como señala Tim Ingold: "El fabricante o autor moderno se imagina a sí mismo como si estuviera ante una superficie vacía, o ante una página en blanco o frente a una tierra baldía sobre la cual él intenta imponer un montaje de su propio diseño

(Ingold 2007: 155). La planificación representa el paso lineal obvio que va de la denominación y los parques en el papel a la protección real. Durante mi trabajo de campo, elaborar un plan maestro era para muchos la respuesta lógica a casi todos los males. Aunque los intentos anteriores de las ONG de establecer un plan viable habían fracasado, había financiación disponible para hacer una nueva propuesta en colaboración con AMARCY. El proceso de elaboración del plan fue revelador en sí mismo, mostrando un ejercicio dirigido por especialistas, lo que ahondaba aun más las diferencias con la práctica local. Desde el principio, la agencia de áreas protegidas previó que el procedimiento estaría dirigido por un equipo de expertos.

La primera persona contratada para el proceso de planificación fue un "comunicador" que había sido miembro de una ONG cuya tarea consistía en explicar a la población local "lo que son las áreas protegidas", como me dijo la funcionaria de Lima. En una entrevista posterior, ella hablaba de la "necesidad de una estrategia para hacer que la gente empiece a darse cuenta de que si se 'comen' todo, al final no les va a quedar nada" (entrevista personal, 2008). La clarividencia externa para ver a través de la selva de la ignorancia local y explicar los beneficios de la conservación era sorprendente. Los tropos repetidos por los funcionarios del gobierno y los representantes de las ONG no solamente se encaminaban a reforzar la gestión de la reserva, sino que se referían a la conservación como a una responsabilidad moral, poco entendida por la población del lugar. Desde esta perspectiva, el gran plan era no reconocer nunca un espacio tradicional, sino transmitir la necesidad de un espacio nuevo de conservación y de un mayor alcance de la gestión del Estado. Las dinámicas de la planificación no implicaban la valorización del conocimiento y las prácticas existentes, sino que estaban configuradas fundamentalmente por las ideas imperantes sobre la conservación y el discurso del conocimiento experto.

Las primeras reuniones (informales) preparatorias para el proceso de planificación tuvieron lugar en la capital de la provincia, a varias horas en auto de la reserva. En la mesa estaban dos exempleados de la ONG, contratados como consultores, Armando (el presidente de AMARCY) y yo. Cuando el debate abordó la cuestión de la zonificación, Armando preguntó quién decidía sobre esas zonas. "Los especialistas", contestó el coordinador. La posibilidad de que las prioridades indígenas fueran otra vez dejadas de lado parecía evidente toda vez que otro proceso impulsado por expertos parecía estar en ciernes. Aproveché la ocasión para excederme en mi papel de observador y sugerí la viabilidad y relevancia de que el proceso de diseño fuera más participativo. En concreto, recomendé celebrar consultas con las comunidades para debatir las formas de uso actuales, identificar los retos y reunir ideas para la administración futura. Sugerí, también, que el equipo involucrara a las comunidades en la elaboración de las medidas para la zonificación. Desde el punto de vista logístico, un proceso participativo era viable. Comparada con otras muchas áreas protegidas, la Reserva Comunal Yánesha es relativamente pequeña, accesible y con canales de comunicación bien establecidos. Además, tenían un presupuesto razonable.

Poco después, coincidí con Armando y el consultor coordinador del plan en una reunión con funcionarios encargados de áreas protegidas en Lima. Se llegó al acuerdo de que el proceso fuera más participativo. "¿Para qué quieren reuniones con las comunidades?", preguntó la directora de operaciones. Ustedes tienen que tener claros los resultados que esperan. Esto no es un plan de desarrollo. Para eso hemos contratado a un comunicador para el equipo", añadió. "Tienen que fijar cuáles son las grandes amenazas y sus estrategias para que puedan empezar a llevar una administración adecuada porque, en este momento, no existe", siguió. Los criterios para medir las competencias se definieron a escala central. El principal problema fue encontrar consultores que reunieran los requisitos según los estándares nacionales de las áreas protegidas. Se convirtió en una cuestión de introducir sólidas competencias técnicas y lineales con experiencia en realidades locales desordenadas. Al final, el equipo central para el proceso estuvo formado por el coordinador, un comunicador, un sociólogo sin experiencia previa en el área, un biólogo y un experto en SIG para preparar los mapas.

"¿Hay dinero para nuestros gastos?", preguntó entonces Armando refiriéndose a la organización comunitaria a la que representaba. "No se ha presupuestado", contestó la directora, "pero quizá encontremos una solución". La participación indígena y sus gastos no estaban previstos. Los presupuestos se manejaban entre Lima y la capital de la provincia, mientras el presidente de AMARCY estaba trabajando sin salario ni gastos de viaje. A nombre de la reserva se había comprado una computadora, una motocicleta y equipamiento, pero todo seguía estando en la sede del parque provincial. Surgieron más cuestiones sobre si Armando, en calidad de presidente, debía formar parte del equipo de planificación y recibir un salario por ese trabajo. Se daba por sentado que los representantes indígenas iban a trabajar de manera gratuita, al fin y al cabo era su plan, argumentaban los funcionarios. Finalmente, las autoridades de Lima acordaron, no solo financiar a tres promotores de la comunidad, sino también involucrar directamente a la dirección de AMARCY en el equipo técnico y pagar a dos vigilantes comunitarios para llevar a cabo una encuesta inicial. Aunque solo era una fracción del presupuesto total, gastado principalmente en honorarios de consultoría, para los miembros de la organización comunitaria fue un pequeño triunfo. Por último, los funcionarios también acordaron liberar el equipo almacenado en la sede del parque, permitiendo al personal de AMARCY usarlo para el proceso de planificación. La idea de hacer participativa la planificación también fue asumida por el equipo, que empezó a programar reuniones en las comunidades respectivas. Pese a la presión de los donantes a favor de la participación indígena, la participación real siguió siendo un asunto muy negociado en un ámbito caracterizado por las asimetrías de poder. La cuestión era si el proceso mismo y los contenidos de planificación propuestos podrían revertir esta tendencia. Si se los ponía en marcha correctamente, ¿podrían los procesos de planificación empoderar a los yánesha para hacerse con una herramienta que pudiera satisfacer sus necesidades, pese a las limitaciones institucionales de tantos años?

Las deficiencias de la participación y la magia del estilo administrativo

> Para nosotros el plan maestro es como la Biblia para nuestra área protegida. Los jefes lo elaborarán [...] Vamos a tener nuestro propio plan maestro, él nos dirá lo que tenemos que hacer. (Armando en una reunión pública de consultoría para el plan maestro; comunicación personal)

En la mayoría de las comunidades próximas a la reserva se organizaron actos de participación con el fin de generar insumos para el proceso de planificación. Cuando yo esperaba que el proceso diera lugar a un mayor poder y a una mayor relevancia locales, el entusiasmo inicial tras la aceptación de un proceso participativo se fue refrenando a medida que se iban celebrando las reuniones. Si bien estas eran importantes ejercicios de aprendizaje y momentos de intercambio, también se producían malentendidos y datos poco fiables. Bajo la superficie racional del análisis participativo, el equipo no lograba captar un sentido más específico del uso actual de los recursos, una imagen diferenciada de los usuarios y de los conflictos de uso. Tampoco captaba la realidad de los jefes involucrados en operaciones de tala, cuestiones de equidad dentro de las comunidades con respecto a la distribución de las tierras, o el tema de la corrupción. Esto no era solo una consecuencia del poco tiempo dedicado a los debates participativos, sino un reflejo de las distintas prácticas de la planificación.

El trabajo del equipo de consultores para llevar a cabo la planificación no se basaba simplemente en especificaciones legales ni estaba dirigido por un proceso desde abajo. En última instancia, lo que importaba no era la dinámica forestal real, sino asegurar la coherencia representacional. Lo que interesaba eran los resultados de la encuesta, las listas recopiladas y las estadísticas dudosas, más que la práctica real y el conocimiento de primera mano forjado a través de generaciones. El equipo de planificación puso todos los medios para elaborar listas y proporcionar números. La importancia de la forma, la elaboración de listas y los nombres latinos de las especies contrastaban con la gran limitación de presencia en el campo, de mapeo sobre el terreno y la falta de datos de primera mano. Los yánesha quedaron reducidos a la condición de informantes y beneficiarios, listos para ser evaluados profesionalmente por un equipo de expertos. El conocimiento local sobre la fauna y la flora era útil, de hecho, pero fue reconfigurado en unas listas latinizadas.

Todo esto parecía una especie de imitación de la conservación modernista, empleando un lenguaje administrativo considerado creíble y jerárquicamente superior al lenguaje cotidiano utilizado por los comuneros yánesha. Esta imitación convertía a la planificación en un ámbito profesionalizado, en el que se suponía que los ingenieros sabían más que los demás participantes. Aunque sin criterios científicos, se empleaba un lenguaje científico que colocaba al equipo en una situación de superioridad moral con toda la legitimidad que le daban los tecnicismos. En esencia, suponía una inyección *a posteriori* de justificaciones y lenguaje de estilo científico, construyendo credibilidad, pero reproduciendo también "las ortodoxias ambientales" (Forsyth 2003, Leach y Mearns 1996). Estas ortodoxias implicaban falta de implementación y la existencia de parques en el papel, relegaban el uso local como si fuera una amenaza, e ignoraban interacciones más complejas entre los madereros y las comunidades. Aunque se referían a las metanarraciones del *logos* sobre el *mythos*, en la práctica se dio lugar a la primacía del *mythos* sobre el *logos*. Lo que aparecía como racionalización weberiana, desencanto y retirada de la magia, en la práctica equivalía a todo lo contrario. El estilo administrativo, como se ha descrito antes, funcionó en torno a las normas fijas de magia y creencias administrativas, mientras los yánesha, se podría argumentar, en relación con su entorno se manejaban en un sistema de significados más realista, abierto y libre. Indudablemente, esto puede haber sido un modo efectivo de convencer a tecnócratas lejanos, pero era francamente problemático en función de la representación de las realidades socioecológicas locales.

La zonificación

Las medidas propuestas para la zonificación ponían de manifiesto las contradicciones. Aunque el régimen especial para las reservas permitía flexibilidad en la zonificación, los consultores optaron por aplicar las categorías estándar de las áreas protegidas. Las "zonas forestales" y las "zonas de uso directo" formaban el grueso del área, complementadas por espacios más pequeños creados para la protección estricta, el turismo, la rehabilitación y el uso especial. "La única que faltaba era la zona cultural histórica porque el consultor indígena no había identificado áreas culturales de importancia dentro de la reserva", señaló el consultor experto en SIG durante una reunión de consultas públicas. Los asuntos culturales, que se habían identificado en un principio como sitios, objetos y arqueología, se dejaron al margen debido a la falta de datos de los consultores. Menos de un 2% fue clasificado como espacio de protección estricta. Las zonas forestales, definidas como áreas relativamente intactas en las que solo podían tener lugar actividades científicas y educativas, constituían algo más de la mitad del área protegida, mientras el 43% de esta fue clasificada como zona de uso directo (SERNANP 2012). Fue un ejercicio muy teórico, con líneas trazadas arbitrariamente para reflejar la "buena práctica" estándar más que las realidades locales. El cierre de la mitad de la reserva fue realmente sorprendente, tratándose de un área creada inicialmente para proteger la caza tradicional.

¿Cómo se había llegado a este cambio, pese a la adopción de un régimen especial, un proceso participativo y una clara orientación hacia los beneficios sociales? Está claro que la reconfiguración de la reserva como área protegida estándar y que el hecho de que el equipo de consultores estuviera formado por antiguos profesionales de ONG fueron elementos decisivos para esto. Indudablemente, a esta confusión contribuyeron ciertas lagunas importantes en el entendimiento de las prácticas locales dentro de la reserva. Para empezar, la socióloga del equipo había preparado las ideas de zonificación solo para las áreas exteriores a la reserva. No podía decir nada sobre las zonas que estaban dentro de la reserva porque no había reunido información sobre el uso real del área y, en consecuencia, sabía poco de su significado social, económico y cultural. Esto se agravó por el hecho de que el biólogo contratado para el plan maestro tampoco había puesto un pie en la reserva. Las listas de especies y las descripciones se habían elaborado tan solo con información de segunda mano. El biólogo había pedido, incluso, según me dijeron, que las áreas clave para la caza llamadas "colpas" fueran clasificadas como de protección estricta. Otros miembros del equipo habían asegurado que esto era inviable, en parte porque las "colpas", sitios de alta densidad de población animal, estaban próximas a muchas comunidades. Básicamente, las decisiones administrativas surgieron de las percepciones del equipo consultor acerca de la conservación, con muy poca base empírica.

Las reuniones de consulta públicas sobre la zonificación no cambiaron este hecho. Los mapas de zonificación propuestos parecían terriblemente abstractos y alejados de las consideraciones de los usuarios inmediatos. El contraste entre mapas, zonas y reglamentos, por un lado, y las vidas, los usos y las prácticas espaciales, por otro, era increíble. Hacia el final del proceso de planificación pregunté al líder del equipo sobre las reacciones locales y me informaron de que la población en general aceptaba la zonificación, con la excepción de un propietario privado (no indígena) que se había establecido anteriormente. La planificación no era un proceso neutral sobre lo que estaba en juego y lo que se necesitaba, sino que se convirtió fundamentalmente en un reordenamiento de la población yánesha y de la reserva de acuerdo con las categorías estándar de protección. El plan maestro resultante alineaba en gran medida las realidades locales con el mantenimiento del lenguaje y del poder central, en vez de reflejar las realidades socioecológicas del lugar.

Similares contradicciones aparecieron a la hora de establecer las prioridades de conservación. El equipo de consultores trató de identificar ocho "objetos de conservación", tomando prestado el lenguaje de un método para fijar prioridades desarrollado por The Nature Conservancy. El biólogo, sin haber pisado la reserva, había identificado siete objetos de conservación que eran osos, jaguares y colpas de aves. Parecía una selección de especies y atributos al azar, pero, desde otro punto de vista, reflejaba en parte las percepciones de especies de alto perfil y las prioridades estándar de conservación. Donde la propuesta inicial hacía hincapié en las prácticas de caza y en las especies que había que sostener para los yánesha, estas prioridades fueron reemplazadas por una consideración de la diversidad ajena al uso humano, haciendo las listas de las especies por su valor intrínseco. La caza ya no era una justificación en sí misma, sino que se había convertido en una amenaza potencial para el área. Aunque se mantuvo la noción de beneficios locales, quedó diluida al enmarcarse en el lenguaje estándar de las áreas protegidas. El último objeto de conservación que se identificó fue el de "los conocimientos y las prácticas tradicionales de los yánesha", como me explicó el coordinador "para cubrir también la importancia humana del área protegida". No solo los objetos de conservación redujeron los complejos procesos ecológicos a unas cuantas especies y hábitats clave, sino que el proceso cosificó igualmente la cultura y el conocimiento de los yánesha y los objetos tradicionales dignos de conservación. Si bien el borrador del plan maestro hablaba de la participación, lo que finalmente había determinado el plan de conservación fueron unas nociones muy generales de conservación de la biodiversidad.

Un año después, mientras tomábamos un refresco, le pregunté a Armando qué pensaba sobre los planes de zonificación. "No entiendo nada, ni siquiera las estrategias", contestó ocupado entonces en otras actividades. El plan maestro, que fue aprobado oficialmente dos años más tarde, se había convertido en un trampolín para otra acción. Sin embargo, lo que había ocurrido había consolidado una serie de usos y prácticas locales como aceptables y otros como inaceptables e ilegales.

La administración dual y las dos caras de la conservación comunitaria

Cuando compartí mis observaciones con AMARCY, sus miembros estaban también preocupados por otros retos inmediatos. "Nos están cortando la electricidad y el día 22 nos echan de la oficina", se quejó Armando. El plan se estaba ultimando y la mayoría de los consultores tenían ya otras tareas asignadas. Poco después, me encontré con el coordinador del grupo en camino al distrito para recuperar el equipo informático que AMARCY había usado durante el proceso de planificación. Su tiempo de participación había terminado. Era considerado normal, incluso trivial, que los representantes de los yánesha fueran los responsables del proyecto y que, sin embargo, no tuvieran presupuesto, trabajaran en malas condiciones y, además, regalaran su tiempo. Al fin y al cabo, la totalidad del proyecto era en su "interés". Poco después, el alquiler de su oficina fue pagado por Petrolífera, la compañía petrolera que trabajaba en la zona.

En 2008 se produjeron cambios importantes, como la creación del Ministerio del Ambiente y una agencia de áreas protegidas mejor financiada (SERNANP). Esto suponía un cambio hacia una gestión con mayor poder gubernamental y, solo de manera indirecta, apoyaba a la organización comunitaria. En la práctica, se contrató a un jefe de áreas protegidas junto con unos guardaparques oficiales, dejando a AMARCY como una institución residual para facilitar de algún modo los contactos con las comunidades y elaborar proyectos determinados. Cuando me encontré con Armando en el pueblo principal del distrito, en 2010, estaba malherido como consecuencia de un accidente de moto. Tenía mucha fiebre y una infección grave en la pierna. Había empeñado su reloj para pagar un primer tratamiento, pero la infección había empeorado porque no se podía permitir una segunda cura con antibióticos. Aunque su postura estaba siendo muy criticada, era el único representante de áreas protegidas democráticamente elegido de toda la zona, y no tenía salario ni un seguro de salud, pese al reciente aumento del financiamiento para la conservación en el área.

Era un sistema de dos niveles, los que tienen y los que no tienen. Muchos miembros de la junta de AMARCY que habían sido contratados como guardaparques formales estaban ahora instalados en un edificio de la agencia gubernamental de reciente construcción.[3] Estaban ocupados limpiando el jardín y pintando las paredes ante la inminente visita del jefe de la agencia y de los donantes alemanes que venían de Lima. Después de la falta de personal que se registró en 2007, el Estado había contratado a un jefe, tres especialistas y nueve guardaparques. El nuevo jefe en ese momento —el antiguo especialista en SIG para el plan de gestión— argumentaba que se había frenado con éxito la tala ilegal en la reserva. Incluso el plan maestro tan esperado parecía estar listo para su aprobación solo tres años después de gestarse. El Estado había contratado también a dos personas como miembros del personal para "apoyar" a AMARCY. Armando y AMARCY, todavía sin un presupuesto fijo, eran contratados ocasionalmente por la jefatura para tareas específicas. En eso radicaba la esencia de ser un ejecutor de contratos. Cuando llegué, estaban esperando los nuevos "términos de referencia". Armando y los vigilantes dependían del reconocimiento del Estado, pero seguían sin tener protección estatal en una conservación participativa de dos caras que les imponía muchas obligaciones y pocos beneficios. Como comentó Esteban, un veterano líder indígena, en una reunión pública, en 2010, en Iscozacín, la capital del distrito:

> ¿Dónde está nuestro poder? Se están llevando nuestro poder [...] mis jefes no dicen nada. Lo que yo digo es que tenemos que poner a nuestra organización en el centro. Debería ser una sola fuerza. ¿Dónde está la fuerza yánesha? Esa era nuestra idea. Ahora no veo nada. No oigo nada. Es como lo que pasó con el parque Yanachaga. Ahora no hay allí ni un yánesha [...] Hay tantas jefaturas [...] y la reserva sigue siendo invadida.

---

3. Durante mis visitas en 2013, se le habían concedido a AMARCY, por fin, unas oficinas en los edificios oficiales.

En la práctica, se estaba consolidando un sistema de administración de dos niveles por el cual la agencia estatal retenía las competencias esenciales de protección, los guardaparques y los presupuestos oficiales, mientras que AMARCY, institución encargada de la cogestión, dirigía una estructura paralela dependiente de la financiación del proyecto. Las disposiciones legales que habían dejado el control de los recursos financieros en manos de la organización comunitaria habían sido convenientemente "ignoradas". Aunque el contrato original facultaba a AMARCY para aprobar los planes elaborados con el gobierno, el proceso de autorización había dado marcha atrás. Incluso los planes de vigilancia comunitarios habían pasado a ser un elemento del proyecto que necesitaba la aprobación del Estado. Un nuevo comité de gestión para la reserva, que involucraba a todos los demás actores locales, también parecía haber llegado a ser más poderoso e influyente que AMARCY, pese al mandato que esta tenía para la cogestión. La doble cara de representar a las comunidades y cogestionar la reserva sin disponer de los medios adecuados para cumplir ese mandato seguía intacta. Con los años, los verdaderos retos de la gestión, es decir, los asentamientos ilegales y las operaciones de tala, siguieron desafiando a la nueva gestión puesta en marcha. "El Estado ha llegado, ha tomado un par de fotos y no ha hecho nada", clamaba un joven yánesha contra la falta de intervención en el tema de los colonos ilegales dentro de la reserva comunal. No era del todo cierto. Los procesos legales se venían gestionando durante años y los individuos eran conocidos y registrados. Pero la capacidad de maniobra de los funcionarios estatales para desafiar al poder social sobre el terreno seguía siendo muy limitada.

Observaciones finales

Aunque la reserva estaba destinada originalmente a beneficiar a las comunidades, la práctica mostraba una moneda de dos caras, con una reserva que lleva su nombre, pero que se ha gubernamentalizado cada vez más, lo mismo que otras muchas áreas protegidas. Resultaba tristemente irónico que los líderes se quejaran al principio de la "ausencia del Estado" en sus primeros contactos con las autoridades de las áreas protegidas. El análisis sugiere cómo la trinidad administrativa de reconocimiento, planificación y contratos, en la práctica, restaba poder a las instituciones e influencia a las comunidades. Podríamos llamar a esto "gobernanza de dos caras", ya que reducía a las comunidades a un estado de inclusión y exclusión simultáneamente. Se tomaron medidas supuestamente en su beneficio, pero los procesos de contratación, planificación e institucionalización marginaban su acción. Esto demuestra cómo las instituciones que pretenden empoderar pueden terminar haciendo exactamente lo contrario. Como ocurre con otras instituciones de posfrontera, la sombra del poder estatal y la reproducción del control de las élites nunca están muy lejos. El caso ofrece lecciones de la mayor relevancia para el estudio y práctica de instituciones de posfrontera.

En primer lugar, las denuncias actuales de marginación de las comunidades y las demandas por reconocimiento son importantes a escala internacional, pero no están exentas de problemas. Los antropólogos llevan mucho tiempo señalando los riesgos de la mala representación de la interfaz de la conservación indígena (Conklin y Graham 1995) y los problemas relacionados con el uso genérico de los conceptos de comunidad (Brosius et ál. 1998: 159). Al poner en el mismo paquete los conceptos de "comunidades", "territorio" y "áreas de conservación comunitaria", se corre el riesgo de reproducir los esencialismos y confundir circunstancias, aspectos sociopolíticos y relaciones ambientales muy diversas. Los conceptos primordialistas y esencialistas de la cultura pueden "negar la capacidad de acción de las comunidades y condicionar la ampliación de derechos a la adhesión a normas instituidas en el exterior" (Brosius y Hitchner 2010: 146). Subrayar los aspectos positivos de las áreas de conservación comunitaria puede haber resultado útil para cuestionar contranarrativas de incompetencia local, pero es analíticamente erróneo en su esfuerzo de "demostrar" la eficacia y los beneficios del protagonismo creciente de la "comunidad".

En segundo lugar, tenemos que huir del debate estéril en torno a si la conservación comunitaria es más o menos "buena" o eficaz y avanzar hacia la calificación y contextualización de las prácticas de reconocimiento y apoyo. Más que un análisis destinado a "documentar" homogéneamente la conservación comunitaria, es necesario un análisis menos sesgado normativamente para la interacción entre las realidades heterogéneas de las comunidades y las dinámicas de poder que emergen a través del reconocimiento oficial y el apoyo administrativo. Los yánesha no sufrieron el desplazamiento físico de sus bosques y tierras productivas, tan común en la historia de las áreas protegidas, pero padecieron, en su lugar, una mezcla sutil de anulación de la tenencia, del acceso y de determinados derechos de caza por medios administrativos. El contrato convenientemente trataba de sujetos potencialmente rebeldes, reduciendo la acción a las vías y procedimientos prescritos. Incluso introducía a las comunidades en un complejo sistema de obligaciones y responsabilidades sin devolverles poder real ni recursos. El poder, el conocimiento y los recursos estaban encarnados en el equipo consultor itinerante y en el cambio de administración, mientras que las responsabilidades, las repercusiones sociales y la culpa se quedaban en las comunidades.

En tercer lugar, es necesario analizar las modalidades y prácticas de ayuda relevantes. Redford y sus colaboradores han señalado cómo "echar en los hombros de los relativamente poco influyentes habitantes del bosque la carga de detener las poderosas fuerzas económicas, políticas y sociales que conducen a la deforestación es, en el mejor caso, injusto y en el peor, peligroso" (Redford y Sanderson 2001: 1363). Si bien la crítica de los regímenes dominados por el Estado está justificada, es igualmente poco probable encontrar respuestas sólidas en declaraciones generales que reclaman más gobernanza comunitaria. A este respecto, es problemático añadir la conservación comunitaria como un tipo de gobernanza especial, distinta de la estatal, privada o de cogestión, en vez de reconocer la necesidad de ambos tipos de integración, vertical y horizontal. Esta crítica no debe emplearse como argumento contra la conservación comunitaria, sino que debe servir como recordatorio de la complejidad que conlleva empoderar realmente a las "comunidades" para comprometerlas de manera eficaz en iniciativas de conservación.

El discurso y la práctica de fomentar las áreas de conservación comunitaria no son ya un asunto marginal, sino que han adquirido, tras un largo trabajo de *lobby*, un papel central en los círculos de la conservación y en varios proyectos en todo el planeta. Aunque, a veces, el debate se ha reducido a batallas sobre la efectividad de la nueva conservación comunitaria o sobre lo que, según los biólogos de la conservación, son medidas que no sirven, nosotros, en calidad de científicos sociales, tenemos que prestar más atención a aquello para lo que estas medidas, en tanto que disposiciones emergentes de posfrontera, sí sirven. Las áreas de conservación comunitaria y, en general, las áreas protegidas no son fines "cerrados" sino más bien prácticas transformadoras que hay que tomar muy en serio en términos emergentes.

— 7 —

El manejo forestal comunitario y la deforestación de posfrontera

Introducción

La forestería tropical es conocida por no proporcionar ingresos fiscales, no estar gestionada por reglamentos, no impedir la deforestación y no producir beneficios locales. "Los bosques son uno de los recursos peor administrados en los países en desarrollo", era la conclusión del Banco Mundial (World Bank 2008: 1). La ausencia del Estado, la débil gobernanza, la ilegalidad, la corrupción, la informalidad y otras cualidades "negativas" se han aducido como explicaciones de la pérdida de bosques tropicales durante cuatro décadas, desde que la Unión International para la Conservación de la Naturaleza (UICN) y el World Wildlife Fund (WWF) declararon en 1974 que era el "problema de la década". En respuesta, se han multiplicado los enfoques de varios tipos para la gestión de los bosques, constituyendo un importante campo para la inversión en los puntos sensibles de la deforestación.

"Bosques para la gente", el tema del Congreso Mundial de Forestería celebrado en 1978, marcó la emergencia a escala global del paradigma de la forestería social. Desafiar la deforestación no consistía solamente en frenar la conversión de los bosques o su pérdida, sino en atender las necesidades de la gente que vive en esos lugares y en sus alrededores. En concreto, se idearon operaciones de forestería comunitarias como alternativas viables desde el punto de vista social, ambiental y económico al desmonte de tierras y a la extracción de madera por foráneos. El paradigma poseía cualidades clave de posfrontera, ya que se trataba de pasar de la extracción depredadora a la gestión sostenible con beneficios locales. En muchas partes del mundo, estos modelos han pasado de estar en fase experimental a ser la corriente principal de la gestión forestal. Por un lado, según la Iniciativa para los Recursos y Derechos, un 12,6% de la cubierta forestal mundial es hoy, o bien propiedad de los pueblos indígenas y de las comunidades locales, o bien gestionada por ellos o reservada para ellos. Por otro lado, las operaciones de manejo forestal comunitario y otros enfoques basados en criterios sociales han pasado de ser casos piloto aislados a convertirse en un ámbito político predominante. En octubre de 2014, el Consejo de Administración Forestal (CAF) certificó la existencia de 184 millones de hectáreas de bosque a escala mundial (FSC 2014).

No obstante, el cambio que se produce desde las grandes concesiones y empresas forestales comerciales a la tenencia comunal y a las operaciones dirigidas localmente es desigual, está lleno de dificultades y abarca prácticas muy diversas. Mientras que para el manejo forestal comunitario en lugares como la Amazonía boliviana el problema es la extracción de madera en grandes territorios indígenas, en el sur de Asia concierne principalmente a áreas forestales más pequeñas y a productos no maderables. Pese a las diferencias regionales, un problema primordial es cómo y en qué condiciones el poder y la autoridad forestal se relacionan con las comunidades locales (Agrawal y Ostrom 2001, Colfer y Capistrano 2005). Consecuentemente, la literatura del manejo forestal comunitario conlleva intensos debates acerca de las formas adecuadas de delegar la autoridad, definir las instituciones de gestión y asegurar beneficios (Charnley y Poe 2007, Glasmeier y Farrigan 2005). Por último, el manejo forestal comunitario se puede ver también como un ensamblaje distinto que surge en el "espacio de luchas entre los pobladores y las burocracias forestales en los límites de los bosques" (Li 2007: 267).

En este capítulo se plantean cuestiones sobre la forestería de la posfrontera en el Palcazú, lugar que lleva recibiendo durante tres décadas un financiamiento considerable para el manejo forestal comunitario. "Pida a un ingeniero forestal tropical que le dé un ejemplo de proyecto exitoso de manejo forestal sostenible, y probablemente oirá algo sobre la tala en el valle del Palcazú en los Andes orientales del Perú" (Jukofsky 1991). Los yánesha del Palcazú han sido los protagonistas de uno de los primeros y muy aclamados intentos continentales de manejar los bosques tropicales con objetivos sociales. Desde entonces, han participado en una serie de iniciativas relacionadas con esto. Si bien, desde cierto punto de vista, los experimentos comunitarios ponen de manifiesto el fracaso y el reto de construir relaciones equitativas, este capítulo indaga por debajo de la aparente (dis)funcionalidad de las instituciones comunitarias. El caso demuestra las limitaciones de los modelos de gestión y la necesidad de prestar atención analítica al rol estructurante de la práctica social. Si el capítulo anterior revelaba cómo las burocracias del Estado mantienen un control efectivo en los escenarios de protección socialmente empoderados, en este capítulo se señala la capacidad de los comerciantes de madera para resistir y hacer uso de los mecanismos de manejo forestal comunitario con el fin de satisfacer sus fines de extracción a través de lo que yo llamo "gobernanza inversa".

Cerrar la frontera forestal en la Amazonía peruana

Perú tiene la octava cubierta forestal más grande del mundo, que se extiende sobre unos 69 millones de hectáreas de bosque natural, de los cuales el 91% está en la Amazonía (Suárez de Freitas 2009). Durante décadas, los bosques amazónicos han sido objeto de operaciones comerciales de madera. "La madera empleada aquí viene de nuestro bosque", comentaba un amigo yánesha en una visita a la casa de madera que habíamos alquilado mi familia y yo en Oxapampa. La extracción forestal había desempeñado un papel fundamental en la historia de la provincia y de la colonización del territorio yánesha. Sin embargo, las partes altas deforestadas de la provincia son más conocidas hoy por la agricultura que por su historia de conservación, y toda la región produce menos de un 3% de la producción nacional de madera (CIF 2008). Actualmente, es difícil imaginar que Oxapampa haya sido hace medio siglo el segundo mayor productor de madera del país. La superposición de concesiones forestales maderables con tierras indígenas, algo común en las décadas de 1960 y 1970, ha desaparecido, salvo algunas excepciones. La mayoría de las restantes tierras forestales estaban situadas o bien en comunidades tituladas a través de antiguos derechos de usuarios, o bien en áreas protegidas. Las principales operaciones madereras se han trasladado a otros lugares hace tiempo, dejando tras sí una extracción a pequeña escala en los distritos bajos de Palcazú y Pichis.

No obstante, tres décadas instituyendo oficinas forestales, planes de gestión y capacitación de las comunidades indígenas para la gestión forestal no parecen haber cerrado la frontera maderera. La dinámica de extracción en los distritos bajos parece contradecir las conclusiones de que las áreas protegidas y los títulos de tierras indígenas proporcionan una protección efectiva contra la degradación del bosque (Oliveira et ál. 2007). Se estima que los valles de Pichis y Palcazú han perdido un 30% de su cobertura forestal en los últimos 30 años (UNODC y MINAM 2011). Durante mi trabajo de campo se estaba sacando madera de las tierras comunitarias, de los bosques privados e incluso de las áreas protegidas del valle de Palcazú a precios increíblemente bajos. Los comuneros entrevistados argüían que sus reservas forestales se habían reducido sustancialmente, o se habían convertido en campos agrícolas. ¿Cómo entender esta paradoja de degradación que coexiste con fronteras cerradas e inversiones masivas en gestión? ¿Qué nos dice sobre la naturaleza de las instituciones de posfrontera? Con el fin de arrojar luz sobre la dinámica en juego, el capítulo se centra en el destino y función de los mecanismos de forestería comunitaria en la zona.

El auge y caída de la primera cooperativa forestal indígena

Los informes de finales de la década de 1980 destacaban que la Cooperativa Forestal Yánesha de Palcazú era la primera cooperativa forestal indígena (Gow et ál. 1988), un estudio de caso de etnodesarrollo (Davis 1988) y un "enfoque innovador de la gestión forestal" (Landis 1990). Como señaló Moore en aquel momento:

> Una vez que se demuestre que la Cooperativa Forestal Yánesha es un éxito (si lo es) proporcionará un modelo para la gestión forestal ecológicamente sana y sostenible que podría crear una revolución en la gestión forestal tropical en el mundo y finalmente preservar muchos millones de hectáreas de bosque tropical primario. (Moore 1989: 51)

Este caso parecía carecer de las operaciones depredadoras de la extracción y reunir todos los ingredientes de la posfrontera: ciencia, promesa de desarrollo social y sostenibilidad ecológica. Durante algunos años, la cooperativa yánesha apareció como un estudio de caso en las iniciativas internacionales de capacitación, alimentando las primeras fases del enfoque de certificación forestal. ¿Cómo surgió la primera cooperativa forestal indígena y qué podemos aprender de su suerte?

Como vimos con la creación de las áreas protegidas, el manejo forestal sostenible surgió primero como un elemento del proyecto reelaborado de USAID PEPP, que se consideró la única opción viable de desarrollo para el valle. Se contrató al Centro Científico Tropical (CCT) con sede en Costa Rica para que aportara los conocimientos más avanzados y desarrollara un modelo de manejo basado en la idea de cosechas sostenibles. Las comunidades yánesha se convirtieron en el blanco favorito de estas actividades forestales por una sencilla razón:

> Cuando los asesores entraron en escena con una propuesta para desarrollar una producción sostenible de madera, en las tierras pertenecientes a los colonos quedaba muy poco de la cubierta de bosque natural original. En cambio, en las tierras tituladas de las doce comunidades de la mitad sur del valle, prácticamente todo el bosque estaba intacto. La única oportunidad para la puesta en marcha del sistema forestal con rendimiento sostenido eran [...] obviamente, los nativos Amuesha. (Tosi 1988: 22)

Solo quedaban las tierras forestales indígenas. El apoyo al proyecto conduciría finalmente a la formación de la Cooperativa Forestal Yánesha Limitada (COFYAL). Cuatro comunidades yánesha[1] cedieron una parte de

1. Shiringamazú (700 de 1289 hectáreas), Loma Linda/Laguna (500 de 1783 hectáreas), Alto Iscozacín (100 de 669 hectáreas) y Santa Rosa de Chuchurras (300 de 1125 hectáreas) (Benavides y Pariona 2002).

sus tierras forestales a lo que sería la primera cooperativa forestal del Perú, que empezó a funcionar en 1987 con 12 técnicos y asesores. Como señaló su primer presidente elegido:

> Al inicio nadie sabía lo que es una cooperativa. Entonces a través del proyecto se formó a cinco promotores para sensibilizar al pueblo, a los comuneros, de cómo funciona una cooperativa. Ahí me eligieron a mí y a varios con los ingenieros, ahí nos capacitaron tres meses [...] se formó la junta directiva en una asamblea [...] presidente, vicepresidente [...] entonces, cuando se formó el comité se contrataba a un contador, el proyecto tenía todo, pues, quien nos lleva al registro público, Huancayo, Oxapampa, San Ramón. Todo. Se logró todo [...] al mismo tiempo, como el proyecto tenía maquinaria, presupuesto, todo, vinieron a hacer instalaciones, incluso había ingenieros en área de extracción, área industrial. (Entrevista personal)

Entre 1984 y 1988, el centro de Costa Rica proporcionaba 205 personas al mes para un asesoramiento en temas de investigación forestal, conversión de la madera, administración de la cooperativa y supervisión del aserradero y del almacén de madera. La principal técnica introducida para reflejar las condiciones ecológicas fue la del "sistema de franjas de protección", que implicaba la tala de franjas estrechas de bosque, a lo que seguían 40 años de regeneración natural. La finalidad del modelo era optimizar el uso de la totalidad de los productos cosechados. Los árboles de pequeño diámetro se emplearían para los cercos, los más grandes para postes eléctricos y solo los árboles enormes para sacar madera. La cooperativa fue bien equipada: contaba con un aserradero portátil y con un sistema para "protección con tapa a presión" de última generación que empleaba aire, agua y productos químicos para proteger la madera procesada.

El mecanismo financiero aseguraba un 25% de beneficio para las comunidades, mientras que la cooperativa retenía el 75%. En la cima de su actividad, 49 yánesha trabajaban en la cooperativa, que recibió aproximadamente 1,5 millones de dólares en concepto de ayuda entre 1984 y 1988. La población local compraba madera para construir casas y los postes de electricidad se vendían en la región. Los envíos a los Estados Unidos y al Reino Unido de seis contenedores de madera tropical "sostenible" fueron los primeros en vincular a los productores forestales indígenas con los consumidores occidentales a escala mundial. El informe técnico final de Costa Rica señalaba cómo, a finales de 1987, "el personal nativo de la administración forestal" estaba "haciendo el trabajo que normalmente requiere ingenieros graduados [...] fueron capaces de hacer este trabajo sin más ayuda ni supervisión en los bosques" (Tosi 1988: 21).

Sin embargo, poco después de que se iniciaran las operaciones, las cosas empezaron a ir mal. En septiembre de 1988, los asesores internacionales se marcharon bruscamente debido a los movimientos de la guerrilla izquierdista. Aunque algunas actividades del proyecto continuaron los años siguientes, la mayoría se fue abandonando poco a poco. Se vendieron los bueyes, se alquiló el equipamiento y, finalmente, la cooperativa se disolvió. ¿Qué le había pasado al experimento pionero de bosque de posfrontera? En palabras de un expresidente de la cooperativa: "[la cooperativa] se había quedado en el aire sin presupuesto [...] para usar las maquinas necesitamos capital [...] así que los miembros dejaron de trabajar" (entrevista personal 2008).

El desmoronamiento de la cooperativa ha sido objeto de debate en una serie de publicaciones que sugieren como causas: un exceso tecnológico, la organización dirigida desde fuera, las necesidades de capacitación subestimadas, y las realidades desafiantes del mercado (Benavides y Pariona 2002, Elgegren 1993, Gram 2000, Gram et ál. 1994, Morrow y Hull 1996, Southgate y Elgegren 1995). Para muchos, la falta de una economía saneada fue el campanazo final. Como señalaba un excooperativista:

> La subversión hizo que los profesionales se retiraran [...] fue último, entonces, este cuando se fueron los profesionales [...] se ha elegido contador, no hubo pues presupuesto grande para seguir trabajando [...] Pronaturaleza nos apoyó también. Se terminó en nada pues. No hubo un mercado fijo [...] sacaron mayormente postes [...] el problema era que no podían vender [...] hubo dos ventas de madera a Inglaterra. ¿Qué pasa? Pronaturaleza nos apoyaba con todos los trámites, transporte, almacén [...] muy caro todo [...] entonces [...] ¡la empresa ha debido a Pronaturaleza! Entonces toda la ganancia que tenía del país, de Inglaterra, ellos se cobraron, habían invertido su capital, aquí casi no llegó nada, poco no más. (Entrevista personal 2008)

El esquema cooperativo, basado en los flujos de recursos, las personas y las ayudas, era muy difícil de mantener en una economía política cambiante, de inseguridad y anulación de los fondos para el proyecto. Los modelos de sostenibilidad trataban de respetar las necesidades de los ecosistemas, pero fracasaban en responder a la realidad socioeconómica concreta. En ello tuvo que ver únicamente la actividad guerrillera. Al principio, los comuneros expresaron su preocupación por tener que ceder los escasos recursos de tierra a la cooperativa, prefiriendo tener más tierra para las futuras generaciones. Mientras la cooperativa actuaba con ideas de propiedad, decisión y control locales, la lógica local predominante implicaba una economía del regalo y unos niveles de desconfianza en el control de la cooperativa (Smith y Wray 1995). Lo que constituía el núcleo de la visión y la acción económica era la unidad familiar y las obligaciones sociales más amplias, más que la noción escurridiza de cooperación. Tampoco la cooperativa cambió a otras formas de comercio de la madera; los comerciantes particulares siguieron comprándola. Los niveles de precios eran los mismos, pero trabajar con los madereros requería menos mano de obra y la posibilidad de pagos al contado. No obstante, la extracción ilegal pasó a ser insignificante durante un cierto periodo de la década de 1990. Pero, en lugar de estar limitada por la gestión posfrontera de los bosques maduros en beneficio de la sostenibilidad, fue el resultado de la creciente actividad de la guerrilla y de la floreciente economía de la coca.

Reavivar el manejo forestal comunitario

A mediados de la década de 1990, remitieron en la región los desórdenes de la guerrilla y de la coca. Aumentó la importancia de las ONG y volvió la economía de proyectos forestales. Las asociaciones de manejo forestal comunitario florecieron de nuevo en el panorama institucional, si bien eran más modestas en cuanto a fondos y escala. Hubo intentos de comercializar la madera y otros productos del bosque, como la uña de gato (*Uncaria tomentosa* y *Uncaria guianensis*) y la sangre de grado (*Croton lechleri*). También aparecieron proyectos de reforestación y de artesanía. Las comunidades volvieron a encargarse de elaborar inventarios forestales y planes de gestión. Las operaciones legales de manejo forestal comunitario exigían unos planes anuales de cosecha cuidadosamente diseñados, especificando los árboles y las cantidades que se iban a cosechar.

Los bosques comunitarios, en conjunto, incluían tanto tierras forestales de propiedad individual como parcelas (tenidas en propiedad dentro de la titulación general a la comunidad) y reservas forestales comunitarias de propiedad colectiva. En el primer caso, lo natural en la economía familiar era vender la madera cuando se limpiaban los campos. En principio, la decisión de talar requería la aprobación del jefe de la comunidad, que generalmente cargaba al comunero una modesta tasa (que podía ser una tarifa fija o un porcentaje). En el caso de las tierras forestales de propiedad común, a veces dejadas al margen como reservas forestales (no confundir con la categoría de reserva comunal como área protegida), la elección de recolectar madera requería también del consentimiento del jefe, pero previa consulta con la asamblea general, de acuerdo con el plan de gestión. Estas decisiones precisaban de un acuerdo sobre dónde y qué recolectar, pero también sobre cómo debía gastarse el ingreso obtenido de la venta. En ese sentido, la comunidad era, no solamente un lugar de identidad y tenencia, sino una oficina pública, gestionada más o menos adecuadamente dependiendo de la asamblea general y del jefe.

Sin embargo, pese a las más de dos décadas de experimentación, las operaciones legales de manejo forestal comunitario durante mi trabajo de campo siguieron siendo la excepción. Para 2010, solo 26 comunidades de la selva central tenían "permisos activos" frente a los 55 de Pucallpa o los 44 de Loreto (Defensoría del Pueblo 2010: 154). Incluso las pocas comunidades yánesha con permisos activos en Palcazú tuvieron problemas. Muchas fueron multadas y las dificultades eran numerosas: extracción dentro de áreas protegidas vecinas, cantidades que sobrepasaban los límites planificados, áreas de extracción planeadas que no se respetaban, y cosas por el estilo, por citar algunas.

En 2008, las instalaciones de la cooperativa, situadas en la comunidad de Shiringamazu y en otro tiempo florecientes, hacía tiempo que habían sido abandonadas y eran solo una sombra de lo que habían sido. Los niños las usaban para jugar al fútbol, golpeando a veces el equipo oxidado antes de que fuera finalmente derribado. Sin embargo, los sonidos de motosierra eran comunes en Shiringamazu aquel año. La comunidad había obtenido al principio un permiso de tala, aunque la tala era de diferente naturaleza pues el permiso había sido cancelado. Como me explicó un funcionario: "Ellos no cumplieron el plan de gestión de 10 años". El jefe señaló cómo el maderero contratado para emprender la extracción ya había sacado madera del área determinada para el décimo año ("PoA 10"). "También descubrimos que el 90% del bosque asignado para el sexto año era solo pastizal y ahora tenemos que rehacer el inventario", suspiró. El plan de gestión había sido financiado por el maderero y los líderes comunitarios tenían que afrontar el quebradero de cabeza que significaba trabajar con papeles erróneos.

"Nadie [en el valle] está cumpliendo los planes de gestión [...] ninguna comunidad tiene un plan válido", se quejaba la autoridad forestal del distrito de Iscozacín. Se estaban cancelando los permisos, o se archivaban o se reelaboraban. Esto no parecía impedir un aluvión de extracción de las especies valiosas que quedaban, como el tornillo (*Cedrelinga catanaeformis*) durante mi trabajo de campo. Como me dijo un comunero, sin rodeos, "con permisos o sin ellos estamos sacando madera". Una década antes, Benavides y Pariona estimaban en unos 1500 dólares los ingresos anuales necesarios para una familia (Benavides y Pariona 2002). Estas necesidades no habían disminuido.

A los yánesha del valle se les pagaba 8 centavos (2,5 céntimos de dólar) por pie tablar de especies comunes, y 10 centavos si llevaban la madera a la carretera. La tala de árboles efectuada por ellos mismos podía aumentar el precio hasta 20 centavos por pie tablar. La madera de tornillo estaba reportando entre 1,3 y 2 soles (0,4-0,6 dólares) por pie tablar, la media de árboles estaba entre 2000 y 5000 el pie. Evidentemente, la tala ni era sostenible ni aportaba ganancias sustanciales. Los jefes o los titulares de grandes terrenos forestales indígenas se beneficiaban individualmente a corto plazo, mientras que las comunidades y los jóvenes en general perdían por la degradación de los recursos forestales. Las propiedades comunales forestales se habían reducido considerablemente y se estaban asignando a otras poblaciones en crecimiento. ¿Era una llamada de atención sobre las limitaciones de la vida real y la índole ilusoria de la silvicultura posfrontera, regida por el control comunitario? "Existen las familias, las comunidades no, solo sobre el papel", me dijo un consultor forestal. Un yánesha entrevistado era igualmente pesimista sobre el futuro:

> Van a extraer todo. No hay otras fuentes de ingreso en tiempos de educación [...] la gente tiene muchos compromisos. La gente tiene ahora más necesidades, se está vendiendo más. Peter, créeme dentro de 20 o 30 años la reserva [RCY] será invadida. (Entrevista personal 2008)

Entre 2007 y 2010, casi ninguna comunidad en el valle del Palcazú tenía permisos en regla, pero la madera seguía saliendo de la zona, bloqueada solamente en cortos periodos de tiempo. Sin embargo, los puestos de control y las agencias del gobierno informaban de pocas confiscaciones.

Los administradores forestales eran, a escala de distrito, como una ventanilla única ante una multitud de operaciones forestales ilegales, que tenía que comprobar los permisos, controlar los camiones y emprender inspecciones de campo. Entre otros asuntos, dichos funcionarios expedían las "guías de transporte forestal" que certificaban el origen de la madera transportada. "En entornos difíciles no puedo trabajar solo, únicamente con ustedes", dijo una vez un funcionario forestal en una reunión con los yánesha en 2008. "Y con los madereros", susurró alguien en la audiencia. "Voy a ofrecer una salida esta vez", continuó el funcionario. Una salida legal era registrar la madera para el autoconsumo. La experiencia de una comunidad que en 2009 decidió dar por terminada la extracción de madera en un intento de legalizar las operaciones era reveladora. Se permitió una excepción especial de tres meses para que las familias con necesidades especiales pudieran extraer madera, sobre todo por motivos relacionados con la salud. En cuestión de días, llegaron a la casa del jefe solicitudes individuales con más de 100 certificados de enfermedad. La presión social para que cediera y poder proseguir con la extracción ilegal era enorme. En otra comunidad, estas presiones procedían de pobladores muy endeudados que habían agotado su "cuenta de madera". Nadie estaba contento con las deudas o con los bajos precios, pero se necesitaba el dinero para material escolar, salud, alimentos, teléfonos móviles y cosas así. En efecto, los madereros ofrecían acceso a los mercados y servicios alternativos a cambio de precios irrisorios.

Al parecer, esta extracción y comercio escapaban a las normas formales y a los reglamentos, o bien los burlaba. Como señalaba un especialista forestal: "es mucho más fácil comercializar la madera ilegal que hacerlo siguiendo las normas" (Suárez de Freitas 2009: 23). Lo que comúnmente se llama "tala ilegal", un funcionario lo llamaba "sacar madera sin autorización, talar árboles sin permiso y transportarla sin autorización" (entrevista personal 2008). No obstante, estos supuestos tergiversan fácilmente el *modus operandi* de la gestión comunal real que se estaba llevando a cabo. En concreto, ignoran la índole legal de la ilegalidad o el carácter formal de la informalidad. Estas nociones tuvieron sus comienzos en ausencia de lo que la forestería peruana "debería" parecer, en vez de asumir la práctica real seriamente en sus propios términos. Una perspectiva etnográfica ofrece una visión diferente.

Todo son títulos, papeles y estudios: el *modus operandi* de los madereros

Si bien la percepción común era que, sencillamente, las comunidades habían cedido a la extracción ilegal, yo abogo por la necesidad de un análisis más detallado de la dinámica en juego. En concreto, propongo que los madereros de la región pasaron de luchar contra el control de las comunidades (una batalla que habían perdido en el valle) a trabajar siguiendo la lógica del control comunitario y de las medidas de sostenibilidad. El *modus operandi* estándar para la extracción de la madera en las comunidades indígenas consistía en que los madereros llegaban a acuerdos con los jefes de las comunidades, que después eran por lo general aprobados por las asambleas comunales. Estos acuerdos implicaban normalmente aportaciones económicas, construcción de carreteras o la apertura de "cuentas" de crédito colectivas o individuales a cambio del acceso a la madera. La lógica básica era la entrega de adelantos como parte de un acuerdo económico claramente desventajoso. Hubo varios casos de sustitución de jefes debido a tratos poco rentables. Pese a las claras asimetrías, estos tratos tenían un cierto fin social, pues financiaban reivindicaciones de tierras, cuentas de hospitales e incluso antenas parabólicas.

Hay que destacar que estos tratos no eran arreglos extrajudiciales que tuvieran lugar fuera del marco formal, como cabría pensar partiendo de las descripciones superficiales de la tala ilegal. Ciertamente, los madereros no ignoraban los cambios en las políticas forestales que privilegiaban las operaciones comunitarias sobre las concesiones a empresas. Como señaló un barón de la madera: "Antes bastaba una sola visita al Ministerio de Agricultura [para obtener un permiso de extracción], ahora todo son títulos, papeles y estudios". Aunque los madereros habían luchado antes contra los títulos de las comunidades, su *modus operandi* era ahora diferente, trabajando con las decisiones comunitarias en vez de hacerlo contra ellas.

El caso de la asociación forestal yánesha "Yato Cooc" puso de manifiesto que los barones de la madera habían cambiado su enfoque. La asociación, establecida en Azulis —uno de los tres sectores de la comunidad de San Pedro Pichanaz—, existía desde 1997. En 2001, una ONG la ayudó a elaborar los inventarios forestales y el plan de gestión. En 2004, hubo un consenso en procesar la madera *in situ* con el fin de asegurar mayores beneficios. Sin embargo, al buscar la aprobación de su plan, apareció otro plan de gestión hecho con la ayuda de un maderero en los otros dos sectores de la comunidad. Puesto que legalmente solo era posible tener un plan por comunidad, los funcionarios forestales pidieron a la asamblea general que escogiera uno de ellos. Así contaba la historia el presidente de Yato Cooc:

> En la asamblea general, bueno pues aprobaron el otro [...] como los comuneros no conocían de lo que es un plan de manejo sostenible. Entonces desconocían, no, pensaban que solamente es, que vamos hacer el plan de manejo sostenible, ya no vamos a vender la madera, no [...] No entendían, no. Entonces era la primera vez que nos ha llegado también, entonces no es como ahora, al menos ya los comuneros entienden qué es el plan, ¿no?, o sea, es para nosotros [...] Ya no íbamos a vender, ya no íbamos a sustraer [...] Ha sido en el sector San Francisco, ha sido la asamblea. Pero como nosotros somos pocos, con dos sectores, pues, entonces mayoría de votos y nos ganaron el plan que teníamos. (Entrevista personal 2008)

Un miembro de una ONG acusó al comerciante de madera de haber pagado a la gente para votar en su favor. En los nueve primeros años del plan adoptado, el maderero dio prioridad a las áreas más necesitadas y a Yato Cooc solo le ofrecieron los derechos de extracción al décimo año. Además, el permiso otorgado a la comunidad no era para madera procesada sino solamente para vender troncos a aserraderos de un tercero. "¿Qué beneficios van a quedar si solo vendemos los troncos?", preguntaba amargamente un miembro yánesha. ¿Cómo se puede explicar que dos subsectores de la comunidad dieran prioridad a un acuerdo con un comerciante de madera antes que a unas disposiciones comunitarias mucho más beneficiosas?

Aunque fueron titulados como una sola comunidad en 1975, la dinámica forestal difería entre los tres sectores. Uno de ellos, el que apoyaba al comerciante de madera, había intentado antes crear una asociación forestal, pero, entretanto, había acumulado grandes deudas. La elaboración del plan de gestión, que había costado unos 8000 soles, había incrementado la deuda. Estos no fueron los únicos costos asumidos por las comunidades. Los madereros cobraban por acceder por carretera a las parcelas individuales, contaban el número de horas dedicadas a la extracción y añadían los costos de alquiler de las máquinas. En el plan de gestión, la compañía aparecía como un (caro) proveedor de servicios a los titulares indígenas de derechos. El total de los costos de extracción, en 2007, ascendía a 177.860 dólares solo para esta comunidad.

Por debajo del lenguaje formal de la gestión, aparecían atisbos de la realidad social en la que se basaba el acuerdo. El plan aludía a cómo "debido a la extrema pobreza y a las deudas que habían contraído con las dos compañías, los comuneros habían decidido, en la asamblea general del sector X e Y, trabajar dos parcelas simultáneamente". La clave era que los madereros querían recuperar rápidamente sus inversiones (la deuda creada) y habían identificado qué parcelas iban a trabajar en primer lugar. Aunque enmarcado como gestión planificada, en la práctica eso encarecía la extracción y aumentaba el impacto. Como me informó un consultor que solía asesorar a las comunidades:

> El asunto es ahí, o sea, el problema es, para empezar las carreteras, ¿no? [...] el impacto de las carreteras [...] que solo beneficia al maderero [...] el suelo es bastante ¿cómo te digo? inestable, entonces super sensible. Aparte, de la presión

de la máquina se hunde ¿no? [...] esto genera un costo bastante elevado [...] o sea, tú sacas, otra vez se derrumba [...] tú vas a ver ahorita, por ejemplo, ya no hay carretera, no. [¿Y quién paga por eso?] La comunidad, pues, eso es justo lo irónico, ¿no? Pagan [...] por eso es que las comunidades impugnan. Porque entra la máquina, acaba de sacar la madera, ha salido la máquina, entonces, la carretera se malogró. Y a volver a limpiar [...] ¿quién paga? La comunidad, ya no hay madera, pues, ahí, no tenemos especies valiosas.

La situación no era mucho mejor en una comunidad vecina en el valle del Palcazú. Como comentó el jefe:

Entonces el anterior jefe ha llegado a un convenio con una empresa [...] Entonces el maderero entró y sacó la madera por donde ha querido. O sea, es como una madera especial, la madera más fina. Entonces él ingresó, buscó la madera más fina, de esa cómo se llama el tornillo y el cedro. El corriente lo dejaba así no más, no lo sacaban. Todo lo que es tornillo, cedro, sí todito se lo llevaba. Algo queda todavía, pero no se ha respetado ni los semilleros, todito lo ha tumbado.

La tala de los semilleros encarnaba el cortoplacismo de la tala depredadora de la madera que tiene lugar con el "manejo comunitario". Las operaciones legales de madera eran operaciones *de facto* cuidadosamente instrumentalizadas que dejaban a los yánesha con poco control sobre sus bosques, mientras seguían asumiendo los costos de la extracción. Los planes anuales de tala eran sistemáticamente ignorados, lo que daba lugar a la suspensión de los permisos para las comunidades. Como observó un consultor forestal:

¿Quién paga el pato? La comunidad ¿A quién suspenden [los permisos]? A la comunidad. Todo es la comunidad. El maderero simplemente hace lo que le da la gana y simplemente no pasa nada [...] O sea, le suspenden a la comunidad todo. Todo el peso de la ley le cae a la comunidad. (Comunicación personal 2008)

Los permisos para talar y transportar la madera (que se obtienen en agencias estatales) eran primordiales en las operaciones de madera dentro de las comunidades indígenas. "Los madereros tienen sus propios permisos", me explicó un comunero. En esta economía oculta, los planes de gestión o los documentos para el transporte (*Guía de transporte forestal*) tenían poco que ver con bosques manejados y reflejaban, más bien, "papeles gestionados" que encubrían la madera ilegal procedente de comunidades sin permisos y de las vecinas áreas protegidas. Los mapas de distribución, las listas de especies y las estimaciones de volumen de madera eran invenciones enumeradas, simulacros de linealidad de posfrontera que correspondían a los requisitos legales y a las necesidades inmediatas. El *modus operandi* de los comerciantes de madera no se basaba en dominar la esfera pública en términos lineales, sino en reescribirla por medios no lineales.

Esto quedó claro en las discusiones con un comerciante de madera de Villa Rica que, como cualquier hombre de negocios, se quejaba de los gastos. Había participado en la asamblea general de una comunidad para llegar a un acuerdo sobre la extracción de la madera. La reunión se había prolongado durante más de dos horas en un intento de alcanzar el consenso sobre el precio de la tala anual. El comerciante había calculado los costos de maquinaria en 140 soles por hora, lo que hacía un costo total de 30.000 soles (aproximadamente 10.000 dólares) por la carretera que se necesitaba para acceder a la zona de tala. También cobraba a la comunidad el aserrado y el transporte de la madera:

> La comunidad nativa no pone un sol para salir el permiso, yo garantizo eso, voy a pagar adelante, hago el trámite de los permisos. Ellos tienen después una pilladora de arroz [cuenta de la madera], 5000, 6000 soles. ¿Cuándo? Cuando salga el permiso aprobado, que es mi garantía.

Seguimos hablando sobre las guías, el documento que permitía la extracción legal de la madera y su transporte. "Yo gestiono la guía", explicaba el comerciante: "así la comunidad no vende la guía a otros comerciantes". Para asegurar una ganancia rápida, la práctica general era ir por las especies de gran valor en los dos primeros años, continuó. Es decir, el comerciante de madera operaba con los permisos de la comunidad y no contra ellos. Como me explicó un jefe:

> Bueno, la comunidad tiene el permiso, ¿no? Entonces están todos los documentos contables. Los tiene el maderero. Así es como es. Por eso te lo estoy

> contando, es como si fuéramos incapaces [...] La madera está siendo filtrada, los documentos están siendo filtrados. Todo está siendo filtrado. (Entrevista personal 2008)

Los documentos legales seguían siendo a nombre de las comunidades y en la práctica eran retenidos por los comerciantes de madera en calidad de garantía por la inversión hecha. Pero las prácticas comerciales no acababan ahí. Tanto en el valle del Pichis como en el del Palcazú había indicios de que los madereros se habían puesto de acuerdo en los precios y en las zonas en las que trabajaban. Los comerciantes parecían mantener algo parecido a un sistema de propiedad paralela, reconociendo sus respectivas áreas de operaciones e inversiones. El sistema informal implicaba competencia pero también "respeto" y "manejo de precios". "Hay respeto entre los madereros, hay competencia, pero el precio está manejado [...] Entre los madereros, se sabe el precio, se respeta cada uno, los otros tienen 'su' plan, su convenio, su contrato. Cada uno sus costos", me informaba un comerciante. Esta división permitía operaciones comerciales sin problemas. Cada maderero tenía "sus" planes. Existía, además, un acuerdo general acerca de los precios que se pagaban por la madera, aunque había alguna variación. Era un sistema paralelo que funcionaba a través de lo que los economistas podrían definir como comportamiento de cártel del comprador.

La gobernanza al revés

Las dinámicas de la extracción forestal no fueron el resultado de la falta de gestión o de disposiciones formales, sino que más bien implicaban un espacio reformalizado. Aunque la implementación variaba según los objetivos que se buscaban, la formalidad de los títulos, planes y contratos de las comunidades ocupaba un lugar central en el sistema de extracción. Se basaba en simulacros de "papeles en regla", arreglos contractuales y comerciantes que guardaban físicamente los permisos de la comunidad. Como explicaba un líder comunitario:

> Cuando llegué a jefe en 2007, un hombre de negocios había estado gestionando todo durante los dos últimos años. ¡Incluso nos engañaba en las cantidades de pies tablares! La comunidad estaba endeudada, debíamos 21.009

soles [8300 dólares] y el último año todas nuestras ganancias se fueron en pagar nuestra deuda. (Jefe comunal del valle del Palcazú 2009)

Ningún maderero daba crédito sin garantías formales. Este había gestionado todo, desde el papeleo hasta la selección de las zonas y el proceso de extracción. Funcionaba como una especie de alquiler, pero sin respetar los planes anuales de tala. En su lugar, se empleaban técnicas depredadoras para vaciar los bosques comunales de las especies de gran valor que quedaban, sin tener en cuenta las parcelas planificadas, todo con miras a asegurar rápidos retornos. Los mecanismos de manejo forestal comunitario se habían "invertido" para adaptarse al control económico de las élites madereras que quedaban.

Si bien la legislación sobre forestería comunitaria pretendía maximizar los beneficios locales, los contratos "facilitados" por los madereros privilegiaban los troncos sin procesar, prohibiendo a la comunidad la venta de madera procesada. Durante años, la asociación Yato Cooc había reclamado el derecho a vender la madera procesada, pero estaba limitada administrativamente por un plan de gestión que solo permitía a la comunidad comercializar troncos. Además, los comerciantes obtenían precios más bajos debido al nicho ilegal de lógica inversa, la deuda, la necesidad inmediata de dinero en efectivo y los altos "costos de transacción". El bosque de posfrontera, pese a los títulos y derechos indígenas sobre el papel, era una economía extractiva reconfigurada en la que se reproducían las prácticas depredadoras dentro de los mecanismos de control comunitario. Conllevaba la subversión de las formas lineales de empoderamiento, de sostenibilidad que se hace insostenible, de ilegalidad que se convierte en legal.

Tomemos el ejemplo de un guardaparque con un mandato legal de confiscar madera. En la práctica fue una pesadilla administrativa, logística e incluso peligrosa físicamente. En cambio, los madereros ilegales, sin ninguna base jurídica, eran tácitamente apoyados y aceptados localmente. La extracción legal de la madera requería en la práctica grandes inversiones, en algunos casos incluso ahondando la dependencia con respecto a los comerciantes de madera. La legalidad, constituida por el control de la comunidad, era costosa en función de capital social y financiero, escasos ambos en las comunidades. Como comentó un jefe: "Aquí todos somos ilegales ¡ahora tenemos que vender un poco más de madera para legalizarnos a nosotros mismos!". La gente se quejaba de que el proceso para legalizar la extracción fuera tan complicado y tan caro. Esto hacía que la ilegalidad fuera más viable socialmente. Mientras los proyectos de las ONG defendían una gestión ecológica a largo plazo y criticaban el cortoplacismo de los madereros, desde otro punto de vista estos últimos ofrecían créditos a largo plazo para satisfacer las necesidades sociales inmediatas. Era una calle de doble sentido, una para el acceso de los indígenas al crédito y a los productos básicos, y otra para el acceso de los comerciantes a las tierras y a los recursos indígenas.

El poder en el bosque

> [...] la gente me dice que deberíamos colaborar con el maderero [...] porque es la única forma. (Jefe yánesha intentando legalizar la producción)

¿Cómo se explica la relativa facilidad con la que los madereros podían mantener un *modus operandi* asimétrico y claramente no beneficioso dentro de las áreas tituladas? La presencia generalizada de las desigualdades sociales en el sector forestal no era simplemente un tema de imposición de las élites, sino de una serie de interdependencias sociales que funcionaban mucho mejor que los pretendidos beneficios sociales de los proyectos de silvicultura sostenible. La gobernanza al revés estaba socialmente arraigada y estructurada, no era algo aleatorio. No se trataba de un fenómeno específico relacionado con los recursos, sino de una práctica social no lineal con fundamentos históricos. El poder, la influencia y los abusos de los barones de la madera vienen de lejos y son episodios actuales en los ciclos forestales de frontera de la Amazonía (Bodley 1972, Hvalkof 2002: 100). Mientras que, en teoría, la titulación de tierras cambió el equilibrio en este aspecto, la experiencia yánesha pone de manifiesto las continuidades y los límites de la titulación y del empoderamiento formal. El manejo forestal no era un espacio lineal neutral de reparto de funciones y responsabilidades reguladas por ley, sino un espacio socialmente arraigado con actores desigualmente posicionados en cuanto a acceso e influencia. El encuentro de los yánesha con la economía de mercado fue indirecto y socialmente negociado.

El manejo forestal comunitario estaba arraigado en unas relaciones de frontera muy antiguas, constituidas por la interdependencia entre patrones y clientes, la deuda y el poder político. Las relaciones basadas en la deuda eran prácticas sociales que venían de antiguo. Se estima que unas 33.000 personas estaban atrapadas en el trabajo forzoso ligado al sector forestal, el cual se basaba en la creación de deudas a través de la "habilitación-enganche" (Bedoya y Bedoya 2005). Gow describe el sistema de habilitación del negocio de la madera en el Alto Ucayali, destacando cómo el acceso al crédito estaba controlado por los dueños de los aserraderos. Afirma que no había mercado *per se* (excepto para los que tenían el control), sino más bien un sistema de flujo de crédito (Gow 1991: 97). Si bien la práctica de la habilitación-enganche no era recurrente en el valle del Palcazú, otras formas de deuda ligaban la mano de obra y los recursos. Guillermo Frantzen, un extractor de caucho de finales del siglo XIX en el valle del Palcazú, se jactaba ante un francés de visita: *tout mon secret est de leur créer besoins* ("todo mi secreto... consiste en crearles necesidades"; citado en Ordinaire 1892: 139-140). Frantzen ofrecía a los yánesha y a los asháninka medicinas, productos y protección a cambio del caucho recogido.

A finales de la década de 1960, el 90% de los hombres yánesha del valle del Palcazú estaban "endeudados con un patrón u otro y gastaban la mayor parte de sus energías y de su tiempo productivo trabajando para pagar sus deudas" (Smith 1982: 31). Esto se mantuvo en una economía ganadera en la que los patrones controlaban el transporte aéreo, el matadero y los canales de mercado, combinado con un sistema de peonaje por deudas. Conocido como el sistema "al partir", implicaba que los yánesha asumían los riesgos y costos de la cría del ganado proporcionado por los grandes terratenientes a cambio de quedarse con la mitad de las crías (Smith 1982: 50-51). Hoy este sistema casi ha desaparecido. Un comunero entrevistado unos años antes había criado ganado por su cuenta hasta que su mujer enfermó de cáncer, lo que le obligó a venderlo. Entonces había vuelto al sistema anterior, criando en el territorio comunal 40 cabezas de propiedad de un terrateniente con la promesa de quedarse a cambio con la mitad de las crías. De modo parecido, las comunidades contemporáneas asumen los riesgos y los costos de gestión de la extracción de la madera. En ambos casos, las asimetrías se basaban en monopolios comerciales. Los comerciantes de ganado en la década de 1970 se valían de rutas comerciales monopolizadas, del mismo modo que los madereros controlan hoy los canales ilegales del mercado.

Observaciones finales: entender la deforestación de posfrontera

Tres décadas de inversiones posfrontera en el manejo forestal comunitario ponen de manifiesto los retos significativos de la transformación de la frontera forestal. Pierre Clastres argumentaba que las sociedades sin Estado existen porque *l'État y est impossible* ("El Estado allí es imposible", 1974: 174). "La sociedad primitiva", decía, no deja espacio para que surja la propiedad privada ni la acumulación. De modo análogo, las relaciones sociales tradicionales no permitían que la forestería comunitaria de posfrontera reemplazara las dinámicas depredadoras y el control por parte de las élites. Si bien las batallas por la tenencia se habían ganado, las guerras por hacerse con los recursos no habían terminado. Parafraseando a Sherry Ortner (2006: 2), las historias ambientales parecían estar "haciendo a la gente" en el Palcazú, y no a la inversa.

Mientras los observadores argumentan que la titulación de tierras y la movilización indígena han subvertido el "nexo patrón-peón en la Amazonía" (Hvalkof 2006: 225), el valle del Palcazú puso de manifiesto que las élites madereras hacían *peau neuve* (mudaban la piel). Los planes de gestión basados en los títulos de la comunidad pretendían mostrar la independencia del funcionamiento de la comunidad y su cuidadosa planificación, pero estaban profundamente penetrados por las élites de madereros y su control social. Esta permeabilidad de la gobernanza y la creatividad invertida en reciclar los documentos formales son comunes en todo el país (Defensoría del Pueblo 2010). Llamo a eso "gobernanza a la inversa", para referirme a la capacidad de invertir la transformación social de la posfrontera en un *statu quo* consolidado. Estas costumbres no son un invento reciente ni se limitan al Perú. Cuando la legislación forestal peruana introdujo en la década de 1970 contratos de 1000 hectáreas para pequeños comerciantes madereros, pronto se desarrolló un esquema parecido de explotación entre las grandes compañías madereras, intermediarios y pequeños madereros de escasos recursos (Bedoya y Bedoya 2005, World Bank 2007). Esta práctica se encuentra en todo el mundo dentro de otros esquemas de posfrontera, como los productores de madera industrial y celulosa de Alaska, que hacen uso de las reivindicaciones de los nativos por motivos tácticos para acceder a los recursos (Dombrowski 2002). Solo entendiendo la acción y los efectos inversos podemos captar la verdadera naturaleza emergente de las instituciones de posfrontera y la persistencia de las fronteras reelaboradas (Little 2001: 237).

Los regímenes forestales sostenibles implican transformaciones lineales, más que totales, de las relaciones subyacentes que históricamente constituyen la gobernanza de los bosques. De acuerdo con sus derechos, los yánesha eran legalmente administradores de los recursos ubicados dentro de sus tierras y bosques reconocidos, pero en la práctica habían perdido el control. La experiencia abre el debate más amplio sobre cómo el resultado social del reconocimiento de derechos no es ni social ni políticamente estable, tampoco seguro. El reconocimiento de los derechos puede transformar la topografía formal, pero no modifica necesariamente la distribución de las "capacidades socioeconómicas", para emplear las palabras de Amartya Sen (1999).

Donde Rudel distingue entre periodos de deforestación impulsados por el Estado o por las empresas (Rudel 2007), quizás podamos hablar de "deforestación de posfrontera", pues las lógicas de la gestión forestal insostenible están más interrelacionadas con las instituciones de sostenibilidad que en oposición a ellas. Mientras los campos de batalla de frontera implican agudas divisiones entre las grandes concesiones forestales y la gestión sostenible, los campos de batalla de posfrontera se sitúan por debajo y dentro de las instituciones creadas y habilitadas para asegurar resultados sostenibles. El problema ya no son solo los derechos de las comunidades mal definidos o relegados, sino los derechos invertidos y socavados. Los nuevos juegos de poder de la posfrontera implican mantener la dominación a través de las instituciones comunitarias más que rechazar los derechos forestales. Esta reversibilidad, ¿restringe el potencial emancipador de los enfoques y derechos comunitarios? Se podría decir que no, pero sí marca los límites del discurso administrativo centrado solo en el diseño de las instituciones.

La vigilancia contra las victorias "fáciles" de las previsiones basadas en derechos y retoques de las herramientas institucionales está justificada. A menudo, los derechos contrastan con medidas de participación blandas como la necesaria moneda de cambio para desplazar la marea de la exclusión indígena y asegurar un control efectivo. Sin embargo, estos contrastes ignoran la reversibilidad de los derechos duros igual que ignoran que la participación blanda se puede endurecer. Este estudio de caso cuenta una historia diferente, no de consolidación de derechos, sino de derechos que están siendo consolidados socialmente. El problema entre los yánesha no era la falta de derechos sobre los bosques o la ausencia de contratos *per se*, sino su inversión y el arraigo social de esta. Liberar a los yánesha de la deuda, del control social y de otras ataduras de jerarquía y obligación era el verdadero reto de la posfrontera.

— 8 —

La exploración petrolera y la posfrontera extractiva

Introducción: más allá del poder del crudo

Las industrias extractivas constituyen una parte fundamental y cada vez mayor de la economía política latinoamericana, afectando a entornos naturales cada vez más lejanos en todo el continente. Desde el punto de vista antropológico, ¿cómo conceptualizamos el encuentro entre la gobernanza de estas industrias y la de las comunidades indígenas que habitan en los mismos lugares en los que la búsqueda de recursos es cada vez más intensa? ¿Cómo conceptualizamos el encuentro de lo grande con lo pequeño, de lo importante geopolíticamente con lo insignificante socialmente? ¿Cómo y hasta qué punto los reglamentos y las prácticas de posfrontera transforman las dinámicas de la gobernanza en juego? En este capítulo se estudia la irrupción de la posfrontera en la industria extractiva a través de un retrato etnográfico del funcionamiento de los nuevos mecanismos de mitigación en los campos petrolíferos de la Amazonía peruana.

Mientras que abundan los análisis sobre minas, conflictos y sostenibilidad en los Andes peruanos (Bebbington et ál. 2010, Bury 2008, Campbell et ál. 2011), la evolución del petróleo en la Amazonía no ha recibido la misma atención, con algunas notables excepciones (Finer et ál. 2008,

Orta-Martínez y Finer 2010). Se ha estimado que la producción anual de petróleo procedente de la Amazonía peruana no alcanzaría siquiera a atender cuatro horas del consumo actual de petróleo en el mundo (Orta-Martínez y Finer 2010: 216); aun así, el petróleo amazónico sigue siendo el eje de los conflictos ambientales en la actualidad. "¿Cuatro horas de alegría, 30 años de desgracia?", está uno tentado de preguntar teniendo en cuenta los grandes riesgos ambientales y sociales que conlleva. El rápido aumento de concesiones petroleras en la Amazonía peruana entre 2004 y 2007, que han pasado del 14% al 70% de la cobertura, creó una base muy conflictiva pero también fértil para entender empíricamente la importancia de crear instituciones de posfrontera. Actualmente hay 82 contratos petroleros firmados en la Amazonía peruana, 20 de los cuales son para extracción y 62 para exploración, implicando a 56 compañías diferentes.

Los pueblos indígenas de la Amazonía constituyen un 10% de su población total, habitando muchas zonas en las que la exploración de gas y petróleo se ha disparado en la última década. A finales de 2012, se estimaba que se habían paralizado 22 proyectos de petróleo y gas debido a la protesta social.[1] En contraste con las interpretaciones imperantes de las geografías del petróleo como imposición del Estado y control de las compañías, en este capítulo se estudian las dinámicas de la posfrontera a través de la lente de nuevas formas de territorialidad, ciudadanía e ingeniería del desarrollo, así como de las socialidades locales. Las evaluaciones del impacto ambiental, las consultas y los procesos para llegar a acuerdos son los marcadores distintivos de esta posfrontera extractiva.

La frontera extractiva

La importancia que han cobrado últimamente la energía, los metales y los minerales ha convertido a las fronteras extractivas en una parte indiscutible de los temas contemporáneos mundiales. En 2011, el presupuesto total de unas 3500 compañías para la exploración de metales no férricos alcanzaba la cifra de 18.200 millones de dólares, con un aumento en la

1. Véase: <http://www.expreso.com.pe/noticia/2012/09/04/se-paralizan-22-proyectos-en-sector-hidrocarburos>

exploración en los llamados "países de alto riesgo" (MEG 2012). Aunque se está prestando mucha atención a las políticas de la "revolución del esquisto" en petróleo y gas, la expansión de la exploración convencional de petróleo no es menos significativa (BP 2013). Los elevados precios de los combustibles fósiles han permitido la exploración en lugares cada vez más lejanos y más complejos desde el punto de vista tecnológico. Desde cierta perspectiva, la masiva expansión de los proyectos de explotación petrolera, gasífera y minera involucra un conflicto fundamental de intereses, lo que da lugar a fricciones sociales. Como observa Watts, "El petróleo es inevitablemente un compromiso con algunas de las fuerzas más grandes y poderosas del capital transnacional (que aparecen en la puerta de poblaciones locales)" (Watts 2001).

Ya sea desde la perspectiva del descontento social, o de la crítica académica, una abundante literatura destaca la expansión de la industria extractiva como la nefasta alianza neoliberal entre gobiernos cómplices hambrientos de capital, agencias multilaterales y compañías multinacionales. Las empresas petroleras encarnan al todopoderoso sector privado, venciendo tanto a las poblaciones locales como a los propios Estados en los que operan. Las imágenes de comunidades desplazadas, contaminación ambiental y conflictos sociales abundan en las representaciones públicas de los proyectos de industrias extractivas. Sawyer y Gómez hablan de "un registro particularmente explotador de la depredación colonial y poscolonial" (2008: 25). Se considera que las compañías petroleras lideran un sistema mundial capitalista omnívoro que crea el caos social y ambiental en los espacios de frontera. Informes como el de la Fundación Gaia "Abrir la caja de Pandora" denuncian los "efectos devastadores en las economías indígenas preexistentes" (Sibaud 2012: 15). Las compañías, al abrir fronteras de recursos cada vez más lejanas, imponen los nuevos órdenes que amenazan la cultura local (Fontaine 2005) y la sostenibilidad ambiental (Orta-Martínez y Finer 2010). Desde esta perspectiva, las instituciones posfrontera se mantienen débiles o insignificantes. Lo que domina es una relación de poder del crudo y petroviolencia (Watts 2001) en un repugnante mundo de seguridad privada, reemplazando el monopolio estatal de la violencia con culturas aplastadas y una extracción de recursos que va "de la mano con la crueldad" (Sawyer y Gómez 2008: 25).

Aun así, esta visión tan frecuente de la gran industria, como una que destruye a las pequeñas comunidades y a los entornos ambientales frágiles, rara vez hace plena justicia a la complejidad del encuentro. Aunque las organizaciones de la sociedad civil están luchando para abordar las múltiples consecuencias de la cada vez mayor bonanza de recursos en juego, el análisis de la verdadera paradoja sigue siendo limitado. Para empezar, se puede decir que las instituciones de posfrontera han transformado el encuentro con las industrias extractivas, que ha pasado de ser un encuentro de imposición directa a un encuentro mediado por las nuevas tecnologías políticas y la práctica reguladora. Lo sorprendente no es ni el hambre de recursos ni tampoco los conflictos sociales, sino el hecho de que puedan ocurrir, y de hecho lo hagan continuamente, en un paisaje de posfrontera. Las fronteras extractivas están en auge y se intensificaron en el mismo periodo en el que los regímenes reguladores de posfrontera se estaban consolidando a escala mundial. Fontaine prudentemente califica esto como la función "estratégica pero no hegemónica" de los actores del sector privado (Fontaine 2010). Otros destacan que el Estado pasa a segundo plano y asume la función de testigo de las negociaciones corporativas (Rodriguez-Garavito 2010: 38). Son estas líneas borrosas entre la profundización de la extracción de recursos y la regulación, que equilibra teóricamente las fuerzas en juego, entre las desigualdades evidentes, y entre el poder y la falta de hegemonía, las que constituyen los campos de batalla de la posfrontera.

Las prácticas emergentes de la posfrontera

La exploración petrolera en el Perú, que empieza en la década de 1860, estaba íntimamente ligada a la tecnología y al capital extranjeros. En 1952, experimentó un gran impulso con la introducción de una ley del petróleo gracias a la cual se aprobaron unas 1200 concesiones que abarcaban unos 16 millones de hectáreas (Moore 1996: 29). Entre 1955 y 1960, la Cerro de Pasco Corporation llevó a cabo estudios geológicos y pruebas de perforación en zonas del valle del Palcazú (ONERN 1970, PARSEP y Wine 2000). En esto se centrará principalmente este capítulo. La participación indígena fue mínima. El padre de un informante fue solo contratado para cazar animales para los trabajadores del campo de petróleo. Otro comentaba sobre las prácticas de la compañía en el pasado:

> Ellos nunca hicieron como lo están haciendo ahora. Solo han venido, trabajaban ahí [...] Sí, buscaban obreros, yo también trabajé un tiempo, quince días trabajé ahí. Yo trabajé esa época, no me acostumbré. Hacía calor, un montón de hormigas durante la noche. Solo he podido 15 días.

Aunque la exploración se abandonó, dejó huellas constitutivas en el espacio de frontera del Palcazú, provocando reivindicaciones de tierras y la llegada de colonos a la zona (Barclay y Santos 1980). Así, en 1958, la mayor parte de la tierra ya había sido reclamada por otros, a excepción de una demanda indígena de tierra hecha por los adventistas de Loma Linda (R. C. Smith 1982: 27). Aunque la compañía, las reivindicaciones de tierras y las esperanzas que ello conllevaba desaparecieron al final, las pistas de aterrizaje relacionadas con el petróleo, el ganado y algunos trabajadores se quedaron. Iscozacín, hasta entonces un pequeño conjunto de casas, fue así, en parte, resultado de la exploración petrolera. En otros lugares del país, los impactos del petróleo fueron más profundos y dramáticos.

La emergencia de la posfrontera del petróleo no fue un hecho aislado, sino que supuso la llegada progresiva de nuevas prácticas y protestas. La exploración petrolera reapareció en los valles en la década de 1990 a través de una concesión operada por la empresa francesa ELF (Moore 1996). En este periodo también se consolidaron las redes de la sociedad civil, las reivindicaciones de los derechos indígenas y la acción colectiva en torno a lotes petroleros, sin olvidar la selva central (La Torre 1998). FECONAYA, la federación yánesha, pidió la protección ambiental y de la integridad territorial en sus territorios, así como en las áreas protegidas vecinas. Las medidas de salvaguarda estaban aún siendo desarrolladas. El proyecto Camisea, el mayor proyecto de gas del país, fue relanzado como una iniciativa avanzada en el fomento de los procedimientos de consulta (Smith 2005). Los contratos ya no trataban solo sobre la propiedad del crudo, los impuestos y las garantías del Estado, sino que cada vez tenían más en cuenta los compromisos sociales y ambientales.

En la selva central, una de las principales demandas públicas era el acceso a todo el estudio de evaluación del impacto ambiental y al plan de manejo ambiental. Como cabía esperar en aquel momento, esto solo se logró después de una serie de protestas y reuniones de alto nivel. Las organizaciones indígenas también reclamaban ayuda económica para desarrollar un sistema de monitoreo independiente. Sobre el terreno, la compañía petrolera elaboró un panfleto titulado "Nuestros derechos cuando llega una compañía petrolera", a la vez que obtenía "los permisos de la comunidad" para emprender exploraciones sísmicas, con un sistema de compensación individual y comunitaria. Aunque la concesión finalmente abortó a causa de la actividad guerrillera, el caso puso de manifiesto el desarrollo de nuevos mecanismos de posfrontera en torno a los derechos y a la sostenibilidad ambiental. Una década más tarde, la mayoría de las compañías ya no ocultarían las medidas de salvaguarda, sino que las incluirían en las declaraciones e iniciativas públicas sobre políticas.

El regreso de la exploración

Petrolífera obtuvo un contrato de exploración y extracción para el bloque 107 en el año 2005, entre otros 30 contratos firmados por Perupetro entre 2005 y 2007. La compañía petrolera canadiense formaba parte de una avalancha de inversión extranjera indirecta (IED) en el Perú, que se triplicó entre 1998 y 2007, aprovechando la desregulación gubernamental y las políticas favorables a las empresas. "Carpe diem. Esa frase resume con precisión la historia de éxito de Connacher Oil y Gas Limited".[2]

En 2007, tras la ola de concesiones masivas, el presidente García argumentaba vehementemente contra el hecho de que el Perú dejara millones de hectáreas de selva sin explorar, cuando el petróleo se cotizaba a 90 dólares por barril (García 2007). Era urgente explorar y generar valor para toda la nación, dejando un espacio para la exploración en el Palcazú. Los ciudadanos "de a pie" y las comunidades indígenas tenían poco que decir sobre las concesiones que se estaban otorgando, las decisiones que

2. Véase: <http://agoracom.com/ir/Connacher/forums/discussion/topics/401667-budget-of-360-m/messages/1329385>, acceso el 11 de septiembre de 2010.

se estaban tomando y las consecuencias ambientales. Lo que quedaba era la implementación real.

Como señaló la compañía petrolera en su reunión anual de 2006, "Gracias a la excelente ayuda de Perupetro y DGAAE [la Dirección General de Asuntos Ambientales y Energéticos], Petrolífera fue muy bien recibida por las comunidades indígenas en el lote 107" (Petrolífera 2006: 39). La legitimidad, desde este punto de vista, era solo una cuestión de despliegue de medidas legalmente establecidas. Esto incluía mecanismos de salvaguarda, desde las evaluaciones de impactos sociales y ambientales hasta las audiencias públicas exigidas legalmente. Estas últimas eran de naturaleza informativa sobre los progresos realizados en cuestiones como las evaluaciones de impacto y los planes de mitigación. En esencia, se desarrolló un contrato que permitía siete años de exploración y 30 a 40 años de extracción. "Trabajamos para cumplir las normas", me explicó el empleado encargado de las relaciones con la comunidad. Pero desde otro punto de vista, había mucho más en juego.

Reciprocidad negativa, mimetismo e ingeniería de las relaciones

En 2007, el cercado de la sede temporal que la compañía tenía en Palcazú y los frecuentes vuelos de helicópteros eran una señal de su poder económico, material y simbólico. La conexión a internet, el suministro de electricidad independiente y la disponibilidad especial de alimentos daban fe de las lógicas y asimetrías de ese enclave, lejos de la realidad local del Palcazú, entonces caracterizada por cortes de luz, transportes rudimentarios y una pobreza relativa galopante.

En las economías morales configuradas históricamente, los actos de explorar, extraer y vender contrastaban con las formas locales de alimentación, producción y reproducción social. Para muchos, las industrias extractivas representaban la privación simbólica a través de la remoción de recursos de un entorno determinado con escaso, o nulo, procesamiento ni mano de obra locales (Bebbington 2008). En este marco general, las medidas de salvaguarda sancionadas por el Estado apenas entraban en cuestiones de legitimidad en el lote 107. El grupo de trabajo del flamante

Ministerio del Ambiente describía educadamente los campos como carentes de "una gestión ambiental y políticas sociales claras y definidas" (Grupo de Trabajo Multisectorial 2008: 27). No fue casualidad que, antes de que empezaran las actividades, fueran desplegados los empleados encargados de las relaciones con las comunidades indígenas, entre ellos varios exlíderes. Como me explicó uno de ellos:

> Los primeros que van son los de la unidad de asuntos sociales porque tienen que informar a la población de qué trata el estudio, lo que buscamos para el futuro. Así, nosotros, los de asuntos sociales, somos los primeros en allanar el camino [y] convencer a la población porque mucha gente no quiere que pase por su sitio. [Ya veo...] es decir, a veces hay problemas como "no lo quiero" o piden un precio muy alto, ¿no? [Sí] Así que la compañía [...] al final, bueno, nosotros somos de la compañía y tenemos que responder y tratar de convencerlos, ¿no? (Entrevista personal con un encargado de las relaciones con la comunidad yánesha)

Una federación indígena, UNAY, había denegado a la compañía el acceso a sus comunidades miembros. Otra preocupación muy debatida en relación con la legitimidad era la exploración sísmica en las áreas más septentrionales de la concesión, que se superponían a una reserva propuesta para los pueblos indígenas cacataibo en aislamiento voluntario (CIEL y IBC 2007).[3] La presencia de pueblos indígenas en aislamiento voluntario, la exploración en áreas protegidas y la ola masiva de concesiones sin consulta ni consentimiento en toda la Amazonía intensificaban el déficit de legitimidad, provocando movilizaciones masivas por parte de las poblaciones indígenas y de toda la sociedad civil a partir de 2007.

Aunque la federación indígena del Palcazú había facilitado las consultas y el acceso a los líderes comunitarios, los yánesha, a título individual, plantearon muchas dudas sobre los efectos de la exploración, pues se les había hecho grandes promesas en más de una oportunidad. Desde una

3. El caso dio lugar a largos debates entre ONG, federaciones indígenas y expertos consultores sobre la presencia o no de comunidades indígenas en aislamiento voluntario. Una coalición de ONG había pedido medidas precautorias a la Comisión Interamericana de Derechos Humanos.

perspectiva de intercambio, esto ponía a la compañía petrolera en el riesgo de ser asociada con una reciprocidad negativa, es decir, con "conseguir algo a cambio de nada" (Sahlins 1974: 195). En lugar de imponer una paz operativa o una cómoda gobernabilidad en el tema del petróleo, la compañía se dedicó a establecer una relación constante para evitar la alteridad radical. Así como Adam Smith destacaba que el egoísmo individual era el vínculo social más efectivo para mantener unida a una sociedad, los empleados de la compañía sabían que la generosidad y el ofrecimiento de regalos eran alternativas mucho más eficaces.

Las operaciones petroleras locales conllevaban la necesidad de adaptarse a las formas y a los valores del lugar, e incluso a la cultura del poder local. Lo que se consideraba buena conducta corporativa era, no solo observar las medidas de salvaguarda exigidas, sino también comprometerse con las prescripciones culturales de compartir y mantener un comportamiento generoso y correcto. La "gestión de las relaciones" trataba de imitar las formas locales de intercambio y buena conducta. En el mundo natural, los insectos imitan a las especies dañinas para evitar a los depredadores; los empleados de la compañía hicieron exactamente lo contrario y adoptaron tonos "amistosos" para evitar las acusaciones de depredación. Varios líderes indígenas hablaban de sus "amigos" o de su "amistad" con el relacionista de la compañía. Este, desde los mismos inicios, se dedicó a ofrecer ayuda y regalos. Pequeños créditos, el pago de pasajes y el ofrecimiento de transporte gratuito formaban parte de los esfuerzos por "ayudar," así como también una serie de acuerdos de "ayuda mutua" con las organizaciones indígenas.

Romper las reglas, ayudar sin un retorno inmediato, eran imitaciones de la reciprocidad generalizada dentro de una lógica instrumental subyacente de mantener las operaciones en curso. El personal de la empresa también entraba en las imitaciones de las relaciones patrón-cliente y de compadrazgo para acontecimientos sociales, como conferencias indígenas, una forma bien establecida de vincularse con las élites locales. Ellos querían —en realidad, necesitaban— mostrar que estaban dando algo a cambio. Era exactamente lo contrario del sicario que está a punto de liquidar a alguien: "no es nada personal, es solo negocio" (Hart 2005). Las compañías petroleras se estaban embarcando en un negocio que amenazaba fundamentalmente las formas de vida indígenas; pero trataban de demostrar que "Esto no es solo negocio, es algo personal", que eran "amigos". Igual que Marx en el Manifiesto Comunista ponía de relieve cómo la burguesía había "arrancado de la familia su velo sentimental, y reducido la relación familiar a una mera relación de dinero" (Marx y Engels 1969 [1848]: sección 1), los actores petroleros intentaron hacer lo contrario cambiando una relación de dinero asimétrica por una visión familiar, amistosa y de desarrollo compartido.

Lo que había sido la base problemática de las demandas sociales en la década de 1990, había sido incorporado a su función diez años más tarde. La compañía puso en marcha programas de información, empleo local, monitoreo comunitario y compensación, un programa social distinto y un plan específico de "contingencia antropológica" para tratar con los pueblos indígenas en aislamiento voluntario en la zona más septentrional de la concesión. Los estudios de los impactos ya no se escondían, sino que se hacían públicos, consolidando un campo distinto de práctica de posfrontera. Unificar todos estos esfuerzos constituyó un "plan de relaciones comunitarias" cuya finalidad era crear "relaciones cordiales", acompañándolas a la vez con medidas estándar de salvaguarda, como monitoreo y mitigación ambiental.

Monitoreo de las líneas y territorialización del petróleo

A finales de 2007, los jefes de las comunidades y la federación indígena seleccionaron a un grupo de jóvenes yánesha con el fin de capacitarlos para monitorear, con la ayuda de una empresa consultora contratada por la petrolera, la fase de exploración sísmica. Las rectas líneas sísmicas que aparecen en los mapas atravesando valles, comunidades y áreas protegidas, reflejaban una geografía de recursos distinta y llena de potencialidades. PROMOSAC (el Programa de Monitoreo Socio Ambiental Comunal), la entidad de monitoreo comunitario, estuvo al principio encabezada por el hermano de un líder yánesha muy comunicativo. En un hecho público posterior, uno de los encargados de las relaciones con las comunidades habló cordialmente del monitoreo en los campos de gas de Camisea, ubicados más al sur, donde las comunidades estaban equipadas con computadoras, botes a motor y redes de radio. "Si se enteran de un incidente en un río, deciden acudir, no tienen que vender madera, tienen su combustible [...] así que no hay problemas ambientales [...] los 22 monitores están vigilando" (comunicación personal 2009).

Considerando que los dólares del gas habían financiado el plan de monitoreo de Camisea, proporcionando transporte, salarios, computadoras y hasta una página web, los miembros de PROMOSAC tenían la esperanza de obtener condiciones similares. Las disposiciones de monitoreo se fijaron con la empresa consultora pagada por la petrolera sobre la base de una "decisión bipartita entre la federación y la compañía", como me explicó un representante. La protección ambiental se había corporativizado. Esto se complicó todavía más por la subordinación a los procesos locales de gestión ambiental (Larsen 2011b). En la práctica, los monitores comunitarios yánesha desempeñaron un papel ambiguo entre la federación, las comunidades y la compañía. Hacían el seguimiento de las potencialidades ambientales negativas de las líneas sísmicas usando unos formatos preestablecidos. ¿Se habían dejado desechos? ¿Se estaban respetando las condiciones laborales? ¿Cuál era el tamaño de los árboles talados para situar las líneas? Los jóvenes yánesha, seleccionados por los jefes de las comunidades que habían aceptado la exploración, habían recibido formación y generalmente estaban acompañados por personal de la compañía en sus visitas de campo.

La práctica real del monitoreo no estaba exenta de problemas. Los datos de línea de base eran insuficientes. Aunque la mayoría de los informes señalaban pocas dificultades, un monitor planteó de manera informal los problemas que podían surgir con los desechos que iban quedando, los árboles talados de tamaño más ancho de lo acordado, etc. Otro comentó que ellos solo supervisaban hasta los límites de la comunidad, pero no en los terrenos privados vecinos ni en las áreas protegidas. Otros más mencionaron la dificultad de hablar con los trabajadores para tratar los inconvenientes. Había buenas razones para guardar silencio. Los trabajadores tenían contratos flexibles, y a los que planteaban problemas no se les renovaba. El tiempo real para evaluar los impactos era muy limitado y la crítica era prácticamente inexistente. El monitoreo se redujo a seguir líneas minimalistas de mitigación, pero también a permanecer dentro de las líneas oficiales de información. Fue revelador que, en un caso, los problemas de impacto se señalaron en la parte de atrás de la hoja de monitoreo; los problemas experimentados no "se ajustaban al formulario".

Estos hechos suscitaron protestas. Algunos yánesha contratados para hacer el seguimiento pidieron programas de monitoreo independientes. Solicitaron contratos más largos y más recursos, así como una mejor capacitación. El monitoreo de la biodiversidad también fue profundamente deficiente y se limitaba en esencia a contar los árboles talados. Yo pregunté concretamente a uno de los consultores contratados que dirigía el programa PROMOSAC sobre la diferencia entre el monitoreo comunitario y el de las áreas protegidas, a lo que me contestó: "son parecidos [...] porque los recursos son los mismos, es decir, allá [en las áreas protegidas] también hay flora, también hay fauna [...] los mismos recursos hídricos". Los productos forestales no maderables, como las plantas medicinales, eran básicamente ignorados. Y lo que es más importante, durante la fase sísmica inicial, la compañía "pasó por alto" el monitoreo de los impactos de cuatro líneas sísmicas dentro del área protegida de San Matías-San Carlos. Por otra parte, la compañía no había iniciado el monitoreo en la Reserva Comunal Yánesha, donde la exploración se había llevado a cabo sin la consulta previa e informada de AMARCY ni del organismo estatal encargado. Las ambigüedades de la legislación peruana sobre áreas protegidas dejaban espacio para la exploración petrolera dentro, o justo al lado, de las áreas protegidas.

Después de las críticas, la compañía se comprometió con el control de daños, emprendiendo una evaluación de la biodiversidad en las áreas protegidas y contratando a miembros de las comunidades para empezar (tarde) a monitorear los impactos dentro de ellas. Tampoco estas actividades estuvieron exentas de problemas. Se suponía que el estudio iba a servir como línea de base y hablaba de la reserva comunal como "ya degradada", minimizando los posibles impactos negativos de la exploración petrolera. Los miembros de la organización comunitaria, a los que al principio se había ignorado, fueron contratados como responsables de la supervisión ambiental en las áreas protegidas. En su contrato se empleaba un lenguaje legalmente vinculante en el que la organización comunitaria se obligaba a "vigilar" el plan de gestión ambiental, tanto en la Reserva Comunal

Yánesha como en San Matías-San Carlos, por la modesta suma de 63.000 soles (21.000 dólares). Los miembros elegidos para representar a las comunidades en caso de problemas de conservación en las áreas protegidas no solo habían pasado a ser personal contratado, sino que eran responsables del deficiente diseño del monitoreo en cuya aplicación tenían además escaso control.

Los planes de mitigación y la práctica del seguimiento fueron procesos estructurantes que territorializaron el valle del Palcazú como un espacio petrolero legítimo. En ese sentido, fueron mecanismos representacionales con la ambigua connotación de "hacerlo bien" mientras demarcaban los límites legalmente sancionados de la responsabilidad corporativa y, todavía más significativo, legitimaban públicamente los espacios de reivindicación para los actores sociales. Eran, a la vez, mecanismos de observación (lo que se ve y lo que no), de representación (estableciendo criterios para seleccionar lo que se incluía en los mapas) y de prescripción (lo que se debía y se podía hacer). Dibujaron lo que debía ser monitoreado y lo que podía ser cuestionado, consolidando una territorialidad del petróleo que ya no se basaba simplemente en las concesiones del gobierno, sino también en la participación de la comunidad. Suponían una reformulación particular del territorio, basada en documentos y prácticas que creaban las condiciones físicas, legales, económicas y sociales para que se llevaran a cabo la exploración y la potencial extracción. En tanto que medidas de posfrontera, en vez de entorpecer, favorecían los campos de petróleo que estaban en desarrollo. Esto contrastaba con un énfasis local en la autonomía indígena de las comunidades.

Los mecanismos neoliberales de autonomía y la construcción de acuerdos

La autonomía y la autodeterminación son primordiales para la política y las reivindicaciones indígenas transnacionales (Stavenhagen 2002). Estos aparecieron también como principios políticos muy valorados entre los yánesha. Pero, de modo un tanto sorprendente, la autonomía no pareció incompatible con la presencia del petróleo. Contrariamente a las imágenes del "petróleo contra la gente", la autonomía yánesha parecía adaptarse a la práctica corporativa. ¿Cómo entender el sentido de estos "extraños compañeros de cama"? ¿Cómo explicar lo que apareció como otra implosión de derechos y autonomía? Como observa Scott: "El problema de la explotación y de los ingresos es, por tanto, no solo un problema de calorías e ingresos, sino que es una cuestión de concepciones campesinas de justicia social, derechos y obligaciones, de reciprocidad" (Scott 1976: vii).

Desde el punto de vista histórico, las cuestiones de autodeterminación se discutieron desde las primeras fases en relación con las comunidades nativas. Stefano Varese había especificado la necesidad, para el autogobierno de las sociedades nativas, de revertir la historia de asimilación nacional, acaparamiento de tierras y mano de obra barata. "Los líderes modernos" mediarían entre la tradición y el Estado-nación para resolver conflictos, tratar los asuntos internos y permitir la participación democrática local (Varese 1974 [1970]). La autonomía, un pilar central consagrado en los estatutos de la comunidad, se refería tanto a los límites del territorio como a un espacio de toma de decisiones. En una lógica de subsidiariedad con raíces culturales, las decisiones que se pudieran tomar en asambleas generales comunitarias debían tomarse localmente.

Aun así, la práctica de la autonomía no tenía nada que ver con la soberanía de Westfalia, basada en la idea de excluir a los actores externos de las estructuras de autoridad (Krasner 1999). Más bien, los territorios indígenas se inscribieron fundamentalmente en líneas de autoridad concedida o asumida por otros. La autonomía se articuló "dentro" de las prácticas existentes de una soberanía estatal, que retenía los derechos del subsuelo, más que como alternativa a esta.[4] Así, los líderes de la federación entre

---

4. El régimen internacional, consagrado en instrumentos como el Convenio 169.° de la OIT, determina los derechos indígenas, no como una alternativa, sino como múltiples formulaciones de autogobierno, autodeterminación y autonomía dentro de la soberanía del Estado. Esto implica un sistema de doble nivel de soberanía y aparato estatal no cuestionado (agencias, leyes, sistema administrativo convencional) que coexiste y se cruza con los ámbitos indígenas de autogobierno y autonomía reconocidos por el Estado (estructuras, organizaciones, cuerpo legal consuetudinario, etc.). Evidentemente, esto dio lugar a diferentes articulaciones, conflictos y espacios innovadores, todo ello supeditado al contexto histórico. El espacio autónomo de la Amazonía peruana es distinto de la autonomía de Groenlandia, etc.

2007 y 2009 insistían en una noción subsidiaria de que las comunidades eran autónomas y podían tomar sus propias decisiones con respecto al petróleo sin interferencias de la federación. Esto venía reforzado por un fuerte sentimiento de voluntad individual y autonomía personal entre los yánesha en lo tocante a los asuntos económicos. "Nadie tiene derecho a controlar las actividades económicas de nadie" (Santos-Granero 1986b: 123). El discurso de autonomía local, junto con la profunda desconfianza en el manejo del dinero por parte de la federación, propiciaron la consecución de un acuerdo directo entre la compañía y las comunidades individuales. Como explicó el presidente de FECONAYA en 2008:

> Para evitar comentarios de que el cornesha ha tomado plata y hay que botarlo, la compensación ha sido pagada directamente a cada jefe. Yo no he recibido un centavo. ¡Los jefes no me han dado un sol!

Consecuentemente, la federación jugó un papel de guardiana o intermediaria, guiando a la compañía hacia unas comunidades autónomas que tomaban sus propias decisiones. Los líderes indígenas no eran adversarios, sino mediadores sociales para un proyecto común de desarrollo (extractivo). Era el tipo de liberalismo económico —libre de interferencias del Estado y de las ONG— en el que empresarios ingeniosos se encontraron con comunidades indígenas con abundancia de recursos, para alcanzar acuerdos bilaterales. Era la economía neoliberal del conocimiento, en la que los antiguos líderes indígenas contratados por la compañía petrolera "solo" facilitaban el proceso, pero dejaban las decisiones en manos de comunidades legítimas y empresas ansiosas de inversión. Era también una forma de regulación neotribal basada en la decisión de la comunidad más que en la regulación del Estado. Sin embargo, como era de esperar, no había mucha libertad entre los actores estatales, unos empresarios hambrientos de recursos y unas comunidades con escasez de dinero en efectivo.

Prácticamente, todas las comunidades y organizaciones representativas del valle llegaron a algún tipo de acuerdo con la compañía. Hubo colaboración, cofinanciación y hasta la conferencia anual de la federación indígena se financió en parte con el dinero del petróleo. "Ya no somos independientes [...] y nos quejamos sobre todo por el dinero, cuando no llega", comentaba un líder en relación con su papel en el monitoreo de los impactos. No hubo negociaciones transparentes a largo plazo con las autoridades yánesha ni con las autoridades locales sobre el planeamiento territorial, los objetivos de sostenibilidad a largo plazo, o los derechos colectivos en general (como las medidas adecuadas para la consulta). Si bien el Convenio 169.° de la OIT introduce un nuevo contrato social en pro de los derechos de los pueblos indígenas y las obligaciones del Estado, en la práctica, la gobernanza del petróleo en el Palcazú fue más bien una historia de 169 microconvenios. Se negociaron los acuerdos uno por uno con las respectivas organizaciones, comunidades individuales y con particulares. La gran mayoría de las comunidades afectadas por la exploración había firmado estos acuerdos con la petrolera a la vez que seleccionaban jóvenes para el programa de monitoreo. En la práctica, la autonomía favoreció la táctica de divide y vencerás, al tiempo que socavaba el potencial para la negociación colectiva y la toma de decisiones. Aparentemente, fue un éxito notable de la compañía por su eficiencia para convencer a un grupo relativamente organizado de comunidades indígenas para que apoyaran las actividades de exploración. Un jefe consideraba que todo ello se debía al hecho de que los antiguos líderes de la federación sirvieran como encargados de las "relaciones comunitarias" para la compañía petrolera.

En total, se firmaron unos 25 acuerdos en el lote 107 durante la primera fase. Negociar medidas compensatorias menores, y finalmente insignificantes, por llevar a cabo la exploración sísmica en tierras indígenas consumió mucha atención y energía organizativa, así como también provocó divisiones y competencias entre los líderes indígenas. Donde uno podría esperar que equipos de abogados y economistas especializados en recursos naturales fijaran los contenidos, los acuerdos de compensación en Palcazú fueron cálculos someros hechos en un trozo de papel basados en la producción agrícola. Los beneficios compensatorios reflejaban microcálculos basados en la extensión del área que abarcaba la exploración y (parte de) los recursos afectados. Los comuneros se quejaban de las cantidades, de las cosechas perdidas, de los huertos privados y de otros problemas. Los monitores de la comunidad, a su vez, estaban ocupados comprobando las microquejas. A la gente le preocupaba que el tratamiento fuera igual para todos, comparando las cantidades repartidas entre las comunidades, más que la situación en su conjunto y las posibles consecuencias de la exploración petrolera en sus territorios.

Los acuerdos se basaban en lo que se consideraba "razonable". Estaban acostumbrados a mostrar buenas relaciones con las audiencias locales, financieras y de las ONG, tomando los acuerdos compensatorios como un permiso social para las actividades de la compañía. A la empresa le convenía establecer los acuerdos localmente, e incluso evitar a las organizaciones indígenas, a no ser que las emplearan como facilitadoras. También parecía, durante el trabajo de campo, que a los funcionarios del gobierno les convenía simplemente observar las actividades operacionales ya que eran realizadas por subcontratistas.

Lo que aquí importa no es desentrañar todos estos detalles y mecanismos, sino destacar el resultado de las prácticas restringidas de la autonomía y el uso instrumentalizado de los mecanismos de salvaguarda en una relación muy asimétrica. Del mismo modo que los madereros trabajaban directamente con los propietarios particulares en la identificación de árboles y en el establecimiento de acuerdos, las negociaciones petroleras conllevaban puestos de trabajo y acuerdos compensatorios individuales, junto con tratos con las comunidades por separado, todo en nombre de la autonomía, pero en su menoscabo. Pero había algo más para consolidar la territorialidad del petróleo que el monitoreo minimalista y el establecimiento de microacuerdos a través de la autonomía indígena.

Reemplazar al Estado: desarrollo, ciudadanía y derechos

El poder corporativo no consistía solo en dominar los mecanismos de posfrontera sino, igualmente, en ofrecer una alternativa al fracaso del Estado. Las previsiones de desarrollo fueron primordiales para estos esfuerzos, difundiendo la idea del futuro mejor que se aproximaba. Contrariamente a las dependencias de los lugares de extracción previamente establecidos (Nash 1993), estas dependencias tenían que ser instaladas o construidas en nuevos sitios petroleros. La retórica corporativa proponía un nuevo contrato social, reestructurando ideas de ciudadanía, territorio y desarrollo. En este discurso, las comunidades indígenas formaban parte de la aventura del petróleo y no eran ya víctimas de la transformación de la frontera. Eran beneficiarias posibles según los planes de relaciones comunitarias y de "riesgos compartidos". La política del desarrollo era la principal preocupación local.

Los debates de los yánesha sobre el futuro de sus hijos predominaban en la política de lo colectivo, y las contribuciones al "desarrollo" por parte de las instituciones externas le abrieron las puertas. Experimenté estas discusiones por primera vez en la asamblea general de una comunidad situada en la parte baja, cerca de Ciudad Constitución. Los comuneros estaban debatiendo cómo gastar los 5.000 soles recibidos de la compañía en concepto de compensación. Un hombre sugirió comprar gallinas, otro quería becas para los niños:

> Tenemos que pensar en la educación de nuestros hijos, escuelas, carreteras, solo así vamos a salir del caos de ahora. Mientras no tengamos profesionales, sin profesionales [...] siempre será un caos.

Su idea de caos era comprensible. Situada esta comunidad en una importante zona de cultivo de coca, la violencia y el dinero rápido eran desenfrenados. Además, el caos es la antinomia central de la identidad yánesha (Smith 1977b) y las becas parecían una salida. Donde las carreteras deterioradas e inseguras daban fe de los fracasos del desarrollo y del Estado, la práctica alternativa de emplear los medios de transporte de las compañías petroleras simbolizaba una nueva posibilidad de desarrollo. Sawyer argumenta cómo el Estado ecuatoriano abandonó su papel de protector de la prosperidad, dejando las riendas a las petroleras y a la entrega de regalos y pequeños proyectos (Sawyer 2004: 9). El desarrollo que trajo el petróleo no fue impuesto sino provocado (Rubenstein 2004).

La petrolera presentó una visión territorial "desarrollada", no solamente la imposición de la extracción de los recursos del subsuelo. Las narrativas seductoras de riqueza y empleos formaban parte de un futuro prometedor. Aunque la venta de perspectivas petroleras a inversionistas internacionales destacaba el potencial de extracción, lo que importaba a escala local eran las perspectivas de desarrollo, de empleo, de mejora de la infraestructura y de la salud infantil. Las compañías habían enviado a los representantes indígenas a los campos de gas de Camisea y Canadá, donde asistieron a talleres para "entender" lo que traerían el petróleo y el gas. Pese a no haber participado en el viaje, un yánesha comentaba cómo:

> *En Calgary, los empresarios no solo respetan sino invierten en las comunidades,* nosotros somos preparados, no queremos más muertos, vamos a cuidar, los impactos [del petróleo] serán mínimos [...] acá hay narcotráfico, hay que negociar con petroleros, no hay otras formas, estamos recién en una relación de amistad, coordinación [...] las empresas tienen programas sociales directamente con las comunidades, pero acá todavía no hay un enfoque empresarial [...] qué hacer [...] hay que hacer empresas. (Entrevista personal 2008)

El yánesha destacaba el hecho de que los indígenas canadienses tomaban habitaciones de hotel, conducían autos y dirigían empresas, y añadía que él quería hacer lo mismo. "Nosotros también queremos empresas, queremos ser grandes, tener dinero y no seguir pidiendo", añadió otro representante. Esto demostraba la creencia en el mercado y en el petróleo como instrumentos de desarrollo semejantes al transporte de mercancías. Había esperanzas en una nueva vida más allá y por encima del cobro de la compensación, esperanzas basadas en teorías de modernización local. Los ingenieros, los trabajos pagados y la educación eran los signos de vidas buenas y decentes; el petróleo era para ellos la vía para apropiarse de esos símbolos. Más que medir la compensación en términos monetarios cuantitativos, se trataba de buscar un cambio cualitativo en relación con el acceso al desarrollo basado en el mercado, a la vez que se salía del desarrollo en decadencia promovido por el Estado. Era una aspiración lógica que los subcontratistas y la compañía petrolera estaban prontos a utilizar sin tener la seguridad de que esas promesas se cumplieran alguna vez.

Estas connotaciones positivas no fueron casuales sino el resultado de la actuación constante de las compañías, el Estado y la CONAP, la confederación nacional. De las dos federaciones nacionales que representan a las organizaciones indígenas de la Amazonía, CONAP, en los últimos años, había estado fomentando activamente el diálogo con las petroleras y el Estado. En 2007 había firmado un acuerdo de cooperación con Perupetro, el organismo nacional encargado de las concesiones petroleras. Poco después, su presidente, César Sarasara, relacionaba el petróleo, las oportunidades y la autonomía al hablar con los inversores en la capital mundial de la energía, Houston, Texas:

> Nosotros, los pueblos indígenas, estamos buscando nuevas oportunidades de vida [...] Por ese motivo, y por nuestra autonomía hemos firmado un acuerdo con Perupetro. Queremos nuevas oportunidades [...] mejores condiciones de vida [...] y que las inversiones privadas se hagan de manera que el indígena encuentre un nuevo desarrollo y una nueva forma de existencia completa.[5]

Sarasara lo expresaba como una alternativa al Estado, una opción de cambio radical a través de la inversión privada. Como comentaron los líderes yánesha en Ciudad Constitución en 2007: "Estamos buscando dinero y queremos tener una relación directa con su dueño ["el dueño de la plata"]. No queremos que el Estado interfiera".

La relación tripartita entre patrones, sindicatos y organismos gubernamentales fue reemplazada por el sector privado y los emprendedores de las comunidades. Era un tipo de filosofía neoliberal de colaboración que reflejaba la elección individual y los convenios negociados entre las empresas y las comunidades. Frecuentemente se citaba la decepción de las previsiones de desarrollo impulsado por el Estado. Un líder indígena hablaba de "la infidelidad del Estado" y, luego de negociar un acuerdo, de "la buena suerte de que Petrolífera volviera otra vez". La compañía era otro "padre", otra mercancía, una entidad poderosa para reemplazar las promesas rotas y el percibido caos social que dejaba el Estado infiel.

Los actores del petróleo no tardaron en contestar. El director general de Petrolífera, Carlos Monge, reprochaba la crítica de los impactos de la exploración petrolera en las comunidades nativas por ser "un mensaje equivocado de aquellos que se oponen al desarrollo y a la modernización del país":

> Las poblaciones del interior están muy aisladas y cuentan con muy poca presencia del Estado. Por el contrario, gracias a un gobierno que promueve la inversión, la llegada de compañías como la nuestra da a estas comunidades

---

5. Véase: <http://www.servindi.org/actualidad/3499>, acceso el 16 de octubre de 2010. Sarasara hizo la presentación en un programa itinerante en Houston rodeado de potenciales inversionistas del petróleo. La declaración fue muy cuestionada por otras organizaciones indígenas.

> la posibilidad de desarrollarse y mejorar su nivel de vida. Han pasado toda su vida sobreviviendo aisladas en áreas remotas de la Amazonía sin ninguna oportunidad de mejora. Una compañía como Petrolífera trae conocimientos especializados a una zona determinada y explora tratando de encontrar una posible fuente de riqueza enterrada en las profundidades de ese territorio. Si hay una fuente de riqueza bajo tierra, solo una compañía petrolera podrá descubrirla. Ahora bien, esto requiere una gran inversión de dinero, tiempo y conocimientos, y nosotros proporcionamos esta oportunidad. Las comunidades nativas lo entienden así y es importante que participen en estos esfuerzos; también deben compartir el riesgo, su tiempo, su tranquilidad y sus territorios. Esto es un esfuerzo de grupo y debe entenderse así [...] el planeta es de todos y gracias a la alta tecnología hay formas de trabajar en la explotación de sus recursos naturales de modo responsable que asegure el bienestar de toda la comunidad. (Vailija 2009)

Criticar la ausencia del Estado, su incompetencia y las ilusiones de desarrollo era moneda política corriente en la Amazonía. El actor corporativo brindaba nuevas esperanzas en la rearticulación de relaciones basadas en territorios y riesgos compartidos. La ocupación corporativa de los ámbitos estatales era, sin embargo, algo más que un retoque superficial. Cuando los movimientos de izquierda repartieron panfletos fomentando las huelgas en la Amazonía, las compañías rápidamente ofrecieron servicios "públicos", como documentos de identidad, asistencia social y atención médica. Además, la petrolera era continuamente solicitada como fuente de financiación "pública" para organizaciones sociales, acontecimientos públicos y pequeños proyectos. De manera material y simbólica, ocupaba los terrenos centrales del Estado, el orden, los servicios y las promesas de desarrollo.

"Con el dinero de Petrolífera, hemos presionado para conseguir alimentos para los alumnos", señalaba en 2008 el presidente de la federación, respondiendo a las preocupaciones de los padres que habían enviado a sus hijos a estudiar a Pucallpa. La compañía también estaba organizando una campaña médica en diez comunidades, señaló. En la página web de la empresa aparecían unos jóvenes yánesha con documentos de identidad cuya expedición había sido facilitada por ella. La compañía cumplía allí donde hacía mucho tiempo que se habían olvidado las promesas electorales. Instaló servicios para el desarrollo mientras los organismos estatales seguían sin hacer nada. Aportó fondos para organizaciones indígenas necesitadas, que el Estado había rechazado o desestimado. Se estaba movilizando la noción misma de ciudadanía. A su vez, los comuneros más preparados trabajaron para la empresa limpiando los senderos para las exploraciones sísmicas, o participaron en el monitoreo y se volvieron beneficiarios de los acuerdos de compensación. Era el cambio de una ciudadanía basada en la diferencia a un proyecto compartido entre el Estado, la ciudadanía y la empresa. En función de derechos, suponía el paso de los derechos indígenas al derecho al trabajo.

Workfare y la creación de mano de obra

Una carta de negociación primordial para obtener el apoyo a la exploración era la promesa de un puesto de trabajo. Como señaló el presidente ejecutivo de la compañía: "La gente allá está deseando vernos llegar a trabajar. Es un ejercicio de crear empleos".[6] Podríamos llamar a esto *workfare*, pues suponía cambiar las relaciones originadas por el petróleo del trato con titulares de derechos indígenas a la distribución de trabajo entre personas desempleadas que han sido abandonadas por el Estado. Así como algunos yánesha cazaran o trabajaran para los equipos de exploración petrolera en la década de 1950, el compromiso de los comuneros como trabajadores manuales durante las exploraciones sísmicas en 2007 y 2008 fue una oportunidad de empleo bien acogida por las comunidades que habían autorizado la exploración en sus tierras. La compañía, incluso, amenazó con trasladarse a otras zonas más acogedoras si las comunidades no aceptaban sus términos y condiciones. El líder de una de las federaciones indígenas rechazó en un principio participar en el trabajo de la petrolera y contaba cómo "sus" comuneros se quejaron por haberse quedado sin trabajo. El trabajo no era simplemente una necesidad operacional, sino un dispositivo estructurante en la reformulación de la territorialidad y la ciudadanía indígena.

---

6. Véase: <http://www.canada.com/calgaryherald/news/calgarybusiness/story.html?id=741287a5-5ad1-478a-8ee2-4755b9b433ef>, acceso el 12 de enero 2010.

Aunque la mayor parte de la mano de obra calificada de la compañía petrolera o sus subcontratistas procedía de fuera, los puestos de trabajo locales se reservaban a las comunidades que habían aceptado la exploración petrolera. Los acuerdos con ellas especificaban el número de puestos de trabajo que se iban a cubrir. "El acuerdo era 20 personas, y se respetó hasta el final", decía un jefe refiriéndose al hecho de que los trabajos eran un elemento importante para la aceptación de las líneas sísmicas por parte de la comunidad. El empleo fue incluso reescrito como relación de reciprocidad. En vez de solamente proporcionar su mano de obra a cambio de un ingreso, por no hablar del acceso a "sus" recursos, la relación laboral fue reemplazada por la generosidad de la petrolera que "daba" trabajo a los comuneros necesitados como un acto de reciprocidad.

Esto se acentuaba por una política de no dar trabajo a los comuneros que habían negado a la compañía el acceso a sus tierras. Parecía que los trabajadores indígenas servían, convenientemente, al doble propósito de involucrar a los locales en las operaciones y naturalizar las geografías de la exploración petrolera. La gente participó en la limpieza de la tierra para las líneas sísmicas, y también prestó otros servicios.

La compañía hablaba de generar confianza mediante "el principio de riesgos compartidos", ingresos suplementarios y empleo temporal para los que no podían acceder a los empleos directamente. Del mismo modo, tanto los organismos estatales como la compañía trataban de involucrar a los líderes actuales y a los antiguos. Algunos fueron contratados formalmente en puestos de "relaciones con las comunidades", mientras otros se vincularon a la presencia corporativa a través de ayuda y colaboración informales. Si se compara con las historias coloniales, el trabajo local no era fundamental para la operación industrial pero servía para construir la legitimidad local. La provisión de trabajo a los desempleados no era una cuestión de encerrar a los indios en trabajos forzados sino de alimentar el "deseo" de participar activamente en las compañías petroleras y beneficiarse de su presencia. Desde luego, muchos comuneros expresaron su orgullo por tener un empleo asalariado real, acceso a los servicios médicos e incluso por llevar un uniforme naranja con cuello azul. Petrolífera solía destacar la generación de empleo como un éxito en el lote 107. La compañía informó que se había contratado a 553 trabajadores locales y se habían generado unos dos millones de soles en salarios durante la primera fase de exploración. Se trataba de considerar a los indígenas como trabajadores de una empresa, incluso "beneficiarios" de un empleo, más que como dueños de un territorio.

Conclusiones: permisos sociales y extracción de posfrontera

> Clasificar en mantener un permiso social para operar entre los seis mayores riesgos en los últimos cinco años demuestra que es un elemento importante para hacer negocios, y no tanto un ejercicio de obligación. (Ernst y Young 2012: 8)

Las dinámicas del petróleo en el Palcazú no fueron únicas en el panorama general. Ellas ilustraban más bien un paso más amplio desde enfoques "reactivos" o defensivos a la producción "proactiva" de legitimidad social en la posfrontera extractiva.

Al final de la primera fase sísmica, el encargado de relaciones comunitarias resumiría los resultados en un congreso indígena de la siguiente manera: "Hemos cumplido nuestros acuerdos de compensación". "Se han distribuido directamente a las comunidades 220.000 soles", señalaba orgullosamente durante una presentación en el congreso yánesha de 2008. La compañía, añadió, había trabajado con 500 personas y pagado 1.500.000 soles en salarios. Había proporcionado ayuda social e incluso en dos ocasiones se habían realizado evacuaciones aéreas de emergencia a San Ramón para atención médica. Por último, no ocurrieron "daños ambientales". "Hemos decidido continuar la exploración en el sur del lote", indicó con optimismo, añadiendo que "habrá importantes ingresos para la región durante años si encontramos algo". Terminó su charla comprometiendo 5000 soles para un proyecto de género. Fue aplaudido.

Petrolífera comunicó más tarde que la primera fase de exploración había sido un éxito: "100% [completado], cero accidentes, cero conflictos sociales", y lo más importante, "potencial significativo", como lo expresó la compañía. El informe hablaba de "gastos mínimos de capital" para la perforación previa y de que estaban teniendo lugar conversaciones sobre inversiones con compañías más grandes (Petrolífera 2010). El lote 107 había pasado de ser una oportunidad de riesgo a convertirse en un activo, listo para ser cultivado en una nueva serie de relaciones de capital (o capitalizadas).[7] En 2009 y 2010, la compañía petrolera emprendió nuevas rondas de talleres y de estudios de evaluación de impacto ambiental (EIA) para el lote 107. La empresa estaba pasando de la exploración sísmica a la perforación y había reducido los sitios de exploración a una serie de parcelas privadas, muchas de ellas bordeando comunidades indígenas y áreas protegidas. Se trasladaron las sedes temporales y la firma de acuerdos se limitó a las áreas directamente afectadas y a las comunidades vecinas a los sitios de perforación.

Las representaciones de éxito no fueron casuales, sino el resultado de intentos orquestados de gestionar, negociar e idear relaciones de cooperación e interacción sin riesgo. Los mecanismos de salvaguarda de posfrontera fueron instrumentos cuidadosamente manejados. En el Palcazú, se contrataron a antiguos líderes indígenas como encargados de relaciones comunitarias, se estableció un sistema comunitario de monitoreo de los impactos ambientales y sociales, con donativos ocasionales, trabajo a los desempleados y mecanismos flexibles de ayuda. El desarrollo local, la consulta y la autonomía estaban dentro de las geografías petroleras de la posfrontera, no en oposición radical. Tanto los líderes indígenas como los representantes de la compañía destacaron que cada comunidad definiría los términos de sus acuerdos y "contratos", el sacrosanto pilar de la economía de libre mercado. La autonomía residual y vacía de contenido dejaba a los indígenas "decidir" cómo usar los fondos de compensación, el acceso al empleo, o los mecanismos de monitoreo. Era asombroso ver cómo la política de la identidad y las reivindicaciones de autonomía frente a la interferencia del Estado se adaptaban convenientemente a las prácticas neoliberales con el fin de lograr acuerdos viables para las compañías petroleras. Crear visiones alternativas de desarrollo, embarcándose, incluso, en ámbitos estatales de ciudadanía y bienestar social, fueron las estrategias principales de las petroleras. La experiencia no es única.

---

7. En 2011, la zona contratada se había reducido a 252.232,329 hectáreas y Petrolífera y el lote 107 quedaron a cargo de Gran Tierra Energy, que llevaba a cabo la exploración para la perforación en la zona. Se identificaron nuevos sitios de perforación y se pusieron en marcha nuevas rondas de evaluaciones de impactos y planes de gestión.

> Para mantenerse en primera línea, las compañías tienen que ser proactivas en sus tratos con comunidades y gobiernos. La rapidez es importante porque evita que un problema potencial se convierta en político. (Ernst y Young 2012: 26)

En el siglo XXI, la responsabilidad social corporativa y las medidas de salvaguarda han pasado a ser mecanismos estándar de la posfrontera y han profesionalizado el ámbito de la intervención industrial. Está ampliamente reconocido que hacer las cosas como siempre se han hecho, basándose solamente en concesiones y permisos para operar, ya no es una opción. A este respecto, la posfrontera implica el paso de la confrontación directa con el poder a las negociaciones sobre la forma y el contenido de los instrumentos mediadores supuestamente "neutrales", como las evaluaciones de impactos y la firma de acuerdos. Igual que Marcel Mauss consideraba la política social como el retorno de la moralidad (Mauss 1990 [1954]: 87), este capítulo pone de manifiesto cómo las compañías intentan constantemente mostrarse adecuadas moralmente. En todo el mundo, las prácticas corporativas son cada vez más profesionales en lo referente a asegurarse los "permisos sociales", reemplazando los ámbitos de acción del Estado y orquestando relaciones positivas con las comunidades. En concreto, los acuerdos negociados han pasado a formar parte de los instrumentos de gestión empleados por las industrias extractivas y los gobiernos en territorios indígenas (O'Faircheallaigh 2004). Bruce Harvey, líder global de práctica en comunidades y desempeño social para Río Tinto, ha defendido en términos muy liberales que, en el siglo XXI, "los acuerdos locales, la ciudadanía corporativa y el control financiero mundial" ofrecerían "contrapesos a los potenciales déficits de gobernanza soberana". Harvey vislumbraba un mundo de "ciudadanía global y establecimiento de acuerdos locales [...] lejos de la rígida intermediación de los gobiernos" (Harvey 2004: 247).

El caso pone de manifiesto cómo el establecimiento del derecho a reconocer, garantizar o restaurar la dignidad humana puede, de hecho, consolidar las desigualdades y la discriminación. Cuando se establecieron los derechos para permitir a los pueblos indígenas afrontar, o más bien transformar, las situaciones coloniales (Gray 1997), las asimetrías en juego eran evidentes. En el Palcazú, los derechos indígenas y el discurso neoliberal parecían ir de la mano a la hora de destacar la elección libre y negociada de las comunidades autónomas. Un Estado con poderes mínimos se fue quedando al margen, haciendo cumplir solo los derechos de propiedad, especialmente los relacionados con el contrato de concesión. Desde cierta perspectiva, el petróleo en la Amazonía encarnaba una mezcla de fuerza y consentimiento, el verdadero núcleo del concepto de hegemonía de Antonio Gramsci. Del mismo modo que los trabajadores italianos de Gramsci tenían voto, los yánesha tenían derecho a consulta y autonomía incompletas, lo que justificaba, en última instancia, su aceptación y complicidad en vez de ofrecer una base para la protesta. Pero desde otro punto de vista, los campos petrolíferos siguieron provocando muchas protestas, tanto en lo social como en lo ambiental. Pese a la imitación de la amistad y los derechos, la lógica contractual a corto plazo de intercambio por resultados inmediatos nunca llegó muy lejos. Las líneas sísmicas se terminaron, las fases se acabaron, los contratistas se despidieron. El simulacro de las relaciones sociales, como el intercambio diplomático, disfrazaba las contradicciones y las diferencias fundamentales.

— 9 —

El poder indígena y la política de la posfrontera

Introducción

La posfrontera no implica solamente la transformación de políticas gubernamentales y mecanismos reguladores sino, además, un panorama cambiante de subjetividades y acciones políticas. Si las políticas de frontera se imponen a la periferia desde el centro, encabezadas por los pioneros de la frontera, las narrativas de posfrontera tratan de comunidades empoderadas, representación política y derechos. Son características del paisaje de posfrontera las nuevas formas "indígenas" que adoptan las instituciones de gobernanza (organizaciones representativas, redes y alianzas) y los esquemas inclusivos, tales como los mecanismos de consulta.

Estas dinámicas son especialmente visibles en la Amazonía con la irrupción de las organizaciones indígenas y su función colectiva en la impugnación, mediación y transformación de las relaciones saqueadoras de frontera. En principio, un indígena de hoy goza de iguales derechos de ciudadanía que el resto de la población, de derechos colectivos especiales (contemplados en la legislación), del reconocimiento territorial y de los derechos a la tierra (Smith 1994), y es probable que pertenezca a una organización indígena de una u otra forma. Si la misión colonial era "la institución española de frontera por excelencia" (Jackson 2009: 330), las organizaciones indígenas se han convertido en su antítesis en la posfrontera. La primera se encargaba de la evangelización de la frontera, mientras que las segundas representan el empoderamiento político de la posfrontera.

En las últimas cuatro décadas hubo una proliferación sin precedentes de federaciones indígenas que comparten formas organizativas, un lenguaje centrado en la identidad y proyectos políticos. Hoy, los organismos políticos indígenas formalizados forman parte de la vida política de América Latina (Warren y Jackson 2002), aunque sus formas y formulaciones varían considerablemente. Estas organizaciones han ido más allá de los ámbitos locales del desarrollismo impulsado por el Estado y se han convertido en un movimiento social que une programa, identidad y demandas permanentes (Tilly 2004). Está claro que hay un "antes y un después" de las organizaciones en pro de los derechos y el reconocimiento indígenas, pero la cuestión de cómo interpretar el sentido de este cambio sigue estando abierta al debate. Un principio central de este nuevo poder y demandas sociales gira en torno a las nociones de derechos, representación, autonomía y autodeterminación (Stavenhagen 2002).

Ya sea en forma de partidos políticos, organizaciones o redes indígenas, se ha producido un desplazamiento paradigmático, desde la consideración del indígena como objeto de desarrollo, a su consideración como sujeto político. Mientras que la perspectiva de derechos de primera generación, promovida por los indigenistas, implicaba elevar al indígena a una igualdad en materia de personería, derechos y ciudadanía, la indigeneidad contemporánea de segunda generación conlleva transformar la configuración estructural, permitiendo nuevas subjetividades políticas que giran en torno a titulares de derechos colectivos que reclaman relaciones de autonomía y autodeterminación. La visión ortodoxa "poscolonial", observa Rata (2005), ve en ello un proceso de restauración y emancipación. Estas identidades políticas han ganado presencia en el campo de la gobernanza pública (Stavenhagen 2002), en paralelo con muchos Estados "que se declaran" multiculturales constitucionalmente (Assies 2000, Sieder 2002).

Lo que estudio aquí es cómo las narrativas lineales de las organizaciones indígenas actúan como un prisma para (mal)entender las formas contemporáneas de la acción política indígena. En vez de quedarse atrapado en la idea de trasplantes indígenas cosmopolitas "medio fracasados" (Dezalay y Garth 2002), este capítulo invita a explorar las articulaciones concretas del poder y la política. La federación yánesha, una de las más antiguas de Sudamérica, sirve como campo de pruebas empíricas. En este capítulo se plantea la necesidad de recuperar la acción indígena en sus propios términos, no muy diferente al énfasis de Greene en la indigeneidad "acostumbrada" de los aguaruna (Greene 2009). Se defiende que la política yánesha se entiende mejor no a través del prisma de la indigeneidad lineal del siglo XX (en la que ellos fueron pioneros), sino a través de la cultura política centenaria basada en alianzas políticas poco sólidas en constante necesidad de reproducción moral y social.

Las linealidades indígenas reexaminadas

La organización política de los yánesha es un capítulo frecuentemente citado en la historia nacional, continental e incluso mundial de la movilización indígena (Burger 1987). Moody, en su compilación de dos volúmenes de las luchas indígenas y su historia organizativa, incluye una versión traducida de la primera declaración del Congreso Amuesha (Moody 1988), organización que, junto a la Federación Shuar de Ecuador de 1964, los cita como los primeros organismos indígenas del continente. Las organizaciones indígenas de la Amazonía peruana empezaron a surgir en la década de 1960,[1] y progresivamente fueron estructurándose en federaciones. En las siguientes décadas se multiplicaron, se organizaron en torno a la etnicidad, cuencas compartidas y cultura, más que a intereses de clase (Smith 1994). En enero de 1980, los yánesha fueron decisivos en el establecimiento de la primera organización nacional,

1. Hubo precedentes organizativos, los 120 delegados de la reunión asháninka del Perené de 1959 para debatir sobre cuestiones de tierras dentro de la Peruvian Corporation (Chirif y Hierro 2009). Pero estos acontecimientos no recibieron formulaciones lineales parecidas (vease capítulo 4).

la Asociación Interétnica de Desarrollo de la Selva Peruana, más conocida por el acrónimo AIDESEP. Pronto, Cultural Survival y Oxfam América, y después otras muchas instituciones, financiaron la expansión de la organización nacional y su programa. La multiplicación espectacular, en toda la cuenca del Amazonas y en otros sitios, de organizaciones que compartían las reivindicaciones usuales, la lengua y los enfoques, no fue casualidad.

A finales de la década de 1960 y principios de la de 1970, los problemas de los indígenas de la selva baja se convirtieron en una preocupación internacional. Muchas de las nuevas organizaciones de ayuda que aparecieron en las décadas de 1960 y 1970, como el Grupo Internacional de Trabajo para Asuntos Indígenas (IGWIA), Survival Internacional y Cultural Survival, contaban con personas con experiencia en la Amazonía. La primera publicación del IGWIA fue la reproducción de la declaración de Barbados apoyando la "lucha de liberación de los indígenas". En lo referente a la gobernanza, la publicación subrayaba el derecho de los "grupos indígenas a organizarse y regirse de acuerdo con sus propias tradiciones", así como las responsabilidades del Estado para definir "la autoridad pública nacional específica que tendría a su cargo las relaciones con los grupos indígenas" (Bartolomé et ál. 1973). Desde esta perspectiva, el impulso para crear organizaciones representativas fue un proyecto lineal distinto, encaminado a permitir que arraigara una democracia indígena básica. Las organizaciones y los acuerdos colectivos se expresaron a través de los congresos, y la elección de líderes se consideró la base para las reivindicaciones indígenas y la acción política (Chirif et ál. 1991: 31-34); del mismo modo, hubo recomendaciones sobre el uso de los recursos, la creación de alianzas y las campañas políticas.

Desde esta perspectiva, con la emergencia de las organizaciones indígenas comenzaba una nueva era política. Consecuentemente, los movimientos y las organizaciones indígenas nacionales se suelen comparar entre sí por su fuerza relativa o su presencia en los escenarios políticos nacionales. Las organizaciones indígenas con poder de movilización y de cuestionamiento de las políticas nacionales se consideran fuertes, mientras que las demás se consideran débiles y mal organizadas. Sin embargo, esta forma de ver las cosas es también una especie de corsé para desentrañar la política indígena. Las organizaciones representativas fuertes y las formas visibles de la política han llegado a significar políticas indígenas efectivas, léase de posfrontera, dejando a un lado las "organizaciones débiles" por considerarlas necesitadas de mejora. El problema con la narrativa lineal de la movilización indígena que subraya los cambios que van de la exclusión a la inclusión, del silencio al hacerse oír y a la representación organizada, es que se corre el riesgo de oscurecer las historias y la práctica contemporánea de la política indígena.

Este capítulo presta atención esencialmente a los límites de las descripciones genéricas de la movilización indígena y de la acción política (Postero y Zamosc 2006: 3). Mientras los capítulos anteriores estudiaban la ambigüedad de los mecanismos de gobernanza de posfrontera, aquí abordo la cuestión de cómo entender el sentido de las organizaciones indígenas a través del caso emblemático de la federación yánesha, la Federación de Comunidades Nativas Yánesha (FECONAYA).

Las protestas indígenas

En 2009, la política indígena del Perú llegó a los titulares mundiales. A lo largo del 2008, yo había sido testigo de los debates cada vez más frecuentes entre los líderes indígenas y las organizaciones de ayuda sobre una serie de decretos gubernamentales que podían afectar los derechos colectivos y fomentar la expansión de las industrias extractivas en la Amazonía. Muchas organizaciones indígenas iban a unir sus protestas en toda la región amazónica. El conflicto culminó en lo que llegó a ser conocido como el "Baguazo". El 5 de junio de 2009, los enfrentamientos entre las fuerzas policiales y los manifestantes causaron la muerte de miembros de ambos bandos. Los acontecimientos provocaron una profunda conmoción en la sociedad peruana, lo que produjo una secuela de informes, comisiones y acciones legales. Los derechos indígenas y la acción colectiva eran el núcleo de la cuestión. Pero, paradójicamente, la federación yánesha, decisiva en la iniciación del modelo organizativo, se había abstenido de participar en la protesta y en la acción pública.

A lo largo del año 2008, los líderes de la federación yánesha se habían distanciado de las protestas en toda la Amazonía, desaconsejando la participación en las que se organizaban en los ámbitos regionales. Solo unas pocas comunidades, algunas de las cuales abandonaron más tarde la federación, habían estado presentes en las protestas regionales "para defender la selva". En consecuencia, los representantes yánesha estuvieron prácticamente ausentes de las reuniones nacionales que convocaban a centenares de participantes de otros lugares de la Amazonía. Los líderes, que viajaban constantemente a Lima o a la capital regional, terminaron distanciándose de las crecientes protestas. Su ausencia suscitó muchas preguntas, particularmente en cuanto a dar sentido a las organizaciones indígenas y a la acción política. El Congreso Yánesha que se celebró en julio de 2009, poco después del "Baguazo", es mi punto de partida para el análisis.

Reevaluar la (in)acción política indígena

Los congresos indígenas son el núcleo de la indigeneidad política lineal y funcionan como punto de reunión de los representantes de las comunidades, en el cual estos exponen sus preocupaciones, eligen líderes y participan en la toma colectiva de decisiones (véase capítulo 3). El congreso anual de la federación yánesha era una empresa logística de envergadura y suponía un quebradero de cabeza para sus líderes por cuestiones económicas. También suponía varios días de intensos debates, sucesos culturales y una oportunidad de ponerse al día con la familia, los amigos y demás. Las comunidades se turnaban para acoger el suceso. No voy a emprender aquí un análisis político de todas las decisiones que se tomaron en los congresos a los que asistí (2008, 2009, 2013), pero sí centraré mi argumentación en una serie de pequeños acontecimientos que ocurrieron en 2009 durante las celebraciones del cuadragésimo aniversario de la federación.

Aunque las banderas ondeaban a media asta en homenaje a los líderes fundadores y a las víctimas de la violencia de Bagua, los conflictos subyacentes que se desarrollaban a escala nacional solo fueron mencionados brevemente por algunas personas y no se incluyeron como temas importantes de discusión en el congreso. Por otra parte, de la exploración petrolera, aunque cada vez afectaba a más comunidades yánesha, apenas se habló. En comparación con el congreso de 2008, en el que los delegados habían presentado peticiones de renegociar los acuerdos, el petróleo ya no parecía una prioridad. Habían terminado los primeros estudios sísmicos llevados a cabo por la empresa contratista y se estaba preparando una nueva fase de exploración. Se agradeció a la compañía de exploración su apoyo económico al congreso, y el presidente explicó cómo se habían utilizado los 20.000 soles (algo menos de 7000 dólares) procedentes del acuerdo con la petrolera. En realidad, las promesas y el gasto real parecían ser la principal preocupación de la audiencia. La persona encargada del monitoreo del petróleo estaba a la espera de que el Estado aprobara la próxima evaluación de impacto ambiental para empezar a trabajar de nuevo. También describió a la compañía como "un aliado de FECONAYA [...] ellos están aquí [...] necesitamos inversiones privadas".

¿Cómo debemos interpretar este relativo silencio sobre las principales dinámicas que afectaban a los yánesha? Una frase común entre los líderes decía algo parecido a: "Cuando llegue la hora, nos pintaremos la cara y nos pondremos de pie si es necesario". No parecía lo bastante necesario todavía. Paradójicamente, en cierto modo, la primera organización indígena, que fue en parte decisiva en desencadenar el movimiento hacia la construcción de federaciones indígenas en toda la Amazonía, parecía solo una sombra de lo que había sido, frente a la polémica política petrolera y a los importantes proyectos de reformas. Para los críticos, se trataba de falta de capacidad de movilización indígena en comparación con los vecinos asháninka, que se habían unido a las protestas nacionales y regionales. ¿Tenían razón los críticos en sus acusaciones de inacción, pasividad e, incluso, de conformidad indígenas? ¿Podía, incluso, interpretarse la postura como un efecto (neo)colonial, consecuencia de la dominación de la frontera, de la actividad misionera o de colonización para la dominación a partir del siglo XIX? Se suele describir a los yánesha como una sociedad amazónica con largo historial de relaciones (Santos-Granero 1991), viviendo en asentamientos fragmentados colonizados (véanse los capítulos 2 y 3). Las comunidades tituladas se intercalan con los asentamientos de colonos y son frecuentes los matrimonios mixtos y también el trabajo fuera de las comunidades.

La ausencia de los yánesha, o más precisamente, el silencio de FECONAYA fue, en parte, el resultado de la política de la federación nacional que insistía en el diálogo y el compromiso con el Estado. Mientras una de las federaciones indígenas nacionales, AIDESEP, había animado a sus miembros a unirse a las protestas, CONAP, la organización nacional que representaba a FECONAYA, había optado por declararse en contra de las protestas "y a favor del diálogo", como me dijo su líder en 2009. Mientras AIDESEP optó por una postura de fuerza en contra de las industrias extractivas, la línea política de CONAP abogaba por diálogos tripartitos entre la industria, el Estado y su organización. El espíritu empresarial y la inversión extranjera, el núcleo de las reformas que se debatían, se presentaban como oportunidades. Sin embargo, sostengo que había más razones, aparte de la política nacional, para entender el sentido de las formas yánesha de compromiso o de falta de compromiso. Si tenemos que ir más allá de considerar la acción indígena como encerrada dentro del "rol de objeto perpetuo de proyectos concebidos por el Otro dominante" (Veber 1998: 358), ¿cómo entendemos y abordamos las múltiples manifestaciones y prácticas de la política indígena? Dos décadas antes, un memorable levantamiento indígena de los asháninka en el vecino valle del Pichis sacudió profundamente la selva central, ofreciendo un punto de partida etnográfico para entender las distintas políticas en juego.

¿Resistencia indígena o el poder de la paz?

El "Baguazo" y el petróleo no fueron las primeras ocasiones en las que los yánesha estuvieron ausentes de la movilización indígena general en la selva central. Entre enero y mayo de 1990 tuvo lugar un levantamiento del "ejército" asháninka que movilizó entre 2000 y 2500 hombres en respuesta al secuestro y asesinato de su líder, Alejandro Calderón Chávez, por la guerrilla del Movimiento Revolucionario Túpac Amaru (MRTA). En cierto modo, el levantamiento se mantuvo como un subíndice invisible de interrogantes sobre política, poder y pueblos indígenas de la región. En todos los valles se inició una intensa campaña contra presuntos "emerretistas". Se controlaron las carreteras, se registró a la población y se buscó a los simpatizantes del MRTA (CVR 2003).

Los asháninka sospecharon del involucramiento tanto de los yánesha como de los colonos con el MRTA, sobre todo en las zonas bajas, y entraron en el valle del Palcazú con el objetivo de "limpiarlo". Ante esta situación dramática, las reacciones de los líderes yánesha fueron diferentes. Algunos informantes mencionaron el pacto histórico entre los asháninka y yánesha para ayudarse mutuamente en tiempos de crisis. Se trataba de un pacto para tomar las armas y unir fuerzas en caso de emergencia, lo cual presionaba a los líderes yánesha a unirse al levantamiento. Pero, para muchos yánesha, fue un tiempo de violencia, robos y violaciones. Había un sentimiento profundo de caos. "Desde San Pedro a Izco, hubo ataques, robos y secuestros de mujeres", me dijo un anciano. Algunos líderes yánesha eran partidarios de negociar con los asháninka para evitar el derramamiento de sangre en el valle. Uno de ellos, que se había ofrecido a formar comandos yánesha, había sugerido negociar con los líderes asháninka para mantener alguna influencia yánesha en la manera de capturar a la gente. Para otro informante, había sido un ultimátum. "Si tú no participas, eres parte del problema", le había dicho un líder asháninka, mostrándole una lista de sospechosos de pertenecer al MRTA.

En el valle del Palcazú, las instalaciones de la cooperativa forestal (véase capítulo 7) se convirtieron en el centro del ejército asháninka. El camión de la cooperativa se usaba para el transporte de los reclutas del ejército indígena de una zona a otra. "Era como revivir la época de Santos Atahualpa", comentó un observador refiriéndose al levantamiento indígena del siglo XVIII que cerró la selva central durante casi un siglo. "La gente se pintaba [...] hubo asesinatos [...] fue trágico". Otros acusaron más tarde a los líderes de haber "vendido" a los yánesha a los asháninka. Al final, una comisión de tres líderes yánesha fue a Puerto Bermúdez para hablar con el hijo del líder asháninka asesinado.

> Él había estado muy ocupado [...] había llegado en un helicóptero del gobierno, dijo uno. Por la tarde nos reunimos con él, tuvimos una conversación. "Mucha gente está sin trabajo", le dijimos, "las cosechas se están estropeando, su arroz [...] No queda querosene, ni sal [...]", eso dijimos. (Comunicación personal, 2008)

Al final, se alcanzó un "acuerdo de paz" y la comisión yánesha volvió a casa.

Cuando los yánesha hablaban del levantamiento, me sorprendió cómo su proceso reconciliador de paz era más importante para ellos que tomar el control del valle y obligar a los colonos a marcharse. En cambio, la rebelión había movilizado a los asháninka desde el Ene, el Tambo, y el Pangoa, "atraídos por un discurso revolucionario que pedía la destrucción del antiguo orden explotador y anunciaba la llegada de un nuevo orden más justo en el que los asháninka iban a hacerse 'millonarios'" (Santos-Granero 2002: 558). Donde los testimonios asháninka evocaban los valores y la práctica de la guerra, los yánesha en general destacaban lo contrario. "Los yánesha somos pasivos. Cualquiera que sea el problema, nosotros trataremos de resolverlo por medio del diálogo", comentaba un líder. Otro líder hablaba de los misioneros a principios del siglo XX: "animando a los yánesha a no resistir [...] porque la gente no estaba allí para matarlos sino para ayudarlos". En efecto, un antiguo líder yánesha de la comunidad adventista lo formulaba como "resolver problemas a través del diálogo, debemos amar al prójimo", citando el Nuevo Testamento. "Es nuestra cultura", siguió, en contraste con los asháninka que:

> [...] toman las flechas y son agresivos [...] ya sabes, en 1990 ANAP [la federación asháninka, Apatyawaka Nampitzi Asháninka Pichis] nos invadió pensando que estábamos escondiendo a los del MRTA [...] mataron a cuatro yánesha.

Pero sería erróneo suponer la "pasividad" de los yánesha y dar por sentado otros imaginarios bipolares (Santos-Granero 2000). Desde luego, la historia nos muestra pacifistas asháninka y también guerreros yánesha. Hubo historias de resistencia abierta de los yánesha desde los levantamientos del siglo XVIII, pasando por la resistencia del siglo XIX, hasta la participación de los yánesha en la actividad guerrillera del siglo XX. Pero no es una cuestión de veracidad histórica, sino de ideología cultural. Mientras los relatos activistas de Juan Santos Atahualpa del siglo XVIII tienden a resaltar la rebelión indígena, los relatos yánesha suelen destacar el hecho de traer la paz y la tranquilidad (Martínez et ál. 2003). Se trataba de negociar con éxito la paz y el orden social, un tema recurrente en la historia conflictiva y violenta de la selva central.

Considérese el caso de un líder yánesha secuestrado un año antes por la guerrilla. Como él decía:

> Los subversivos me secuestraron cuando yo era secretario de defensa [...] me llevaron a un escondite secreto [...] quizá no para matarme ni nada [...]¿qué podrían haber pensado? [...] ¿que me iba a unir a ellos en su lucha? [...] eso es lo que estaban pidiendo. Así que les dije [...] somos comunidades nativas, luchamos contra la explotación del hombre por el hombre, luchamos contra la pobreza y todas esas cosas [...] que queremos reivindicar nuestra cultura, que somos de una cultura especial, en vez de convencerme ellos a mí de su ideología, yo les convencí a ellos [...] Me secuestraron durante cinco días [...] Me fui en silencio, me dejaron en un sitio en el que podía reunirme con mi familia. (Entrevista personal, 2008)

Él "les convenció", así lo creyó, pese a las disparidades de poder en juego. Más tarde llegaría a ser presidente y la federación publicó una declaración referente a los "rebeldes":

> [...] respetando sus luchas, sus batallas y a los alzados en armas, y como también dijimos que nosotros [los yánesha] éramos una nación independiente [...] respetamos a su organización rebelde respecto de la política, la economía y la sociedad [...] y del mismo modo ellos deben respetarnos [...] un respeto mutuo. (Entrevista personal 2008)

Había sido elegido en 1993 durante la época del narcotráfico y consideraba que sus principales logros eran la negociación de la paz y mantener a los narcotraficantes alejados de las comunidades. También había sido importante una reunión secreta de Sendero Luminoso con otros dos líderes de la comunidad nativa de Ñagazú. "Nuestras demandas eran que ellos no reclutaran gente de nuestras comunidades, que no pudieran estar presentes en las reuniones ni entrar en nuestras comunidades", explicó. Pero los senderistas estaban dispuestos a entrar y las negociaciones se prolongaron hasta las tres de la mañana antes de llegar a un "acuerdo de paz" secreto. Arreglárselas con la situación requería una adaptación constante a los narcotraficantes, a la actividad guerrillera y a la militarización.

Se trataba de un acto de equilibrio entre la justicia social, la supervivencia y el compromiso creciente con la izquierda entre los yánesha. Se trataba también de forjar un espacio etnopolítico en un entorno complejo.

Las dramáticas consecuencias de las relaciones sociales impuestas, la violencia física o la ideología no hacían fácil distinguir a un amigo de un enemigo. Los líderes yánesha se enorgullecían de su carácter contrario a la confrontación. Un líder lo llamó "diplomacia yánesha" cuando el mantenimiento de las relaciones, incluso en situaciones de conflicto, era fundamental. La resistencia y política abiertas eran un negocio arriesgado durante la guerra interna. El abogado y activista Fernando Mejía Egocheaga, que había defendido a los yánesha de la Iglesia católica en 1986, fue torturado y asesinado tres años después, acusado de haber simpatizado con la guerrilla. Los líderes yánesha hablaron en repetidas ocasiones de los riesgos de las acusaciones y las manipulaciones legales, y de que la ley se estaba instrumentalizando en contra de ellos en lugar de protegerlos de los conflictos. Fue un caos social, según los yánesha. Tener derechos o no tenerlos vino a ser lo mismo, la protección de las instituciones del Estado se invirtió y el carácter de la supervivencia política y cultural se convirtió en un acto de cuidadoso equilibrio.

No sostengo que las dinámicas contemporáneas sean comparables con las del oscuro capítulo de la reciente historia peruana, pero es hora de que la acción política indígena se recupere, superando los patrones de valentía, resistencia y política abierta. Casos dramáticos de resistencia activa (como el levantamiento de los asháninka) forman parte de la acción política indígena, como también lo es la capacidad de manejarse en ambientes políticos conflictivos. El poder cotidiano consistía en arreglárselas dentro de las asimetrías, la violencia y la inseguridad. No se trataba tanto de tomar el poder como de vivir con y a través del poder. Santos-Granero ha observado sucintamente que algunas formas de amistad amazónica, como las comerciales, "emergen en contextos de gran peligrosidad (potencial)" (Santos-Granero 2007: 11), y ha descrito de manera más general la práctica cultural yánesha de apropiarse del "otro" (Santos-Granero 2009). Las maneras amistosas de vincularse servían como formas de "domesticación" del peligroso "otro", estableciendo un *modus vivendi* que asimilaba al "otro" a las dinámicas y prácticas locales.

Las herramientas yánesha para la organización pacífica y la mediación fueron primordiales para sus encuentros con colonos, guerrilleros o trabajadores petroleros y para establecer con ellos relaciones de frontera. Se trataba esencialmente de reproducción social, basada en el vínculo más que en la resistencia. El territorio yánesha había estado en estrecho contacto con el sistema mundial desde el siglo XVIII. No se trataba solo de un lugar de haciendas, caña de azúcar y producción de coca, sino de un espacio para el conflicto político nacional. La continuidad cultural era una cuestión de reproducción social dentro de estos flujos, no fuera de ellos. No se trataba simplemente de manifestar la identidad cultural y la política colectiva (su forma lineal de finales del siglo XX), sino que se basaba en dos siglos de adaptación a y a través del "otro". Hallazgos similares de amistad y "relaciones mutuamente beneficiosas" se han observado entre sus vecinos, los arawak (Killick 2009: 714), lo que puede indicar que la excepción yánesha quizá haya tenido una significación regional más amplia como forma de sociabilidad arraigada en la historia. Tenemos que prestar mucha más atención al poder de la paz dentro del arsenal de armas de los débiles (Santos-Granero 1991, Scott 1990). Si bien las narrativas lineales de supervivencia cultural y acción política tratan de la resistencia y la movilización, la realidad cotidiana yánesha y la práctica de la gobernanza eran una narrativa de coexistencia, de poder de la amistad y de vínculo interno. Su fuerza ha sido su movilización y adaptabilidad a través del tiempo. La supervivencia yánesha no era una cuestión de supervivencia a pesar de la sociedad colonial, sino "a través" de ella. Vuelvo ahora al congreso yánesha del 2009 para estudiar estos temas más detalladamente.

La unidad étnica y el *intermezzo* italiano

En comparación con el silencio sobre las principales dinámicas que afectan a los yánesha, las disputas aparentemente insignificantes entre dos operadores italianos de ecoturismo ocuparon gran cantidad de tiempo en el congreso de 2009. Las dos empresas italianas habían trabajado juntas al principio, pero ahora estaban operando iniciativas separadas de turismo comunitario, trayendo grupos de turistas a las diferentes comunidades yánesha para estancias en casas, caminatas y fogatas. Se habían redactado contratos con un grupo de comunidades yánesha para recibir huéspedes, mejorar las instalaciones para el turismo y dirigir pequeños proyectos. Los dos italianos estaban presentes en el congreso del 2009, pero apenas se comunicaban y estaban claramente en malas relaciones. Esto parecía incomodar a los líderes yánesha, que al final sacaron a colación su interacción como un tema en la agenda del congreso.

Se llamó a los italianos para que explicaran sus posturas delante de los representantes de las comunidades. Se discutió su caso, se llevó a cabo la mediación y, al final, se dieron la mano. Resultaba un poco sorprendente que los líderes indígenas permitieran que los asuntos de los italianos eclipsaran sus preocupaciones, mucho más importantes y de más largo alcance. Los líderes comunitarios habían empleado horas, si no días, en asistir al congreso. ¿Por qué se estaba empleando el tiempo en hablar de unas actividades turísticas en lugar de concentrar las energías en las políticas territoriales, las futuras operaciones de perforación y las reformas nacionales? Pronto comprendí que este noble intento de resolver los problemas entre los dos italianos no implicaba retraerse a la política de la insignificancia. Se trataba fundamentalmente de mostrar el liderazgo a través de los valores morales de actuar de manera paternal, de resolver malentendidos y de construir cohesión. Actuar responsablemente estaba enmarcado por el uso de un lenguaje paternal para las relaciones de poder, y el papel de su federación era considerado como el de "nuestro padre". La paternidad estaba ligada a los valores morales de amor y generosidad, exigiendo a los líderes actuar generosamente en un ambiente de "igualdad dentro de la jerarquía" (Santos-Granero 1986b: 111-115).

Un elemento importante de los congresos era la presentación que hacían las "instituciones" externas (gobierno, organismos externos, ONG y el sector privado) de sus programas. Bajo las apariencias formales de "compartir información", se medía el liderazgo indígena en función de su capacidad para movilizar alianzas con los foráneos, atraer su ayuda e incorporarlos a los circuitos de intercambio. Algunas de las becas y proyectos obtenidos eran "indicadores de éxito" de las capacidades reales de liderazgo. Igualmente importante era la capacidad de demostrar autoridad moral y mantener la unidad, puesto que los actores externos habían dividido a la federación más de una vez. Mientras que en la época de la guerrilla, los fiscales de los congresos habían impedido la asistencia de extraños, la práctica actual de participación fluida de los foráneos requería una tutela moral desde "dentro". La pelea de los italianos, para mí insignificante, era una amenaza potencial para la unidad de la federación. Por dolorosa experiencia, la federación yánesha había visto antes surgir divisiones en su seno debido a las personalidades, alianzas y presiones externas. El "conflicto italiano" representaba, no solo una ruptura con las relaciones amistosas y con la conducta adecuada, sino, lo que era más importante, el riesgo de dividir la federación. Durante los debates del congreso, los líderes de las diferentes comunidades habían expresado su apoyo a sus respectivos benefactores italianos. Era un momento de división potencial. El mismo contrato social de actuar en bloque como una federación estaba potencialmente amenazado desde el momento en que se hicieron acusaciones. El *intermezzo* italiano permitió que el liderazgo reafirmara la autoridad moral a través de sus capacidades para demostrar cohesión y control sobre las relaciones externas.

Manejar las divisiones

Las federaciones no eran instituciones representativas con todos los poderes, si bien algunos líderes habían aspirado, a veces, a ejercer tal control. Hay una larga tradición etnográfica de hacer hincapié en el limitado poder para la toma de decisiones que tienen las instituciones de las jefaturas en la selva baja (Clastres 1974, Lowie 1963 [1944]), y que es igualmente relevante en el contexto de las federaciones indígenas contemporáneas. En efecto, las políticas federativas entre los yánesha y en otros muchos grupos amazónicos tienen una larga tradición de división en grupos y de liderazgos objetados. Si bien las comunidades nativas están legalmente reconocidas, la función de las federaciones sigue estando en el limbo político. Los representantes comunitarios no dudarían en cuestionar las decisiones de los líderes o limitar la acción de su organización.

Las organizaciones indígenas no surgieron simplemente como un espacio consensuado de sujetividad política, sino también como espacios flexibles para una vieja política moral y la emergente acción colectiva indígena. Como puso de manifiesto el primer congreso, y también siglos de políticas (Renard-Casevitz 1993), existía la tradición de unirse en torno a determinadas reivindicaciones y proyectos, y después disolverse. Ya sea adoptando la forma de las delegaciones del siglo XVI para proteger las tierras contra la intrusión (Renard-Casevitz 1993: 34), o bien en forma de "congresos" en el siglo XVII en tiempos de guerra, existía una larga práctica de organizaciones políticas flexibles y de movilización colectiva. Las organizaciones indígenas eran, en este sentido, otro capítulo de la historia política de colaboración *ad hoc*. Aunque la creación de una organización indígena se interpreta sencillamente como un esfuerzo organizativo colectivo para ir directamente a la consecución de unos objetivos comunes culturales y étnicos, las divisiones profundas fueron frecuentes. Los boicots y las ausencias no eran signos inusuales de divisiones políticas y posible fisión. En varias ocasiones, líderes en competencia habían reclamado simultáneamente el liderazgo. De hecho, una preocupación no menor del primer día de las reuniones del congreso era contar el número real de jefes que llegaban. La lealtad política, defiende Santos-Granero, se expresaba tradicionalmente mediante la asistencia regular y con regalos (Santos-Granero 1986a). En la política contemporánea yánesha, si un jefe estaba presente, ausente o representado solo por un delegado sin derecho a voto, era un signo claro de política indígena.

Una división que supuso un hito en la historia de la federación tuvo lugar cuando el congreso fundador amuesha (véase capítulo anterior) se transformó en una federación moderna (Congreso Amuesha 1988 [1980]). Un grupo separado consideraba que el Congreso Amuesha era una "medida obsoleta" dominada por antropólogos, más que una estructura política real. En 1982, se disolvió el congreso en un "golpe de Estado" que dio lugar a la creación de FECONAYA, afiliándose ella misma a un sindicato campesino (CGTP) (Smith 1994). La nueva organización asumió un discurso marcadamente izquierdista, tratando en parte de reunir a los colonos y a los indígenas como clase explotada[2] (Chirif y Hierro 2009). A lo

2. A escala nacional, los yánesha serían también decisivos en 1987 en la creación de una nueva organización nacional, la Confederación de Nacionalidades Indígenas de la Amazonía Peruana (CONAP), como alternativa a AIDESEP, que habían cofundado una década antes. Apoyada por algunas ONG, la nueva organización acusó a AIDESEP de estar demasiado orientada al desarrollo y no lo suficiente a la política. Veinte

largo de su historia, las líneas políticas de la organización han sido culturalistas, desarrollistas y de izquierda, y últimamente orientadas al comercio. Las políticas federativas yánesha han evolucionado, no solo pasando del congreso a la federación, sino también con cambios de alianzas con los gobiernos, las ONG y el sector empresarial.

Mi interés aquí es destacar cómo las organizaciones representativas indígenas no eran entidades políticas evidentes, sino estructuras muy cuestionadas y maleables. Tanto a escala local como nacional, eran constantes las divisiones, nuevas constelaciones y fracciones políticas. La unidad etnopolítica no era algo logrado, sino que había que crear puentes entre las diversas bases yánesha, como los productores de café, las comunidades madereras y los residentes urbanos, así como manejar las diferencias políticas como tales. El poder no emanaba solamente de unos términos estatutarios formales, sino que había que demostrar relevancia y mantenerla, no solo en el ámbito político sino en un espacio moral y social particular. Los presidentes indígenas, con frecuencia, fueron abandonados por razones morales, de la misma manera que un razonamiento moral podría desencadenar la formación de nuevas organizaciones indígenas. Algunos presidentes anteriores habían sido expulsados por conducta inmoral, bien en relación con la administración del dinero, o bien por no cuidar a su mujer e hijos. Los valores de la paternidad, en cambio, eran primordiales para la buena conducta política, aunque esto implicara educar a los operadores italianos que iban por mal camino. En el corazón de las políticas yánesha estaba la capacidad de mostrar relaciones armoniosas y de reproducir el congreso, de hecho la organización, como espacio y proceso colectivo. Las políticas indígenas se basaban en asegurar que todos los presentes estuvieran unidos social y moralmente. La política de la identidad no se construía sobre un interés "étnico" compartido predeterminado, sino, primero y ante todo, requería la reproducción o la reafirmación de la conexión moral y social. La misma supervivencia, la fuerza y la naturaleza de la acción

---

años más tarde, la situación era totalmente a la inversa. Hoy en día, CONAP tiene un discurso marcadamente desarrollista y, en general, se considera a sí misma menos agresiva que AIDESEP. Ahora le toca a AIDESEP acusar a CONAP de estar demasiado orientada al desarrollo y no lo suficiente a la política.

indígena radicaban tanto en la identidad y en los ámbitos morales, como en una organización colectiva y en los principios universales de la organización de base. Reafirmar las moralidades compartidas era el punto de partida para las políticas étnicas, y no al revés.

Observaciones finales: la gobernanza en los intersticios

Las impresiones de Claude Lévi-Strauss al conocer al veterano anarquista Victor Serge, cuando ambos escaparon de la Segunda Guerra Mundial en un barco desde Marsella (Lévi-Strauss 1973 [1955]: 25), encarnan las nociones europeas de poder subversivo y resistencia. Poco consideraría Lévi-Strauss estas políticas como una cuestión de tierras amazónicas entonces pobladas por lo que él estimaba como "víctimas sensibles" pero "indefensas" (Lévi-Strauss 1973 [1955]: 41). Los pueblos indígenas del Amazonas eran considerados víctimas de la política de frontera, no actores políticos *per se*. El panorama político de la posfrontera es muy diferente. Las organizaciones indígenas son hoy el núcleo en torno al cual se configuran las políticas contestatarias. Los gobiernos latinoamericanos recurren ahora con facilidad a la subversión para describir a las organizaciones indígenas, de la misma manera que la Amazonía indígena no tiene reparos en comprometerse con los antiguos temas anarquistas de auto-organización, autonomía y discurso anti-Estado. En este capítulo, se ha tratado de entender el sentido de estas políticas de posfrontera a través del retrato de una de las primeras organizaciones indígenas del continente.

Aunque la retórica usual describe las luchas indígenas "creciendo" o "madurando" para convertirse en organizaciones formales, federaciones nacionales y luchas colectivas, estas descripciones no son suficientes etnográficamente. En primer lugar, el poder y las políticas indígenas tienen una historia y una profundidad cultural mucho más antigua de lo que podría parecer en las historias lineales de organización política de finales del siglo XX. En segundo lugar, rara vez hay una sola voz colectiva. Como ocurre con otras organizaciones políticas, las organizaciones indígenas están llenas de intensos conflictos y cambios de postura política a lo largo del tiempo. En tercer lugar, las posiciones activistas sobre las políticas indígenas se suelen reducir a la celebración de las políticas de resistencia abierta y movilización social, dejando de lado otras formas de acción y de política. Mientras los yánesha, en los contextos contemporáneos de intensificación de las políticas amazónicas, se han considerado "pasivos" comparados con los asháninka y los aguaruna, el capítulo intenta recuperar un sentido un tanto diferente de la acción indígena históricamente mediada. La política indígena no trata solo de afirmar la resistencia (Scott 1990), sino también de encontrar un *modus operandi*, actuando en los intersticios de las asimetrías y reproduciendo las políticas de la identidad en medio de las narrativas dominantes. Esto no solo tiene una importancia anecdótica, sino también analítica, para entender la política indígena en sus continuidades y en su complejidad, más que como un fenómeno singular, accidental, moderno o poscolonial. Del mismo modo que tenemos que desvirtuar el significado de las medidas reguladoras ambientales y de los derechos indígenas en la posfrontera, es crucial una perspectiva analítica abierta y con base en la historia para captar el significado y la naturaleza de la política indígena contemporánea.

— Conclusiones —

Teorizar la gobernanza de posfrontera

Introducción

Los futuros historiadores quizás recuerden el final del siglo XX por la proliferación de instrumentos para lograr el "desarrollo sostenible" y resolver los viejos retos sociales y ambientales de la frontera. Igual que Igor Kopytoff hablaba de África como un "continente frontera" con nuevos sistemas de gobierno extendiéndose por todas las sociedades maduras africanas (Kopytoff 1989: 7), los historiadores tal vez hablen, incluso con un toque de ironía, de un "mundo de posfrontera" a medida que la domesticación teórica de las topografías de frontera se vaya globalizando. Aunque todavía hay muchas esperanzas puestas en el descubrimiento de nuevos recursos fronterizos, la tierra prometida de El Dorado ya no solo ofrece oro, sino que implica una armonía sostenible respaldada por instituciones de posfrontera que compatibilicen los objetivos ambientales, sociales y económicos. De la misma manera que la modernidad implicó rupturas radicales con el pasado, la posfrontera atribuye poderes transformadores a las nuevas instituciones de sostenibilidad. Sin embargo, igual que ocurrió con la caída de la modernidad, actualmente estamos conociendo instituciones de posfrontera inútiles, incapaces de asegurar ni la sostenibilidad ambiental ni la justicia social. Una concepción de suma cero de la posfrontera, en la que las nuevas medidas reguladoras *ipso facto* se consideran como domesticadoras de la frontera, es, en el mejor de los casos, un optimismo injustificado y, en el peor, engañoso. Como cada vez se inventan y proliferan en la frontera más remedios salvadores técnicos, abundan los fracasos y las contradicciones. Este libro ha tratado de arrojar luz sobre esta paradoja de la posfrontera. En ningún sitio es más evidente este hecho que en la posfrontera amazónica, donde las instituciones de sostenibilidad coexisten con la degradación y la marginación de las comunidades. La posfrontera amazónica no tiene menos fronteras, solo se han metamorfoseado en diferentes órdenes, formas o modalidades racionalizados de expansión de la frontera. Las fronteras, se podría argumentar, ya no son una entidad física ni una fase histórica (ya sea en la Amazonía o en el lejano oeste). Más bien, podemos pensar en la "fronteridad" como una propiedad fluctuante, que ha aparecido, y sigue haciéndolo, a lo largo de los siglos y que se ha producido bajo diferentes formas y con distintos efectos. Esto también nos permite una mayor flexibilidad a la hora de descubrir fronteras emergentes dentro de un sistema mundial de flujos financieros y modelos de producción y consumo en constante cambio. En vez de hablar de fronteras determinadas que se expanden o se cierran en zonas remotas, sería más preciso hablar de cualidades fronterizas o propiedades de un fenómeno dado, junto con otras relaciones espaciales, económicas y sociales. Las fronteras contemporáneas no se refieren (solamente) a una tierra salvaje desregulada "allá afuera", sino que representan también una cualidad en espacios ordenados, espacios urbanos y organismos individuales.

Aunque muchos científicos durante las tres últimas décadas se han posicionado en contra de los proyectos de frontera reclamando más derechos y medidas de protección, la defensa de las rápidas reparaciones y de las intervenciones reguladoras de la posfrontera está hoy en un punto muerto. La política transformadora de la posfrontera rara vez lo es tanto como su formulación, o más precisamente, como demuestra este libro, apareciendo en formas distintas a las esperadas. Las historias de la frontera y de las prácticas contemporáneas de la posfrontera son, en términos empíricos, más parecidas de lo que se suele imaginar. Así, pues, ¿es la posfrontera una mera frontera de recursos reformada, capaz de reducir la protesta social y ambiental, de adaptarse a la crítica y de intensificar más aún el acaparamiento de recursos?

Entender el enredo de la posfrontera

Los mecanismos de la posfrontera están profundamente enraizados en las lógicas territoriales y capitalistas (Harvey 2005: 91), pues generalmente no cuestionan el afán de lucro y de acumulación, ni las políticas centrales estatales destinadas a consolidar el poder territorial. Las genealogías de las geografías de la posfrontera en la Amazonía peruana ponen de manifiesto cómo las instituciones ambientales y las disposiciones a favor de los derechos no reemplazaron a las presiones de la frontera, sino que surgieron en relación con la frontera reorganizada y administrativa, en formas que dependen de la trayectoria histórica. Desde cierto punto de vista, esto define a las posfronteras como medidas residuales oportunas, que permiten la reproducción de las fronteras dentro de los nuevos órdenes de sostenibilidad. Las concesiones petroleras, uno de los signos más visibles de las presiones abriendo nuevas fronteras, se basaban en la exclusión del subsuelo de los derechos territoriales indígenas, al mismo tiempo que se recomponían las divisiones entre los derechos de la superficie y los titulares de las concesiones. En este sentido, las medidas de la posfrontera podrían incluso intensificar la doble lógica de consolidar nuevos espacios estatales y formas de control, y a la vez liberar de la protesta social los nuevos ámbitos de acción empresarial.

Estas observaciones son especialmente relevantes para países como el Perú, donde la construcción de la gobernanza de posfrontera está en tensión constante con su dependencia económica de la extracción de recursos. Los críticos como Stefano Varese han arremetido contra el Perú oficial y sus "'colonias internas' que pueden ser invadidas, subyugadas, conquistadas y tomadas", y contra una ley que constituye "un plan programático para ejecutar el saqueo con apariencia de civismo" (Varese 2013: 134).

Este libro sostiene que desenmascarar el lenguaje refinado del civismo de posfrontera es importante, pero no suficiente. Aunque las críticas pueden revelar que los emperadores de la posfrontera no llevan trajes, tenemos que prestar cuidadosa atención a los arreglos de costura que se dan entre bastidores, así como a los tejidos que estos producen. El análisis que señala solamente el "fracaso" institucional o "el escaparate" de los proyectos de posfrontera, es problemático por el mismo descuido epistemológico de todo lo demás que está en juego. La alternativa no debería ser equiparada ni con un análisis cómplice ni con los intentos de ocultar las continuas presiones sobre la frontera. Aunque la posfrontera reemplaza en algunos aspectos la "destrucción creativa" de la modernidad (Harvey 2003: 1), su propia destrucción creativa conlleva dinámicas que cambian el juego. Las soluciones tecnológicas a los problemas sociales y ambientales en la frontera de recursos desplazan, en vez de resolver, la naturaleza de los problemas de sostenibilidad (Hornborg et ál. 2012: 3). La coexistencia de las fronteras y las posfronteras superficiales no carece de significado, sino que implica una mutua imbricación que produce diferentes formas de privatización y nuevos terrenos de lucha. El reconocimiento de derechos no reemplaza la exclusión en las fronteras, sino que alimenta nuevas batallas dentro y en torno a los regímenes de derechos en la posfrontera. Los debates y negociaciones contemporáneos sobre la importancia de los derechos indígenas a la consulta ilustran esto con toda claridad. La cuestión de la posfrontera no es si a la gente se le consulta como tal, sino cómo y de qué formas eso transforma las luchas de poder en curso.

Como ponen de manifiesto los capítulos sobre la madera, el petróleo y la conservación, las salvaguardas sociales y ambientales no son, en términos antropológicos, ni débiles ni superficiales, sino que tienen consecuencias y trayectorias sociales específicas. Conllevan nuevos actores, medidas políticas, diferentes formas de relaciones y jerarquías de acción que pasan al primer plano, interrelacionadas con las viejas dinámicas de poder y control. Esto obliga a los analistas a ser prudentes al desmontar, incluso descartar, las cualidades evidentes de las instituciones de la posfrontera. La crítica de la debilidad de los Estados o de la escasa implementación ("ojalá los Estados hicieran algo más") simplemente ignora las especificidades de lo que en realidad está sucediendo. Para empezar a esbozar un enfoque más productivo analíticamente y un plan de investigación sobre la posfrontera, sugiero tres puntos principales de partida para el análisis. Primero, es necesario un cambio epistemológico hacia el reconocimiento de los ensamblajes de posfrontera por lo que son y hacen, en vez de permanecer atrapados en conclusiones normativas sobre sus deficiencias. Segundo, es necesario seguir abordando los procesos, establecer los límites y las consecuencias de negociar nuevos espacios de posfrontera. Tercero, hay una necesidad, en concreto, de mayor documentación acerca de la evolución de los procesos de acumulación y de mantenimiento de la frontera en tiempos de posfrontera.

La posfrontera como ensamblajes emergentes

En vez de limitarnos a desmentir las previsiones ilusorias de la posfrontera, es necesaria una nueva mirada epistemológica para descubrir su naturaleza emergente. En los días pasados con los profesionales de las ONG y los líderes indígenas discutiendo sobre los planes de áreas protegidas, los mecanismos provinciales de consulta y los métodos de evaluación de impactos, surgieron dilemas técnicos. Si bien las prescripciones de posfrontera aportan soluciones ideales, los profesionales sobre el terreno pronto tuvieron que aprender "los trucos" descubriendo los flujos reales de poder, significado y acción. La cuestión no era solamente la debilidad o escasez de instrumentos, sino cómo las modalidades de gobernanza se enraizaban en la práctica social. La evidencia etnográfica del Perú mostraba continuidades antiguas no lineales de índole social, cultural y económica, entremezcladas con la práctica de la posfrontera y dándole forma. Las relaciones en torno a la extracción petrolera no eran determinadas simplemente por prescripciones políticas sancionadas oficialmente, sino que implicaban relaciones muy asimétricas, economías morales dinámicas y jerarquías profundamente arraigadas de conocimiento y práctica. Igualmente, las relaciones en torno a la explotación forestal no trataban solamente de derechos de propiedad, producción sostenible y control comunitario, sino también de historias de la frontera, relaciones de deudas y control de la élite. Las instituciones de posfrontera estaban reasociadas y reensambladas (Latour 2005: 7), suscitando la necesidad de un "modelo ontológico de abajo hacia arriba", evitando la trampa de tomar las propiedades lineales como punto de partida. La teoría de las redes de actores ha estado especialmente atenta a definir estas relaciones emergentes entre cosas y conceptos, los humanos y los no humanos. Esto nos permite abordar los fenómenos de la gobernanza en la posfrontera no solo como escasamente implantados o como copias deficientes del marco legal o de los estándares internacionales, sino como basados en sus propias posesiones emergentes. Las propiedades no vienen dadas, sino que emergen de la interacción (De Landa 2006: 4-5), permitiendo a los analistas de la gobernanza identificar los ensamblajes en sus propios términos emergentes y no como los parientes pobres de las entidades completas ideales. El manejo forestal comunitario en el Palcazú no fue un simple fracaso, aunque generalmente se lo considere así, sino que implicaba una forma distinta de dinámica comunitaria, impulsada por las economías morales locales, la deuda y el antiguo control de la élite, y recompuesta en una emergente forestería comunitaria que carece de control local. De manera similar, la gobernanza del petróleo no terminó con la creación de una concesión o de salvaguardas formales, sino que evolucionó en torno a la orquestación de relaciones, programas de trabajo para desempleados y políticas territoriales localizadas. El *modus operandi* consistente en comportarse bien y participar en las relaciones sociales era tan importante como el trasplante legal de los contratos nacionales de petróleo en el ensamblaje emergente de la gobernanza. Lo que sobre el papel ofrecía empoderamiento, en la práctica limitaba la influencia indígena a los pequeños títulos, con los recursos renovables bajo cogestión burocrática y los no renovables dejados en manos del nexo empresas-Estado. Solo tomando en serio estas propiedades emergentes pueden emplearse las adecuadas teorías relacionales para descubrir las verdaderas dinámicas estructurantes que están en juego.

Los espacios de la posfrontera

Un argumento central de este libro es que las fronteras contemporáneas ya no prosperan solo en espacios desregulados o espacios de extracción subvencionados, sino que coexisten con los regímenes de la posfrontera que prescriben privatización. Si bien los modelos lineales en el apogeo del desarrollo de la frontera hacían hincapié en la conquista, el control y la extracción, ahora están, al menos parcialmente, reemplazados por metavalores de sostenibilidad o reconstituidos a través de estos. Estos valores reconfiguran lo que es legítimo dentro del orden estatal normalizado. Hay en juego campos cambiantes en el sentido de Bourdieu (Bourdieu y Wacquant 1992), con los valores de la posfrontera que son movilizados en la negociación de espacios específicos de gobernanza. A esto lo podemos llamar construcción de espacios de posfrontera, entendidos como la forma en que una serie concreta de espacios políticos, niveles de gobernanza y medidas institucionales se consolidan como regímenes autorizados de posfrontera. Estos espacios están constituidos por un conjunto de condiciones legales, institucionales y espaciales, que, aunque complejas, son solo la punta del iceberg de un campo de relaciones más amplio. Las cuestiones constitutivas del "diseño de espacios" afectan el alcance de la política, los niveles de toma de decisiones y las voces legítimas. Estas construcciones, fundamentalmente, implican campos de poder, no solo en función de qué o quién está incluido, sino también de cómo se delegan y distribuyen los poderes institucionales. Muchos replanteamientos de las escalas se han ocupado de las relaciones entre lo global, el Estado-nación y lo local (Sassen 2007), y de cómo se reajustan los territorios, los derechos y la autoridad (Sassen 2006). Los espacios específicos de la posfrontera, en este sentido, son producto de procesos interrelacionados de territorialización (De Landa 2006: 28), de estabilización de los ensamblajes (Latour 2005), de producción de espacios (Bebbington 2005) y de producción de escalas (Tsing 2000). La producción de escalas conlleva un "proceso de ordenamiento relacional" (Moore 2008: 221), por el cual se establecen límites lineales para formas legítimas de acción en un ámbito de gobernanza determinado. Los espacios resultantes de gobernanza son públicamente sancionados y establecen los límites y las normas para administrar los recursos, como la extracción de petróleo o de madera. Era esta producción de espacios la que, por un lado, convertía los recursos renovables de la Amazonía peruana en una cuestión "local" ligada a las viejas construcciones territoriales y a la política de escala (comunidad nativa, reserva, recursos bióticos). Por otro lado, los recursos minerales del subsuelo se consolidaron como un ámbito a escala nacional y controlado por el Estado.

Evidentemente, la forma y los límites de estos espacios no dependen solo del lugar y del tiempo, sino que emergen a través de las impugnaciones a la escala, a las formas de acción y a los límites de acción legítima. Por lo tanto, la cuestión clave es explicar los procesos negociados que tienen lugar al trasladar valores a los distintos espacios de gobernanza y lo que esto conlleva para otras intencionalidades y para dar cabida a la necesidad capitalista de creación de fronteras. Como demuestra este libro, los cambios de orientación hacia las topografías de la conservación y hacia los regímenes de derechos solo se readaptan *a posteriori* como cambios racionales, pero esencialmente emergen a través de procesos socialmente negociados e impugnados. El caso del Palcazú ilustra cómo un proyecto de frontera impulsado por el gobierno fue renegociado mediante intensas campañas políticas, movilización internacional e intervención administrativa, y se reconfiguró en última instancia como una geografía de áreas protegidas y derechos a la tierra en la posfrontera.

Las consecuencias de la posfrontera

Una tesis primordial de este libro es la necesidad de pasar de un análisis que denuncia una posfrontera fracasada a un análisis que pregunte por sus dispositivos específicos y sus efectos. En el contexto de las áreas protegidas, el cambio hacia la cogestión puso de relieve la capacidad de persuasión del lenguaje administrativo, los efectos disciplinarios y el poder burocrático. En vez de empoderar a las comunidades, los mecanismos de posfrontera consolidaron la transformación de un espacio de caza comunitario en un área protegida controlada por el Estado. Mientras los contratos mencionaban el reconocimiento, en la práctica dejaban a las comunidades indígenas en una situación de dos caras: inclusión en teoría y exclusión en la práctica. Si bien estos efectos se suelen explicar como resultado de medidas débiles, este libro reclama más atención a las potencialidades en juego. La legalidad en la posfrontera requiere algo más que "vestirla", pues implica un ámbito de poder social reorganizado y reestructurado. Por un lado, el reconocimiento de la posfrontera refuerza los procesos de incorporación estatal y control burocrático. Esto supone un cambio para los movimientos sociales que pasan de la postura de reclamar el cambio desde fuera, a trabajar con los parámetros y las limitaciones del poder del Estado. Por otro lado, los mecanismos de la posfrontera consolidan un ámbito administrativo que privilegia el poder de la experiencia técnica, los manejos legales y el dominio profesional. En vez de establecer la igualdad de condiciones, ponen de manifiesto las asimetrías de los conocimientos y las capacidades en juego. Ya sea desde la perspectiva de los barones de la madera movilizando a los consultores forestales, o las agencias de las áreas protegidas haciendo hincapié en formalismos técnicos, o bien las compañías petroleras orquestando las medidas de salvaguarda, se demuestran las formas cambiantes y los efectos del poder tecnológico. En este sentido, la posfrontera implica un cambio que va del cuestionamiento directo del poder a las negociaciones sobre la forma y los contenidos de los instrumentos de mediación supuestamente "neutrales".

La acumulación a través de la reposición

Aunque la literatura crítica destaca cómo el neoliberalismo profundiza las presiones de frontera a través de espacios capitalistas desregulados y desterritorializados de extracción de recursos y explotación laboral, este libro sugiere que la posfrontera supone un cambio hacia lo que podríamos teorizar como acumulación a través de la devolución y la vuelta a la regulación. Si bien el despojo propio de la frontera implica el desplazamiento físico, la anulación de derechos y la ingeniería de la tierra de nadie, que permite que las concesiones se afiancen y la extracción de recursos fluya libremente, la acumulación de la posfrontera, a través de la reposición, funciona por medio de la regulación más que en contra de esta, de la misma manera que progresa sobre las nuevas formas de territorialidad, derechos y ciudadanía. Esto contesta, en parte, la pregunta de Harvey sobre cómo la lógica territorial del poder responde a la acumulación de capital, y viceversa, las implicancias de la acumulación de capital para las lógicas territoriales del poder (Harvey 2005: 93). Si bien Harvey señala que los procesos geográficos de acumulación bajo el neoliberalismo son "mucho más moleculares y difusos" y "a menudo escapan al control" (Harvey 2005: 92), la acumulación de la posfrontera, por el contrario, funciona a través de este control, como se resume en el cuadro C.1.

Cuadro C.1
ACUMULACIÓN DE LA POSFRONTERA

LÓGICAS DE FRONTERA Y NEOLIBERAL	LÓGICAS DE POSFRONTERA
Acumulación a través de la desposesión	Acumulación a través de la reposición
Desregulación	Nueva regulación
Desterritorialización	Nueva territorialización
Espacio extenso capitalizado	Territorialidades ambiguas y múltiples valores
Mano de obra mercantilizada	Ciudadanía

Este libro demuestra, a través de una etnografía, cómo esta reposición puede actuar de diferentes maneras. En el sector forestal, muestra cómo el cambio desde la lógica de la frontera, con la imposición de concesiones, a la gestión forestal comunitaria, dio lugar a tácticas de "gobernanza inversa" en la que los permisos de la comunidad fueron instrumentalizados para promover aun más la tala depredadora. La extracción de madera en el Palcazú no se basaba en la expulsión de las comunidades y la consolidación de la propiedad privada a través de las concesiones forestales. En su lugar, la reposición implicaba trabajar con las tierras forestales comunitarias y los permisos. Del mismo modo, la posfrontera del petróleo no solo suponía el despojo físico y las batallas en contra de las comunidades indígenas. La exploración petrolera implicaba trabajar "con" y no en contra de los líderes indígenas. Involucraba una cuidadosa orquestación corporativa para trabajar con organizaciones indígenas, medidas de salvaguarda y nociones locales de autonomía. Esta dinámica no era única, pero sí ilustrativa de la dinámica de posfrontera más amplia, que reproducía el control de la frontera dentro de los intersticios de los metavalores de la sostenibilidad. La acumulación ya no solo se produce escapando al control regulador, sino mediante la reposición de nuevas formas de tenencia, protección ambiental y mecanismos que otorgan derechos. En consecuencia, en la práctica, los medios de inclusión y protección pueden afianzarse o producir nuevas formas de exclusión.

Desafiar la posfrontera

La posfrontera no es una entidad meramente reguladora y administrativa, sino también popular, política y viva. Las instituciones de la posfrontera, en la mayoría de los casos, no son evoluciones naturales, sino resultados negociados a partir de la protesta social de las organizaciones indígenas y ambientales que reclaman derechos y piden protección ambiental. Esto crea una tensión permanente entre las demandas de cambio, por una parte, y la incorporación del Estado y la normalización, por otra. Considérense las marchas populares contra las represas, las concesiones petroleras y la construcción de carreteras que periódicamente aparecen en todo el mundo. Los derechos colectivos y las salvaguardas ambientales son prioritarios en estos planes de acción. Este libro no cuestiona este espacio de reivindicación, sino más bien llama la atención sobre los efectos y las prácticas que se producen una vez que las medidas de posfrontera se normalizan. Insiste en que los espacios de posfrontera, que tanto ha costado obtener, están en riesgo de reposición, lo que señala la fragilidad y la dificultad de "lograr las instituciones correctas".

Hace unas décadas, las luchas sociales pusieron de manifiesto las duras batallas entre las presiones hacia el desarrollo de la frontera y los planes alternativos de acciones socioambientales. Hoy, los activistas afrontan el reto de tratar con los derechos reposicionados y las medidas de salvaguarda ambiental. Hay que prestar mucha mayor atención etnográfica a estos nuevos espacios y formas de poder que constituyen el paisaje de posfrontera en términos reales. En efecto, las viejas batallas de frontera no han desaparecido, sino solo se han reconfigurado y desplazado. Considérese un reciente informe que documenta cómo, entre 2002 y 2013, "908 ciudadanos perdieron la vida defendiendo sus derechos a la tierra y al ambiente", igualando casi el número de periodistas asesinados en el mismo periodo (Global Witness 2014: 4). Un hallazgo sorprendente del informe de Global Witness fue, no solo el número de muertes, sino también los niveles de impunidad. Solo 10 autores de los 908 asesinatos habían sido condenados y 34 enfrentaban cargos (Global Witness 2014: 16). Aunque los asesinatos, juicios y encarcelamientos de líderes indígenas, periodistas y conservacionistas parecerían confirmar los viejos mitos de la selva al margen de la ley, de hecho, son signos de lo contrario: guerra legal instrumentalizada en la era de la posfrontera. Estos datos trágicos son solo la punta del iceberg que pone de manifiesto los desequilibrios de la práctica judicial, el control de la élite y el (o la falta de) Estado de derecho. Más que una posfrontera resolviendo los conflictos de interés subyacentes, las protestas basadas en las propias salvaguardas se han convertido en indicadores de amenazas para la seguridad. Las demandas de respeto a los derechos o a las evaluaciones ambientales cada vez se consideran más "radicales" o se criminalizan en todo el mundo, poniendo de manifiesto la naturaleza reposicionada de la posfrontera y los peligros que conlleva la política de sostenibilidad. Como señalaba un antiguo líder yánesha a propósito de un desalojo de colonos ilegales:

> [La ley] nos ofreció la autonomía, la decisión de la comunidad, pero esto, esto en la práctica no valía la pena, cuando empezamos a actuar y a tomar decisiones [...] bueno, el código penal, el código civil, siempre nos sancionaban [...] eso es lo que pasó [...] A mí me encarcelaron. (Comunicación personal 2008)

Aunque el encarcelamiento del líder personificaba su restringida autonomía, finalmente tuvo la ayuda de sus "aliados políticos" para salir. Las asimetrías de poder en los ámbitos estatales del uso ilegítimo de la ley y las instituciones no obstaculizaron los intentos de emplear los instrumentos legales para diferentes fines. No es casualidad que las organizaciones indígenas y ambientales estén contratando cada vez más a especialistas jurídicos para defender sus causas. Cada vez más, los campos de batalla de la posfrontera son las comisiones parlamentarias y los tribunales, donde los detalles diabólicos son fácilmente soslayados por los compromisos de sostenibilidad elaborados por consenso. Este libro solo abarca un fragmento de la complejidad de la posfrontera. No obstante, las experiencias de Oxapampa demuestran con claridad los cambiantes terrenos de juego. La negociación de los espacios contemporáneos implica intensos debates sobre la índole y función de los derechos indígenas, medidas equitativas de consulta, así como discusiones políticas en los ámbitos de la conservación y el manejo forestal. La posfrontera no está en absoluto establecida y por ello es un campo propicio, no solo para la acción social, sino también para la investigación social.

¿Cuáles son entonces las implicancias para los retos actuales de lograr una sostenibilidad más amplia? "Todavía no tenemos idea de lo que significa gobernar el mundo ahora que la Naturaleza, como concepto (o más bien, la idea) organizador, ya no existe", se lamentaba Bruno Latour a propósito del fracaso de la Cumbre del Clima de Copenhague, ahora ya casi olvidada (Latour 2010: 479). Un cuestionamiento similar, se podría argumentar, ha surgido en relación con los derechos humanos, su significado rebajado de contenido y la exigencia de reinventar el lenguaje de la justicia social. Las teorías universalistas de acción prescriptiva pueden haber desaparecido (en realidad, una pretensión moderna), pero la búsqueda de "un" problema subyacente (una conspiración moderna), así como la creencia de lo irreversible del avance (Latour 2010: 473), continúan. Los antropólogos llevan dos décadas luchando para aceptar su ruptura conceptual con la constitución moderna. ¿Y ahora qué? No hay motivo para dejarse llevar por la tendencia posmoderna de dejar a la sociedad atrapada en una caótica serie de opciones. Ni es necesario que permanezcamos atrapados en las contradicciones epistemológicas del ambientalismo (Latour 1999: 34). Llegar a la inacción o a la confusión partiendo de la caída de las ortodoxias modernas sería una falacia lógica. El enfoque de la posfrontera que se plantea en este libro invita a abordar lo que "está" pasando de una manera más abierta socialmente, tomándolo mucho más en serio en sus propios términos emergentes, en vez de denunciar las prácticas existentes como si fueran meramente disfuncionales. Es decir, aunque no podemos dar por sentadas las propiedades salvadoras de las soluciones de posfrontera, sí podemos tomar seriamente el proceso de ensamblaje ontológico.

Ya sea abordando los fracasos de las cumbres del clima, o de los parques naturales, o las violaciones de los derechos indígenas, el análisis de las dinámicas en juego, aunque no suficientemente claro, está bastante bien formulado en función de las dinámicas subyacentes sociales, políticas y económicas en juego. Aunque la proliferación de políticas superespecializadas, en la superficie, hace que los retos de sostenibilidad sean cada vez más técnicos y estén más distantes de la vida cotidiana, ahora es el momento de recuperar espacio para el análisis de las intersecciones y de los campos conectados de relaciones. Como la santa trinidad del desarrollo sostenible fue reanudada en Río+20 y otros escenarios globales, el resultado final es la convergencia entre el interés académico y el político en considerar una serie de dominios juntos, más que como campos separados. Hay un amplio reconocimiento de que estos son retos de varias dimensiones y escalas, aunque las organizaciones sigan proponiendo herramientas construidas alrededor de variables únicas ("ojalá pudiéramos tener los incentivos económicos correctos"). Lo que este libro sostiene es la importancia de llevar de nuevo la ciencia y crítica sociales a la ecuación administrativa. La etnografía tiene una función especialmente importante en la reincorporación de las prácticas de gobernanza al tejido social. Eso permite que el análisis empiece donde está la gente, no donde comienzan ideológicamente los modelos administrativos. Más que asumir la naturaleza entera de las prototípicas evaluaciones del impacto ambiental (EIA), los derechos o los planes de cogestión, la etnografía revela cómo estos pueden ser reestructurados para fines bastante diferentes. Esto puede llevar a su inversión, pero es también la apertura para el cambio. La cuestión no es ya si los derechos (propiedad territorial o privada, dependiendo de quién pregunte) o si las medidas ambientales se están implementando o no, sino cómo se están produciendo, se hacen realidad y se ensamblan socialmente. ¿Tiene esto algún interés aparte del académico? ¿Cuál es su relevancia para continuar con el trabajo real de detener la deforestación forestal y al mismo tiempo impedir una mayor pérdida de biodiversidad y reconocer los derechos de los pueblos indígenas? ¿No sabemos ya lo que se necesita (titulación adecuada, áreas protegidas con la suficiente financiación, regímenes de conservación equitativamente compartidos y marcos legales fuertes, etc.)? ¿El desafío que queda no es simplemente asegurar la ayuda, superar los obstáculos políticos y movilizar los recursos adecuados para ponerlos en práctica? A pesar de lo seductoras que esas narrativas políticas de "solución rápida" puedan parecer, dejarían a las ciencias sociales atrapadas en el corsé de las linealidades contemporáneas. Dentro de los ámbitos de gobernanza cambiantes no hay panaceas políticas que cambien simplemente las formas institucionales y los terrenos de lucha. Puesto que la solución de hoy podría ser el problema de mañana, el análisis contrastado sobre el terreno es siempre más importante para hacer el seguimiento de estos cambios y de sus consecuencias sociales. En otras palabras, no se trata solo de movilizar la mirada etnográfica para generar ejemplos locales, sino de reconsiderar, a través de la teoría antropológica, los ensamblajes sociales de espacios de gobernanza que tienen lugar actualmente. Este punto es fundamental. A medida que emergen nuevas formas y sitios de poder y dominación junto con los medios de emancipación, nuevos entendimientos son, no solo importantes para que la antropología mantenga su relevancia, sino fundamentales para que las búsquedas globales revitalicen las nociones de sostenibilidad, gobernanza ambiental y derechos.

Posdata: sueños de biosfera y "biotemores"

Una vuelta a las realidades de la posfrontera de Oxapampa está ahora justificada. El último espacio de gobernanza que se estaba formando fue el reconocimiento de la provincia de Oxapampa por la UNESCO como reserva de biosfera en 2010, un año después de los conflictos del "Baguazo". ¿Estaba Oxapampa, una vez más, encabezando nuevas formas de conciliar desarrollo y conservación en la Amazonía? La provincia había creado, tras una intensa presión por parte de las federaciones indígenas y ONG, una nueva unidad para encargarse de los asuntos ambientales e indígenas. La biosfera apareció, sobre el papel, como una obra de arte lineal poniendo de manifiesto el optimismo administrativo que está implícito en combinar la ciencia, la política y el espíritu práctico. Su mismo nombre, la Reserva de la Biosfera Oxapampa-Asháninka-Yánesha, combinaba su lugar provincial con la ascendencia indígena, todo unido en una forma global reconocida por la comunidad mundial.

Estos ensamblajes de posfrontera no fueron casualidad. Desde 2001, la ONG Pronaturaleza había promovido el reconocimiento de la "Reserva de la Biosfera de la Selva Central" como un "macroespacio para asegurar el desarrollo sostenible y la conservación en la provincia de Oxapampa" (Garay 2007: 48). Su propuesta había sido rechazada por las federaciones indígenas y más tarde iba a ser reactivada como la "Reserva de Biosfera Oxapampa-Asháninka-Yánesha". Esto suponía una reconciliación administrativa en el mejor de los casos. ¿Era el reconocimiento de la biosfera el ingrediente lineal necesario para el cierre final de la frontera, coronado por el Estado y la comunidad mundial? Las supuestas diferencias políticas, los proyectos territoriales divergentes y las asimetrías de poder se habían esfumado, siendo reemplazados por un proyecto común de reconciliación. Las celebraciones parecían prometer una nueva linealidad que empezaba con los gerentes de las petroleras, ministros y líderes indígenas dándose la mano, sellando su compromiso con la biosfera. Las áreas protegidas eran el núcleo de la reserva de la biosfera y las organizaciones indígenas presidían la junta directiva. Pero, por debajo de la superficie de la unidad y reconocimiento lineales, estaban las viejas diferencias. La elaboración de una ecología y un patrimonio comunes no equivalía a mantener las mismas posturas ni la adhesión al mismo proyecto. El cambio de nombre no cambió su anatomía fundamental ni las divisiones estructurales. "Si FECONAYA cree que son los dueños de esto [la biosfera], están equivocados [...] nos pertenece a todos nosotros, incluidos los austro-alemanes", me dijo en privado el representante de una ONG durante una reunión preparatoria en 2008. Aunque el proyecto estaba presidido, al principio, por los líderes indígenas, las ONG y los funcionarios públicos fueron decisivos para mantenerlo vivo durante todo el proceso de preparación. Los procesos de planificación de la biosfera se aceleraron con el reconocimiento internacional y surgió o se reconfiguró una serie de proyectos de gobernanza en un nuevo lenguaje de la biosfera promovido principalmente por las ONG. Un correo electrónico que circulaba en 2010 hablaba de que la biosfera estaba siendo empleada por "burócratas que hacían 'proyectos de conservación' y se dedicaban a la buena vida con casas, viajes caros pagados por ONG a expensas de la pobreza y la miseria de nuestros hermanos asháninka y yánesha". Al año siguiente, se remodeló el comité de dirección y se unió a la mesa de la biosfera una serie de nuevos actores. Para muchos, la clave era crear una nueva estructura de implementación y asegurar el financiamiento. En principio, se propuso la idea de un "instituto" dedicado a la reserva, inspirado en iniciativas similares en las que las municipalidades juntaban recursos para un proyecto común. La propuesta suscitó el descontento de las organizaciones indígenas que no estaban representadas oficialmente por las municipalidades y perderían su puesto en la mesa de toma de decisiones. Cuando volví en 2013, el proyecto de la biosfera estaba profundamente enredado en la política local. A finales de 2011, el alcalde provincial reemplazó a un representante indígena como presidente de la biosfera. Mientras un grupo de alcaldes distritales, con ayuda de las ONG, se había embarcado en la creación de una nueva estructura, una mancomunidad, para generar fondos y emprender la gestión de la biosfera, el alcalde de Oxapampa se había aliado con las organizaciones indígenas, proponiendo una estructura alternativa de gestión sobre la base de la administración ambiental provincial. Las nuevas linealidades no habían borrado las diferencias estructurales ni tampoco la historia de la política de la territorialidad y la representación. Aunque la biosfera se reconocía como un todo formal, también era un reensamblaje distinto de las relaciones sociales existentes, de las divisiones políticas y de los compromisos en un espacio de gobernanza recientemente cuestionado, más que un cambio hacia una nueva colectividad de posfrontera como tal. Si bien la biosfera significaba unidad, las lógicas subyacentes de los asentamientos poscoloniales nunca estuvieron muy lejos. El distrito de Villa Rica, que se había llamado a sí mismo la capital del café en el Perú, trató de aprovechar el reconocimiento de la biosfera como un valor añadido para sus granos de café. El distrito de Palcazú, a su vez, se posicionó como capital del ganado. Sin embargo, la capacidad colectiva para abordar los retos compartidos de las industrias extractivas y llevar a cabo la planificación territorial se quedó en la infancia. El 10 de junio de 2014, el presidente Ollanta Humala firmaba una nueva ley declarando de "necesidad y utilidad pública conservar, restaurar y mejorar las condiciones para el desarrollo sostenible de la reserva de la biosfera Oxapampa-Asháninka-Yánesha".[1] Lo que en la superficie aparecía como un impulso legal para el cambio de posfrontera, equivalía en el fondo a las disposiciones para la elaboración de un nuevo plan de acción, su implementación y el uso de las anteriores medidas de consulta puestas en práctica. Sin embargo, la ley también especificaba que no "se pedirían" recursos públicos suplementarios. Los ensamblajes de la posfrontera se estaban reinventando una vez más bajo los auspicios del Estado, sin resolver las profundas contradicciones internas.

---

1. Ley n.° 30206, "Ley que declara de necesidad y utilidad pública la conservación, restauración, mantenimiento y mejores condiciones para el desarrollo sostenible de la reserva de biosfera Oxapampa-Asháninka-Yánesha, en la provincia de Oxapampa, Departamento de Pasco".

Bibliografía

ACHESON, James

2006 "Institutional failure in resource management". En *Annual Review of Anthropology*, 35: 117-134.

AGAR, Michael

2004 "We have met the other we're all nonlinear: Ethnography as a nonlinear dynamic system ". En *Complexity*, 10 (2): 16-24.

AGRAWAL, Arun y Elinor OSTROM

2001 "Collective action, property rights and devolution of forest and protected area management". En Ruth Meinzen-Dick, Anna Knox y Monica Di Gregorio, eds., *Collective action, property rights and devolution of natural resource management: Exchange of knowledge and implications for policy, proceedings of the international conference.* Puerto Azul, Filipinas, 21-25 junio de 1999. Feldafing: German Foundation for International Development (DSE).

ASSIES, Willem

2000 "Indigenous peoples and reform of the state in Latin America". En Willem Assies, Gemma van der Haar y André Hoekema, eds., *The challenge of diversity: Indigenous peoples and reform of the state in Latin America.* Amsterdam: Thela Thesis.

BARBIER, Edward

2011 *Scarcity and frontiers: How economies have developed through natural resource exploitation*. Cambridge: Cambridge University Press.

BARCLAY, Frederica

1989 *La colonia del Perené*. Lima: Centro de Estudios Teológicos de la Amazonía.

BARCLAY, Frederica y Fernando SANTOS

1980 "La conformacion de las comunidades amuesha (la legalización de un despojo territorial)". En *Amazonía Peruana*, III (5): 43-74.

BARTOLOMÉ, Miguel Alberto et ál.

1973 "The Barbados declaration, Barbados 30 January 1971". En *Current Anthropology*, 14 (3): 267-270.

BATESON, Gregory

1973 *Steps to an ecology of mind: Collected essays in anthropology, psychiatry, evolution and epistemology*. Londres y Toronto: Paladin Granada Publishing.

BEAGLEHOLE, Ernest

1953 "A technical assistance mission in the Andes". En *International Labour Review*, 67 (6): 520-534.

BEAUCLERK, John y Jeremy NARBY

1988 *Indigenous peoples: A fieldguide for development*. Oxford: Oxfam.

BEBBINGTON, Anthony

2005 "La 'glocalización' de la gobernanza ambiental: relaciones de escala en los movimientos socio-ambientales y sus implicaciones para la gobernanza ambiental en zonas de influencia minera en el Perú y el Ecuador". RIMISP & IDRC.

2008 "Extractive industries and stunted states: Conflict, responsibility and institutional change in the Andes". En R. Raman, ed.,

Corporate social responsibility: Discourses, practices and perspectives. Londres: Palgrave MacMillan.

2012 *Extractive industries, social conflict and economic development: Evidence from South America*. Londres: Routledge.

BEBBINGTON, Anthony, Denise HUMPHREYS-BEBBINGTON y Jeffrey BURY

2010 "Federating and defending: Water, territory and extraction in the Andes ". En Rutgerd Boelens, Armando Guevara y David Getches, eds., *Out of the mainstream*. Londres: Earthscan.

BEBBINGTON, Denise y Anthony BEBBINGTON

2012 "Post-what? Extractive industries, narratives of development and socio-environmental disputes across the (ostensibly changing) Andean region". En Havard Haarstad, ed., *New political spaces in Latin American natural resource governance*. Londres: Palgrave MacMillan.

BECK, Ulrich

2009 *World at risk*. Cambridge y Malden: Polity Press.

BEDOYA, Eduardo y Álvaro BEDOYA

2005 "El trabajo forzoso en la extracción de la madera en la amazonía peruana". Documento de Trabajo 40. Ginebra: OIT.

BELAUNDE TERRY, Fernando

1965 *Peru's own conquest*. Lima: American Studies Press S. A.

BENAVIDES, Margarita y Mario PARIONA

2002 "La cooperativa forestal Yánesha y el sistema de manejo forestal comunitario en la selva central peruana". En Richard C. Smith y Danny Pinedo, eds., *El cuidado de los bienes comunes: gobierno y manejo de los lagos y bosques en la Amazonía*. Lima: IBC/IEP.

BERTZKY, Bastian et ál.

2012 *Protected Planet Report 2012: Tracking progress towards global targets for protected areas*. Gland y Cambridge: IUCN/UNEP.

BODLEY, John

1972 *Tribal survival in the Amazon*. Copenhague: Grupo Internacional de Trabajo sobre Asuntos Indígenas IWGIA.

BORRINI-FEYERABEND, G. et ál.

2010 "Bio-cultural diversity conserved by indigenous peoples & local communities – examples & analysis: Companion document to IUCN/CEESP Briefing Note N.° 10, 2010". Disponible en: <http://www.espejodelperu.com.pe/ca/per-ale/Huellas/Oxapampa-Boettger.htm> (última visita: 20/05/09).

BÖTTGER, E.

1941 "La fundación de Oxapampa, extracto del texto original". Disponible en: <http://www.espejodelperu.com.pe/ca/per-ale/Huellas/Oxapampa-Boettger.htm> (última visita: 20/05/09).

BOURDIEU, Pierre y Löic WACQUANT

1992 *Réponses*. París: Seuil.

BP

2013 "BP's Energy Outlook 2030". Disponible en: <http://www.bp.com/content/dam/bp/pdf/energy-economics/energy-outlook-2015/bp-energy-outlook-booklet_2013.pdf>

BRACK, Antonio y Cecilia MENDIOLA

2000 *Enciclopedia "Ecología del Perú"*. Lima: PNUD. Disponible en: <http://www.peruecologico.com.pe/libro.htm>

BROSIUS, Peter y Sarah L. HITCHNER

2010 "Cultural diversity and conservation". En *International Social Science Journal*, 61 (199): 141-168.

BROSIUS, Peter, Anna L. TSING y Charles ZERNER

1998 "Representing communities: Histories and politics of community-based natural resource management". En *Society & Natural Resources: An International Journal*, 11 (2): 157-168.

BURGER, Julian

1987 *Report from the frontier: The state of the world's indigenous peoples*. Londres y Cambridge: Zed Books y Cultural Survival.

BURY, Jeff

2008 "Transnational corporations and livelihood transformations in the Peruvian Andes: An actor-oriented political ecology". En *Human Organization*, 67 (3): 307-321.

CAMPBELL, Bonnie, Étienne ROY-GRÉGOIRE y Myriam LAFORCE

2011 "Regulatory frameworks, issues of legitimacy, responsibility, and accountability: Reflections drawn from the Percan initiative". En Julia Sagebien y Nicole Lindsay, eds., *Governance ecosystems: CSR in the Latin American mining sector*. Londres: Palgrave MacMillan.

CARRIER, James G. y PAIGE WEST (eds.)

2009 *Virtualism, governance and practice: Vision and execution in environmental conservation*. Nueva York y Oxford: Berghan Books.

CHARNLEY, Susan y Melissa R. POE

2007 "Community forestry in theory and practice: Where are we now?". En *Annual Review of Anthropology*, 36: 301-336.

CHIRIF, Alberto

1969 "En torno a la primera reunion de líderes amuesha". En *Kiario*, 1: 7-12.

1974 "Los congresos de las comunidades nativas: el inicio de la participación". En *Participación*, 3 (5): 46-53.

CHIRIF, Alberto (ed.)

1979 *Etnicidad y ecología*. Lima: Centro de Investigación y Promoción Amazónica.

CHIRIF, Alberto, Carlos MORA BERNASCONI y SINAMOS

1975 "Comunidades nativas selva central: diagnóstico socio-económico". Lima: Unidad de Apoyo a las Comunidades Nativas, Dirección General de Organizaciones Rurales.

CHIRIF, Alberto y Pedro GARCÍA HIERRO

2007 *Marcando territorio: progresos y limitaciones de la titulación de territorios indígenas en la Amazonía.* Copenhague: IWGIA.

2009 "Amazonía peruana: organizaciones indígenas: logros y desafíos". Disponible en: <http://www.cetri.be/spip.php?article1025> (última visita: 14/01/11).

CHIRIF, Alberto, Pedro GARCÍA HIERRO y Richard C. SMITH

1991 *El indígena y su territorio son uno solo.* Lima: COICA Oxfam América.

CIEL e IBC

2007 "Cacataibo indigenous peoples in voluntary isolation threatened by voluntary isolation". Documento inédito. Washington, D. C., y Lima.

CIF

2008 *Perú forestal en números, 2007.* Lima: Instituto Nacional de Recursos Naturales (INRENA). Disponible en: <http://www.minag.gob.pe> (última visita: 14/01/11).

CIRKOVIC, Elena

2006 *The myth of the Inkarri: Colonial foundations in international law and indigenous struggles.* Documento de Trabajo 39, abril de 2006. Nueva York: YCISS.

CLASTRES, Pierre

1974 *La societé contre l'état; recherhes d'anthropologie politique.* París: Les Éditions de Minuit.

CLEARY, David

1991 "The 'greening' of the Amazon". En David Goodman y Michael Redclift, eds., *Environment and development in Latin America: The politics of sustainability.* Manchester: Manchester University Press.

1993 "After the frontier: Problems with political economy in the modern Brazilian Amazon". En *Journal of Latin American Studies,* 25 (2): 331-349.

COLCHESTER, Marcus

2003 *Salvaging nature: Indigenous peoples, protected areas and biodiversity conservation.* Moreton-in-Marsh: World Rainforest Movement and Forest Peoples Programme.

COLFER, Carol J. Pierce y Doris CAPISTRANO (eds.)

2005 *The politics of decentralization: Forests, people and power.* Londres: Earthscan.

COMAROFF, Jean y John COMAROFF

2006 *Law and disorder in the postcolony.* Chicago: The University of Chicago Press.

2012 *Theory from the South: Or, how Euro-America is evolving toward Africa.* Boulder: Paradigm Publishers.

CONGRESO AMUESHA

1988 [1980] "Historia del Congreso de las Comunidades Nativas Amuesha". En Roger Moody, ed., *The indigenous voice: Visions and realities.* Londres: Zed Books.

CONKLIN, Beth A. y Laura R. GRAHAM

1995 "The shifting middle ground: Amazonian Indians and eco-politics". En *American Anthropologist,* 97 (4): 695-710.

CVR–COMISIÓN DE LA VERDAD Y RECONCILIACIÓN

2003 "Los pueblos indígenas y el caso de los asháninkas". En *Informe final de la Comisión de la Verdad y Reconciliación,* V (2.8): 133-246.

DASMANN, Raymond

1988 [1976] "National parks, nature conservation, and 'future primitive'". En John Bodley, ed., *Tribal peoples and development issues: A global overview.* Mountain View: Mayfield Publishing Company.

DAVIS, Shelton

1977 *Victims of the miracle. Development and the Indians of Brazil.* Cambridge: Cambridge University Press.

1988 "Indigenous peoples, environmental protection and sustainable development". En *Sustainable Development Occassional Paper* (IUCN).

De Landa, Manuel

2000 *A thousand years of nonlinear history*. Nueva York: Swerve Editions.

2006 *A new philosophy of society: Assemblage theory and social complexity*. Londres: Continuum.

De Sardan, Jean-Pierre Olivier

2005 *Anthropology and development: Understanding contemporary social change*. Londres y Nueva York: Zed Books.

Defensoría del Pueblo

2010 *La política forestal y la Amazonía peruana: avances y obstáculos en el camino hacia la sostenibilidad*. Serie Informes Defensoriales–Informe 151. Lima: Defensoría del Pueblo.

Descola, Philippe

1986 *In the society of nature: A native ecology of Amazonia*. Cambridge: Cambridge University Press.

Dezalay, Yves y Bryant Garth

2002 *The internationalization of palace wars: Lawyers, economists and the contest to transform Latin American states*. Chicago: University of Chicago Press.

Dickinson, Joshua

1977 "An applied geographer in Latin America". En *Geographical Review*, 67 (2): 232-234.

D. L. n.° 21147

1975 "Ley forestal y de fauna silvestre". Lima: Gobierno Revolucionario de las Fuerzas Armadas.

Dombrowski, Kirk

2002 "The praxis of indigenism and Alaska native timber politics". En *American Anthropologist*, 104 (4): 1062-1073.

Dourojeanni, Marc

1968 "Estado actual de la conservacion de la flora y de la fauna en el Perú". En *Ciencia Interamericana*, 9: 1-6.

1981 "Fauna and wild area management in the Palcazu valley, Peru". En JRB, ed., *Central Selva natural resources management project*, vol. 2, apéndice E. Lima: USAID.

DUDLEY, Nigel (ed.)

2008 *Guidelines for applying protected area management categories*. Gland: IUCN.

ELGEGREN, Jorge

1993 "Desarrollo sustentable y manejo de bosques naturales en la Amazonía peruana: un estudio económico ambiental del sistema de manejo forestal en fajas en el valle del Palcazú". M. S. thesis, Facultad Latinoamericana de Ciencias Sociales, Quito.

ERNST & YOUNG

2012 "Business risks facing mining and metals 2012-2013". Reino Unido: Ernst & Young's Global Mining & Metals Center.

ESCOBAL GARAY, Aníbal

2007 *Manual para la implementación y manejo de un sistema silvopastoril en el valle del Palcazú – Oxapampa: una experiencia de manejo silvopastoril con ganaderos asentados en zonas de amortiguamiento de las áreas naturales protegidas*. Oxapampa: Pronaturaleza.

ESCOBAR, Arturo

1995 *Encountering development: The making and unmaking of the third world*. Princeton: Princeton University Press.

FINER, M. et ál.

2008 "Oil and gas projects in the Western Amazon: Threats to wilderness, biodiversity, and indigenous peoples", PLoS ONE (8).

FONTAINE, Guillaume

2005 "Governance and the role of civil society: The case of oil and gas extraction in the Andean Amazon". En Walter Leal Filho, ed., *The handbook of sustainability research*. Fráncfort: Peter Lang Scientific Publishing.

2010 "Après Camisea: le rôle du secteur privé dans la gouvernance énergétique péruvienne". En Anne-Laure Amilhat Szary, ed., *Les acteurs privés dans la gouvernance en Amérique Latine: firme et territoire en Amérique Latine*. París: Institut de Recherche et Débat sur la Gouvernance.

Forsyth, Tim

2003 *Critical political ecologies: The politics of environmental science*. Londres: Routledge.

Foucault, Michel

1991 [1978] "Governmentality". En Graham Burchell, Colin Gordon y Peter Miller, eds., *The Foucault effect: Studies in governmentality*. Chicago: University of Chicago Press.

FSC

2014 "Global FSC certificates: Type and distribution". Bonn: Forest Stewardship Council. Disponible en: <https://ic.fsc.org/preview.facts-and-figures-october-2014.a-3695.pdf> (última visita: 02/02/15).

García, Alan

2007 "El síndrome del perro del hortelano". En *El Comercio, domingo 28 de octubre*. Disponible en: <http://elcomercio.pe/> (última visita: 30/01/15).

Geiger, Danilo (ed.)

2008 *Frontier encounters: Indigenous communities and settlers in Asia and Latin America*. Copenhague y Berna: IWGIA & NCCR.

Glasmeier, A. K. y T. Farrigan

2005 "Understanding community forestry: A qualitative meta-study of the concept, the process, and its potential for poverty alleviation in the United States case". En *The Geographical Journal*, 171 (1): 56-69.

Global Witness

2014 *Deadly environment: The dramatic rise in killings of environmental and land defenders*. Londres: Global Witness.

GOODMAN, David y Michael REDCLIFT

1991 *Environment and development in Latin America*. Issues in Environmental Politics. Manchester: Manchester University Press.

GOW, David et ál.

1988 *Peru: An assessment of biological diversity*. Preparado para USAID.

GOW, Peter

1991 *Of mixed blood*. Oxford, Nueva York y Toronto: Oxford University Press.

GRAM, Soren

2000 "Local ways of life and timber management". En Anna Lawrence, ed., *Forestry, forest users and research: New ways of learning*. European Tropical Forest Research Network.

GRAM, Soren, Jakob KLINT y Finn HELLES

1994 *Forestry among indigenous people in natural rain forests: A case study from Peru*. Copenhague: Centre for Alternative Social Analysis, CASA.

GRAY, Andrew

1997 *Indigenous rights and development: Self-determination in an Amazonian community*. Oxford: Berghan Books.

GREENE, Shane

2009 *Customizing indigeneity: Paths to visionary politics in Peru*. Stanford: Stanford University Press.

GREY POSTERO, Nancy y León ZAMOSC

2006 "Indigenous movements and the Indian question in Latin America". En Nancy Grey Postero y León Zamosc, eds., *The struggle for indigenous rights in Latin America*. Brigton y Portland: Sussex Academic Press.

GRIMWOOD, I. R.

1967 *Recomendaciones para la conservación de la vida salvaje y el establecimiento de parques y reservas nacionales en el Perú*. Lima: Ministerio Británico de Desarrollo en el Extranjero.

GRUPO DE TRABAJO MULTISECTORIAL

2008 "Diagnóstico ambiental del Perú". Lima: Grupo de Trabajo Multisectorial, Preparación del Ministerio del Ambiente (R. M. 025-2008-PCM).

GUDYNAS, Eduardo

2010 "Si eres tan progresista, ¿por qué destruyes la naturaleza?: neoextractivismo, izquierda y alternativas". En *Ecuador Debate*, 79: 61-81.

HAARSTAD, Håvard

2012 *New political spaces in Latin American natural resource governance*. Londres: Palgrave MacMillan.

HAJER, Maarten

1995 *The politics of environmental discourse: Ecological modernization and the policy process*. Oxford: Clarendon Press.

HALE, Charles

2002 "Does multiculturalism menace?: Governance, cultural rights and the politics of identity in Guatemala". En *Journal of Latin American Studies*, 34: 485-524.

2006 "Activist research v. cultural critique: Indigenous land rights and the contradictions of politically engaged anthropology". En *Cultural Anthropology*, 21 (1): 96-120.

HALL, Thomas

2009 "Puzzles in the comparative study of frontiers: problems, some solutions, and methodological implications". En *Journal of World System Research*, 15 (1): 25-47.

HALLE, Mark, Adil NAJAM y Christopher BEATON

2013 *The future of sustainable development: Rethinking sustainable development after Rio+20 and implications for UNEP*. Winnipeg y Ginebra: IISD.

HAMLIN, Catherine C. y Jan SALICK

2003 "Yanesha agriculture in the upper Peruvian Amazon: Persistence and change fifteen years down the road". En *Economic Botany*, 57 (2): 163-180.

HART, Keith

2005 *The hit man's dilemma: On business, personal and impersonal.* Chicago: Prickly Paradigm Press.

HARVEY, Bruce

2004 "Rio Tinto's agreement making in Australia". En Marcia Langton et ál., eds., *Honour among nations: Treaties and agreements with indigenous peoples.* Melbourn: University of Melbourne Press.

HARVEY, David

2003 *Paris, capital of modernity.* Nueva York: Routledge.

2005 "From globalization to the new imperialism". En Richard P. Appelbaum y William I. Robinson, eds., *Critical globalization studies.* Londres: Routledge.

2010 *The enigma of capital: And the crises of capitalism.* Oxford: Oxford University Press.

HATCHER, Jeffrey y Luke BAILEY

2011 *Tropical forest tenure assessment.* ITTO Technical Series 37. ITTO y RRI.

HAY, Colin

1994 "Environmental security and state legitimacy". En *Capitalism Nature Socialism*, 5 (1): 83-97.

HEMMING, John (ed.)

1985 *The frontier after a decade of colonisation (Change in the Amazon Basin)*, vol. 2. Manchester: Manchester University Press.

HERZFELD, Michael

2001 *Anthropology: Theoretical practice in culture and society.* Malden y Oxford: Blackwell Publishing.

HORNBORG, Alf

2007 "Introduction: Environmental history as political ecology". En Alf Hornborg, John R. McNeill y Joan Martínez-Alier, eds., *Rethinking environmental history.* Lanham: Altamira Press.

2009 "Zero-sum world: Challenges in conceptualizing environmental load displacement and ecologically unequal exchange in the world-system". En *International Journal of Comparative Sociology*, 50 (3-4): 205-217.

HORNBORG, Alf, Brett CLARK y Kenneth HERMELE (eds.)

2012 *Ecology and power*. Abingdon: Routledge.

HUSOCK, Howard

1997 *Dealing with a changing environment: Fundacion Peruana para la Conservacion de la Naturaleza*. Cambridge, Kennedy School of Government, Case program.

HVALKOF, Soren

1989 "The nature of development: native and settler views in Gran Pajonal, Peruvian Amazon". En *FOLK*, 31: 125-150.

2002 "Beyond indigenous land titling: Democratizing civil society in the Peruvian Amazon". En Jacquelyn Chase, ed., *The spaces of neoliberalism: Land, place and family in Latin America*. Bloomfield: Kumarian Press.

2006 "Progress of the victims: Political ecology in the Peruvian Amazon". En Aletta Biersack y James B. Greenberg, eds., *Reimagining political ecology*. Durham y Londres: Duke University Press.

IBC

2011 "Mapa Amazonía peruana 2011. Sistema de Información sobre Comunidades Nativas de la Amazonía Peruana".

ICIHI

1987 *Indigenous peoples: A global quest for justice, a report for the independent comission on international humanitarian issues*. Londres: Zed Books.

INEI y UNFPA

2008 *Censos Nacionales 2007: XI de Población y VI de Vivienda, perfil sociodemográfico del departamento de Pasco*. Lima: INEI.

INGOLD, Tim

2007 *Lines: A brief history*. Londres y Nueva York: Routledge.

INRENA y AMARCY

2008 *Plan Maestro de la Reserva Comunal Yánesha. Documento de trabajo*. Oxapampa: SERNANP.

JACKSON, Robert

2009 "Missions on the frontiers of Spanish America". En *Journal of Religious History*, 33 (3): 328-347.

JUKOFSKY, Diane

1991 "Problems & progress in tropical forests". En *American Forests* (97), Special Coverage: Forests on a Shrinking Globe: 7-8.

KECK, M. y K. SIKKINK

1998 *Activists beyond boundaries: Advocacy networks in international politics*. Ithaca y Londres: Cornell University Press.

KILLICK, Evan

2009 "Ashéninka amity: A study of social relations in an Amazonian society". En *Journal of the Royal Anthropological Institute*, 15: 701-718.

KOPYTOFF, Igor

1989 *The African frontier: The reproduction of traditional African societies*. Bloomington e Indianapolis: Indiana University Press.

KOTHARI, Ashish

2006 "Editorial: Community conserved areas". En *Parks*, 16 (1): 1-2.

KOTHARI, Ashish, Philip CAMILL y Jessica BROWN

2013 "Conservation as if people also mattered: policy and practice of community-based conservation". En *Conservation and Society*, 11 (1): 1-15.

KRASNER, Stephen

1999 *Sovereignity: Organized hypocrisy*. Princeton: Princeton University Press.

Kruijt, Dirk

1994 *Revolution by decree: Peru 1968-1975*. Ámsterdam: Thela Latin American Press.

Kuper, A.

2003 "The return of the native". En *Current Anthropology*, 44 (3): 389-402.

La Torre, Lily

1998 *Sólo queremos vivir en paz! experiencias petroleras en territorios indígenas de la Amazonía peruana*. Documento IWGIA 25. Copenhague: IWGIA.

Landis, Scott

1990 "Managing a rainforest: A Peruvian experiment in sustained yield". En *Fine Woodworking* (mayo/junio): 75-79.

Larsen, Peter Bille

2010 "Ministerio del Ambiente peruano: gobernanza e institucionalidad verde". En *Perú Hoy*, 18: 89-110.

2011a "Environmental politics and policy ambiguities in environmental anthropology". En Helen Kopnina y Elle Ouimet, eds., *Environmental anthropology today*. Londres: Routledge.

2011b "Municipal environmental governance in the Peruvian Amazon: A case study in local matters of (in)significance". En *Management of Environmental Quality*, 22 (3): 374-385.

2013 "The politics of technicality: Guidance culture in environmental governance and the international sphere". En Birgit Müller, ed., *The gloss of harmony: The politics of policy making in multilateral organisations*. Londres: Pluto Press.

Larsen, Peter Bille y Arlen Gaspar

2012 "Biosphere reserves and extractive industries: Towards a new sustainability agenda". En *Evidence for policy series*. La Paz: NCCR JACS SAM.

LARSEN, Peter Bille y Gonzalo OVIEDO

2005 "Protected areas and indigenous peoples: The Durban contributions to reconciliation and equity". En Jeff McNeely, ed., *Friends for life: New partners in support of protected areas.* Gland: IUCN.

LARSEN, Peter Bille y Jenny SPRINGER

2008 *Mainstreaming WWF principles on indigenous peoples and conservation in project and programme management.* Gland y Washington, D. C.: WWF.

LATOUR, Bruno

1999 *Politiques de la nature: comment faire entrer les sciences en démocratie.* París: Editions La Découverte.

2005 *Reassembling the social: An introduction to actor-network-theory.* Oxford: Oxford University Press.

2010 "An attempt at a "Compositionist manifesto". En *New Literary History,* 41 (3): 471-490.

LEACH, Melissa y Robin MEARNS

1996 *The lie of the land: Challenging received wisdom on the African environment.* Londres: James Currey.

LEMKE, Thomas

2001 "'The Birth of Bio-Politics': Michel Foucault's lecture at the Collège de France on neo-liberal governmentality". En *Economy and Society,* 30 (2): 190-207.

LÉVI-STRAUSS, Claude

1973 [1955] *Tristes tropiques.* Londres: Penguin Book.

LI, Tania Murray

2007 "Practices of assemblage and community forest management". En *Economy and Society,* 36 (2): 263-293.

LITTLE, Paul

2001 *Amazonia: Territorial struggles on perennial frontiers.* Baltimore y Londres: The Johns Hopkins University Press.

LOWIE, Robert

1963 [1944] "Social and political organization of the tropical forest and marginal tribes. En Julian Steward, ed., *The comparative anthropology of South American Indians, handbook of South American Indians*. Nueva York: Cooper Square Publishers.

LUKE, Timothy

1995 "On environmentality: Geo-power and eco-knowledge in the discourses of contemporary. Environmentalism". En *Cultural Critique*, 31: 57-81.

MAFFI, Luisa, Gonzalo OVIEDO y Peter Bille LARSEN

2000 *Indigenous and traditional peoples of the world and ecoregion conservation: An integrated approach to conserving the world's biological and cultural diversity*. Gland: Terra Lingua y World Wide Fund for Nature.

MARIÁTEGUI, José Carlos

1929 *El problema de las razas en la América Latina*. Buenos Aires: Primera Conferencia Comunista Latinoamericana de Buenos Aires.

MARTINEZ, W., E. BAUTISTA y R. C. SMITH

2003 "Yompor santo". En IBC, ed., *Where our ancestors once tread: Mapping the historical-cultural space of the people*. Lima: IBC Perú. Disponible en: <http://www.youtube.com/watch?v=M6BLVnxrwx8> (última visita: 21/12/10).

MARX, Karl y Frederick ENGELS

1969 [1848] "Manifesto of the communist party". En *Marx/Engels selected works*, vol. 1. Moscú: Progress Publishers.

MASCIA, Michael B. y Sharon PAILLER

2010 "Protected area downgrading, downsizing, and degazettement (PADDD) and its conservation implications". En *Conservation Letters*, 4 (1): 9-20.

MATHEWS, Andrew

2011 *Instituting nature: Authority, expertise, and power in Mexican forests*. Cambridge: MIT Press.

MAUSS, Marcel

1990 [1954] *The gift*. Londres: Routledge.

MAYER, Enrique

2009 *Ugly stories of the Peruvian agrarian reform*. Durham y Londres: Duke University Press.

MCNEILL, John R.

2007 "Social, economic and political forces in environmental change". En Robert Costanza, Lisa J. Graumlich y Will Steffen, eds., *Sustainability or collapse?: An integrated history and future of people on earth*. Cambridge y Londres: MIT Press.

MEG

2012 *World exploration trends 2012: A special report from metals economics group for the PDAC international convention*. Nova Scotia: Metals Economics Group.

MILLER, Carole y Héctor MARTÍNEZ

1981 *An analysis of planned agricultural development in the Palcazu valley, Pasco, Peru: Power relations, land tenure and resource utilization of natives, colonists and government workers*. Washington, D. C.: USAID.

MONTOYA, R. y H. BURGOS

2001 "En la selva sí hay estrellas: una entrevista con el doctor Stéfano Varese". En *Quehacer*, 128 (ene-feb): 84-87.

MOODY, Roger (ed.)

1988 *The indigenous voice*. Londres: Zed Books.

MOORE, Adam

2008 "Rethinking scale as a geographical category: From analysis to practice". En *Progress in Human Geography*, 32 (2): 203-225.

MOORE, Thomas

1989 "The social dimension in the Palcazu: A pre-evaluation of the Central Selva Resource Management Project". Ronco Consulting corporation Management Planners and Technical Advisors.

1996 "La situación de los pueblos indígenas de la selva peruana frente a la prospección, explotación de hidrocarburos y recursos minerales en sus territorios". Informe presentado a la Organización Internacional de Trabajo en cumplimiento parcial del contrato de colaboración externa suscrito con el Grupo de Análisis para el Desarollo (GRADE) en el marco del proyecto "Perú: pueblos indígenas de la Amazonía Peruana y Desarollo Sostenible" (TSS1). Lima.

MORA, Camilo y Peter F. SALE

2011 "Ongoing global biodiversity loss and the need to move beyond protected areas: A review of the technical and practical shortcomings of protected areas on land and sea". En *Marine Ecology Progress Series*, 434: 251-266.

MORROW, Christopher y Rebecca W. HULL

1996 "Donor-initiated common pool resource institutions: The case of the Yanesha Forestry Cooperative". En *World Development*, 24 (10): 1641-1657.

MOSSE, David

2013 "The anthropology of international development". En *Annual Review of Anthropology*, 42 (227-246): 227-246.

NACIONES UNIDAS

2012 "El futuro que queremos. Resolución adoptada por la Asamblea General el 27 de julio de 2012, A/RES/66/288". Conferencia de las Naciones Unidas sobre el Desarrollo Sostenible.

NARBY, Jeremy

1989 "Visions of the land: Ashaninca and resource development in the Pichis valley in the Peruvian central jungle". Tesis de doctorado, Universidad de Stanford.

1991 "Five hundred years of amerindian resistance: Oppression and revival of the indigenous peoples of the Americas, International Committee of the Kadhafi Human Rights Award 1991". Ginebra: Kadhafi Institute of Human and Ethnic Rights.

NASH, June

1993 *We eat the mines and the mines eat us: Dependency in Bolivian tin mines*. Nueva York: Columbia University Press.

NELSON, Andrew y Kenneth M. CHOMITZ

2009 "Protected area effectiveness in reducing tropical deforestation a global analysis of the impact of protection status". World Bank Evaluation brief. Washington, D. C.

NEPSTAD, D. et ál.

2002 "Frontier governance in Amazonia". En *Science*, 295 (5555): 629-631, 1044-1045.

OAS

1987 "Minimum conflict: Guidelines for planning the use of American humid tropic environments". En *Case studies of environmental management: Integrated development of an area in the humid tropics – The Selva Central of Peru*. Washington, D. C.: Organization of American States United Nations Environment Programme.

O'FAIRCHEALLAIGH, Ciaran

2004 "Evaluating agreements between indigenous peoples and resource developers". En Marcia Langton, et ál., eds., *Honour among nations: Treaties and agreements with indigenous peoples.*

OLIVEIRA, Paulo et ál.

2007 "Land-use allocation protects the Peruvian Amazon". En *Science*, 317: 1233-1236

ONERN-OFICINA NACIONAL DE EVALUACIÓN DE RECURSOS NATURALES

1970 *Inventario, evaluación e integracion de los recursos naturales de la zona Villa Rica – Puerto Pachitea (ríos Pichis y Palcazu)*. Lima: ONERN, Instituto Nacional de Planificación.

1974 *Lineamientos de política de conservación de los recursos naturales renovables del Perú*. Lima: ONERN.

ORDINAIRE, Olivier

1892 *Du Pacifique à l'Atlantique par les Andes péruviennes et l'Amazone: une exploration des montagnes du Yanachaga et du Rio Palcazu.* París: Librairie Plon.

ORTA-MARTÍNEZ, Martí y Matt FINER

2010 "Oil frontiers and indigenous resistance in the Peruvian Amazon". En *Ecological Economics*, 70: 207-218.

ORTIZ, Dionisio

1967 *Oxapampa: estudio de una provincia de la selva peruana.* Lima: Imprenta Editorial San Antonio.

ORTNER, Sherry

2006 *Anthropology and social theory.* Durham y Londres: Duke University Press.

OVIEDO, Gonzalo

2006 "Community conserved areas in South America". En *Parks*, 16 (1): 49-55.

PARSEP y Gary WINE (eds.)

2000 *The Huallaga basin and adjacent area the hydrocarbon potential of NE Peru Huallaga, Santiago and Marañón basins study.* Lima: Proyecto de Asistencia para la Reglamentación del Sector Energético del Perú.

PELUSO, Nancy Lee y Christian LUND

2011 "New frontiers of land control: Introduction". En *The Journal of Peasant Studies*, 38 (4): 667-681.

PETROLÍFERA

2006 "Presentation at Annual General Meeting", 10 de mayo 2006, Calgary, Alberta. Disponible en: <www.petrolifera.ca> (última visita: 4/11/10).

2010 "Petrolifera announces third quarter results, press release November 3". Disponible en: <http://www.petrolifera.ca/en/investor/pdp-2010-11-03.pdf> (última visita: 4/11/10).

Phillips, Adrian

2003 "Turning ideas on their head: The new paradigm for protected areas". Documento inédito.

Primera Conferencia de Líderes Amuesha

1969 "Memorial presentado al gobierno peruano por la tribu amuesha". En *Kiario*, 1: 12-14.

Pronaturaleza

2006 "Proyecto de Acción Climática Selva Central". Project design document form for afforestation and reforestation project activities, CDM-AR-PDD. Lima.

Rada, Óscar

1987 "Reserva Comunal Yánesha: propuesta para su establecimiento, Unidad de Protección Palcazú, PEPP".

Raimondi, Antonio

1874 *El Perú: parte preliminar*, tomo 1. Lima: Imprenta del Estado.

RAISG

2009 "Amazonía 2009". Red Amazónica de Información Socioambiental Georreferenciada. Disponible en: <http://www.raisg.socioambiental.org> (última visita: 14/01/11).

2012 "Amazonía bajo presión". Red Amazónica de Información Socioambiental Georreferenciada. Disponible en: <http://www.raisg.socioambiental.org> (última visita: 14/01/11).

Rata, Elizabeth

2005 "The rise and rise of the neotribal elite". Address to the Summer Sounds Symposium, 11 a 13 de febrero de 2005. Marlborough Sounds. Documento inédito.

Redford, Kent y Steven Sanderson

2001 "Extracting humans from nature". En *Conservation Biology*, 14 (5): 1362-1364.

RENARD-CASEVITZ, France-Marie

1993 "Guerriers du sel, sauniers de la paix". En *L'Homme*, 33 (126): 25-43.

RENS, Jef

1963 "The development of the Andean programme and its future". En *International Labour Review*, 68 (6): 609-627.

RILES, Annelise

2000 *The network inside out*. Ann Arbor: The University of Michigan.

RIST, Gilbert

2002 *The history of development: From western origins to global faith*. Segunda edición. Londres y Nueva York: Zed Books.

RODRÍGUEZ-GARAVITO, César

2010 "Ethnicity.gov: Global governance, indigenous peoples, and the right to prior consultation in social minefields". En *Indiana Journal of Global Legal Studies*, 18 (1): 1-44.

ROSS, Alexander

1892 "A recent journey to the head waters of the Ucayali, Central Peru". En *Proceedings of the Royal Geographical Society and Monthly Record of Geography*, 14 (6): 382-398.

RUBENSTEIN, Steven L.

2004 "Steps to a political ecology of Amazonia". En *Tipiti*, 2 (2): 131-176.

RUDEL, Thomas

2007 "Changing agents of deforestation: From state-initiated to enterprise driven processes, 1970-2000". En *Land Use Policy*, 24 (1): 35-41.

RUIZ, Hipólito, Jaime JARAMILLO-Arango y Richard EVANS SCULTES

1998 *The journals of Hipólito Ruiz. Spanish botanist in Peru and Chile, 1777-1788*. Portland: Timber Press.

SAHLINS, Marshall

1974 *Stone Age economics*. Frome y Londres: Tavistock Publications.

SANTOS, Boaventura de Sousa

1987 "Law: A map of misreading toward a postmodern conception of law". En *Journal of Law and Society*, 14 (3): 279-302.

SANTOS-GRANERO, Fernando

1986a "Power, ideology and the ritual of production in Lowland South America". En *Man* 21 (4): 657-679.

1986b "The moral and social aspects of equality amongst the Amuesha of Central Peru". En *Journal de la Société des Américanistes*, 72: 107-131.

1987 "Epidemias y sublevaciones en el desarrollo demográfico de las misiones amuesha del Cerro de la Sal, siglo XVIII". En *Histórica* 11 (1): 25-53.

1991 *The power of love; the moral use of knowledge amongst the Amuesha of Central Peru*. Monografía sobre Antropología Social 62. Londres: London School of Economics.

2000 "The Sisyphus Syndrome, or the struggle for conviviality in Native Amazonia". En Joanna Overing y Alan Passes, eds., *The anthropology of love and anger: The aesthetics of conviviality*. Nueva York: Routledge.

2002 "Boundaries are made to be crossed: The magic and politics of the long-lasting Amazon/Andes divide". En *Identities: Global Studies in Culture and Power*, 9: 545-569.

2004 "Yánesha". En Fernando Santos Granero y Frederica Barclay, eds., *Guía etnográfica de la Alta Amazonía*. Panamá y Lima: Smithsonian Tropical Research Institute/IFEA.

2007 "Of fear and friendship: Amazonian sociality beyond kinship and affinity". En *Journal of the Royal Anthropological Institute*, 13: 1-18.

2009 "Hybrid bodyscapes: A visual history of Yanesha patterns of cultural change". En *Current Anthropology*, 50 (40): 477-512.

SANTOS-GRANERO, Fernando y Frederica BARCLAY

1995 *Ordenes y desórdenes en la selva central. Historia y economía de un espacio regional.* Lima: IEP/IFEA/FLACSO.

2000 *Tamed frontiers: Economy, society, and civil rights in upper Amazonia.* Boulder: Westview Press.

SASSEN, Saskia

2006 *Territory, authority and rights: From medieval to global assemblages.* Princeton y Oxford: Princeton University Press.

2007 "Introduction: Deciphering the global". En S. Sassen, ed., *Deciphering the global: Its scales, spaces and subjects.* Nueva York y Londres: Routledge.

SATURNINO, M. Borras Jr. et ál.

2011 "Land grabbing in Latin America and the Caribbean viewed from broader international perspectives". En *Dinámicas en el mercado de la tierra en América Latina y el Caribe.* Santiago de Chile: FAO.

SAWYER, Suzana

2004 *Crude chronicles: Indigenous politics, multinational oil and neoliberalism in Ecuador.* Durham y Londres: Duke University Press.

SAWYER, S. y E. T. GÓMEZ

2008 "Transnational governmentality and resource extraction: indigenous peoples, multinational corporations, multilateral institutions and the state. Identities". Conflict and Cohesion Paper 13. Ginebra: UNRISD.

SCBD

2010 "Global biodiversity outlook 3". Montreal: Secretariat of the Convention on Biological Diversity, 94.

SCHMINK, Marianne y Charles H. WOOD

1987 "The 'Political Ecology' of Amazonia". En Peter D. Little, Michael M. Horowitz y A. Endre Nyerges, eds., *Lands at risk in the third world*. Boulder y Londres: Westview Press.

1992 *Contested frontiers in Amazonia*. Nueva York: Columbia University Press.

SCHRIJVER, Nico

2007 "Natural resource management and sustainable development". En *The Oxford Handbook on the United Nations*. Oxford: Oxford University Press.

SCOTT, James

1976 *The moral economy of the peasant: Rebellion and subsistence in Southeast Asia*. New Haven y Londres: Yale University Press.

1990 *Domination and the arts of resistance: Hidden transcripts*. New Haven y Londres: Yale University Press.

1998 *Seeing like a state; how certain schemes to improve the human condition have failed*. New Haven y Londres: Yale University Press.

SEN, Amartya

1999 *Development as freedom*. Nueva York: Anchor Books.

SERNANP

2012 "Reserva Comunal Yánesha: Plan Maestro 2011-2016". Lima: SERNANP.

SHORE, Cris, Susan WRIGHT y Davide PERÒ

2011 *Policy worlds: Anthropology and the Analysis of Contemporary Power*. Oxford: Berghan.

SIBAUD, Philippe

2012 *Opening Pandora's box: The new wave of land grabbing by the extractive industries and the devastating impact on earth*. Londres: The Gaia Foundation.

SICNA-IBC

2012 *Directorio de comunidades nativas en el Perú 2012*. Lima: Sistema de Información sobre Comunidades Nativas de la Amazonía Peruana/Instituto del Bien Común.

Sieder, Rachel

2002 "Introduction". En R. Sieder, ed., *Multiculturalism in Latin America: Indigenous rights, diversity and democracy*. Londres: Palgrave MacMillan.

Smith, Ricardo

1969 "La conferencia de líderes amuesha: antecedentes y particulares". En *Kiario*, 1: 4-12.

Smith, Richard C.

1974 "The Amuesha people of the Central Peru: Their struggle to survive". IWGIA Document 16. Copenhague: Grupo Internacional de Trabajo sobre Asuntos Indígenas.

1977a *The Amuesha Yanachaga project: Ecology and ethnicity in the Central Jungle of Peru*. Londres: Survival International.

1977b "Deliverance from chaos for a song: a social and religious interpretation of the ritual performance of Amuesha music". Cornell University.

1979 "El Proyecto Amuesha/Yanachaga". En Alberto Chirif, ed., *Etnicidad y* ecología. Lima: Centro de Investigación y Promoción Amazónica.

1982 "Dialectics of domination in Perú: Native communities and the myth of the vast Amazonian emptiness: An analysis of development planning in the Pichis Palcazu Special Project". En *Cultural Survival Occasional Paper* 8. Cambridge: Cultural Survival Institute.

1994 "The politics and of diversity: COICA and the ethnic federations of Amazonia". (Publicado en español como "La política de la diversidad: COICA y las federaciones étnicas de la Amazonía"). En Stefano Varese, ed., *Pueblos indígenas y globalismo*. Quito: Abya Yala.

2003 "Some challenges for for conservation in the Andean Amazon". En *First "Amazon Scenarios" User Meeting*. Woods Hole, MA.

2004 "Where our ancestors once tread: Amuesha territoriality and sacred landscape in the Andean Amazon of central Peru". En *Être indien dans les Amériques. Spoliations et résistances, mobilisations ethniques et politiques du multiculturalisme. Une perspective comparative*. París: Editions de l'Institut des Amériques.

2005 "Can David and Goliath have a happy marriage?". En Peter Brosius, Anna L. Tsing y Charles Zehner, eds., *Representing communities; histories and politics of community-based resource management*. Walnut Creek: Altamira Press.

SMITH, Richard C. y Natalia WRAY

1995 *Amazonía: economía indígena y mercado; los desafíos del desarrollo autónomo*. Lima: COICA y Oxfam America.

SOARES-FILHO, Britaldo Silveira et ál.

2006 "Modelling conservation in the Amazon basin". En *Nature*, 440: 520-523.

SOUTHGATE, Douglas y Jorge ELGEGREN

1995 "The Peruvian Amazon: Development of tropical timber resources". En *Commonwealth Forestry*, 74 (2): 142-146.

STAVENHAGEN, Rodolfo

2002 "Indigenous peoples and the state in Latin America: An ongoing debate". En Rachel Sieder, ed., *Multiculturalism in Latin America: Indigenous rights, diversity and democracy*. Londres: Palgrave MacMillan.

STEVENS, Stan

2010 "Implementing the UN declaration on the rights of indigenous peoples and international human rights law through the recognition of ICCAs". En *Policy Matters*, 17: 181-194.

SUÁREZ DE FREITAS, Gustavo

2009 "El sector forestal en el Perú. Situación actual". En *Tecnología y Sociedad. Revista Latinoamericana*, 9: 17-30.

SUNDERLIN, William, Jeffrey HATCHER y Megan LIDDLE

2008 *From exclusion to ownership?: Challenges and opportunities in advancing forest tenure reform*. Washington, D. C.: Rights and Resources Initiative.

SURRALLÉS, Alexandre

2009 "Bagua, 2009". En *Revista Argumentos*, 5 (1): 1-9.

TILLY, Charles

2004 *Social movements: 1768-2004*. Boulder: Paradigm Publishers.

TOSI, Joseph

1960 "Zonas de vida natural en el Perú, memoria explicativa sobre el mapa ecológico del Perú". En *Boletín Técnico* 5. Lima: IICA.

1988 *Final report on forestry and land use technical advisory services rendered to the Central Selva resource management project, Palcazu Valley, Peru*. San José, Costa Rica: Centro Científico Tropical.

TRONCOSO, Moisés Poblete

1938 *Condiciones de vida y de trabajo de la poblacion indigena del Perú*. Ginebra: Organización Internacional del Trabajo.

TSING, Anna Lowenhaupt

2000 "Inside the economy of appearances". En *Public Culture*, 12 (1): 115-144.

2005 *Friction: An ethnography of global connection*. Princeton y Nueva York: Princeton Paperbacks.

UICN

1968 *Proceedings of the Latin American Conference on the Conservation of Renewable Natural Resources, San Carlos de Bariloche*. Morges: Unión Internacional para la Conservación de la Naturaleza.

UNESCO

1970 "Utilisation et conservation de la biosphère". En *Actes de la conférence intergouvernementale d'experts sur les bases scientifiques de l'utilisation rationelle et de la conservation des ressources de la biosphère, 4 a 13 de septiembre de 1968.* París.

UNODC y MINAM

2011 "Análisis económico de las actividades causantes de la deforestación en Pichis-Palcazú". Lima: Ministerio del Ambiente y Oficina de las Naciones Unidas contra la Droga y el Delito.

USAID

2011 "From tragedy to action: USAID's Environmental Trajectory". En *Frontlines*, (noviembre/diciembre): 22-25.

VAILIJA

2009 "Interview with Carlos Monge, General Manager of Petrolifera". En *Valija Comercial.* Disponible en: <http://issuu.com/revistavalijacomercial/docs/revista_valija_comercial_2009_07, 7, 48-51>.

VALVERDE, Jesús Manacés y Carmen GÓMEZ CALLEJA

2010 "Informe en minoría de la comisión especial para investigar y analizar los sucesos de Bagua". Documento inédito. Lima.

VANDERGEEST, Peter y Nancy LEE PELUSO

1995 "Territorialization and state power in Thailand". En *Theory and Society*, 4 (3): 385-426.

VARESE, Stefano

1969a "Presentación". En *Kiario*, 1: 1-2.

1969b "Actividades". En *Kiario*, 1: 19-20.

1970 *Estudio sondeo de seis comunidades aguarunas del Alto Marañón.* Lima: Dirección de Comunidades Campesinas, División de Comunidades Nativas de la Selva.

1972 "The Forest Indians in the Present Political Situation of Peru". IWGIA Document. Copenhague: Grupo Internacional de Trabajo sobre Asuntos Indígenas.

1973 [1968] *La sal de los cerros: una aproximación al mundo campa.* Lima: Retablo de Papel.

1974a "La selva: viejas fronteras, nuevas alternativas". En *Revista Participación*: 13-25.

1974b *Las minorías étnicas y la comunidad nacional.* Centro de Estudios de Participación Popular. s.l. Ediciones del Centro.

1974 [1970] "Notas sobre el autogobierno en las sociedades nativas de la selva, documento de trabajo para la comisión encargada de la redacción de un proyecto de Estatuto de Comunidades Nativas de la Selva, junio 1970". En Centro de Estudios de Participación Popular, ed., *Comunidades nativas de la selva.* Lima: CEPP.

1974 [1972] "Las sociedades nativas de la selva peruana". En Stefano Varese, ,ed., *Las comunidades nativas de la selva.* Lima: CEPP.

1979 "Notas sobre el colonialismo ecológico". En Alberto Chirif, ed., *Etnicidad y ecologia.* Lima: Centro de Investigación y Promoción Amazónica.

2002 [1968] *Salt of the mountains; Campa Ashaninka, history and resistance in the Peruvian jungle.* Norman: University of Oklahoma Press.

2006 *Witness to sovereignity; essays on the Indian movement in Latin America.* Copenhague: Grupo Internacional de Trabajo sobre Asuntos Indígenas, IWGIA.

2013 "Genocide by plunder: Indigenous peoples of Peru's Amazonia confront neoliberalism". En James M. Cooper y Christine Hunefeldt, eds., *Environment and law in Amazonia.* Brighton: Sussex Academic.

VEBER, Hanne

1998 "The salt of the Montaña: Interpreting indigenous activism in the rain forest". En *Cultural Anthropology,* 13 (3): 382-413.

VELASCO, Juan

1973 "Mensaje a la nación", 28 de julio de 1973. Lima: Oficina Nacional de Información.

Vílchez Murga, Salomón

1968 *Parques nacionales del Perú*. Lima: Ediciones Cajamarca.

Warren, Kay B. y Jean E. Jackson (eds.)

2002 *Indigenous movements, self-representation and the state in Latin America*. Austin: University of Texas Press.

Watts, Michael

2001 "Petro-violence: Community, extraction and political ecology of a mythical commodity". En Nancy Lee Peluso y Michael Watts, eds., *Violent environments*. Ithaca: Cornell University Press.

West, Paige, James Igoe y Dan Brockington

2006 "Parks and peoples: The social impact of protected areas". En *Annual Review of Anthropology*, 35: 251-277.

World Bank

2007 "Republic of Peru, environmental sustainability: A key to poverty reduction in Peru, country environmental analysis". Washington, D. C.: Environmentally and Socially Sustainable Development Department, Latin America and the Caribbean Region.

2008 "Forests sourcebook: practical guidance for sustaining forests in development cooperation". Washington, D. C.

2013 "Managing forest resources for sustainable development, an evaluation of world bank group experience". IEG World Bank.

Yallico, Luis Ángel y Debra A. Rose

1998 "Peru: Yanachaga-Chemillen National Park". En Katrina Brandon, Kent Redford y Steven Sanderson, eds., *Parks in peril. People, politics, and protected areas*. The Nature Conservancy & Island Press.

Yoza, Teodor

1971 "Informe general del Departamento de Poblaciones Amazónicas–Selva Central, junio a diciembre de 1970". Serie Informes. Lima: Dirección de Comunidades Campesinas División de Comunidades Nativas de la Selva, Dirección General de Reforma Agraria y Asentamiento Rural, Ministerio de Agricultura.

Índice onomástico

Made in United States
North Haven, CT
10 November 2026

22091503R00154